조선부문사

초기조일관계사 1

사회과학출판사

차 례

머리말 ··· (5)

제1편. 조선이주민집단의 적극적인 서부일본진출과 정착 ························· (7)

제1장. 조선이주민집단의 적극적인 서부일본진출 ·········· (7)

제1절. 죠몽문화시기 말기 조선이주민집단의 일본에로의 진출개시와 진출정착지의 형편 ···················· (8)

1. 죠몽문화시기 말기 일본렬도의 형편 ················ (9)

2. 조선이주민들의 일본렬도에로의 진출개시 ·········· (14)

   일본 논벼문화의 기원 ······························· (16)

   일본 논벼문화의 첫 유적 ··························· (20)

   이주민집단의 생활범위확장방식 ····················· (36)

3. 조선이주민들의 일본렬도진출의 확대 ··············· (38)

제2절. 야요이문화시기 중말엽(2~3세기)의 일본 형편과 조선이주민들의 새로운 진출 ············· (57)

1. 야요이문화시기 중말엽(2~3세기) 일본렬도의 형편 ································ (59)

- 1 -

2. 야요이문화시기 중말엽 조선이주민집단의
　　　일본땅에로의 진출, 일본에서
　　　고분문화시기의 시작·······················(67)

제3절. 조선이주민들의 정착방식·······················(84)

　　1. 조선이주민들의 평화적정착·······················(85)

　　　1) 조선이주민과 원주민사이의 평화적관계··········(85)

　　　2) 신, 구조선이주민세력사이의 평화적관계·········(89)

　　2. 조선이주민들의 비평화적정착·······················(92)

제2장. 조선이주민들의 정착지분포·······················(102)

제1절. 야요이문화시기 조선이주민들의 정착지분포······(103)

　　1. 일본고문헌을 통하여 본 조선이주민들의
　　　정착지분포정형·······················(103)

　　2. 고고학적유적유물을 통하여 본 조선이주민들의
　　　정착지분포정형·······················(104)

　　　1) 전기 야요이문화유적의 분포······················(105)

　　　2) 동탁, 동검관계 문화유물과
　　　　잔줄무늬거울의 분포·····················(109)

제2절. 고분문화시기 조선이주민
　　　정착지의 분포정형·······················(114)

　　1. 무덤떼를 통하여 본 조선이주민
　　　정착지의 분포정형·······················(114)

　　2. 조선식산성을 통하여 본 조선이주민
　　　정착지의 분포정형·······················(123)

1) 조선식산성의 축조시기 ･････････････････(125)
　　　2) 조선식산성의 축조자 ･･･････････････････(134)
　　　3) 조선식산성의 분포정형 ･････････････････(140)

　제3절. 인류학적징표와 언어학적구성을 통하여 본
　　　　조선이주민들의 정착지분포 ･････････････････(148)

　　1. 인류학적징표를 통하여 본 조선이주민들의
　　　정착지분포상태 ･･････････････････････････(148)

　　2. 조선말이 일본말에 준 강한 영향 ･･･････････(156)

제2편. 규슈섬에서의 조선소국의 형성 ･･････････(164)

제1장. 야요이문화시기 규슈지방의 조선계통소국 ･･････(164)

제1절. 일본최초의 조선계통소국 ･･･････････････(165)

제2절. 이도지마반도 남쪽의 이도소국 ･････････(172)

제2장. 북규슈의 가야(가라)계통소국 ･････････････(179)

제1절. 이도지마 가야(가라)소국 ･･･････････････(180)

　　1. 지명과 고고학적자료를 통하여 본
　　　가야(가라)소국 ･･････････････････････････(181)
　　　이도지마반도의 가야(가라)지명 ･････････････(181)
　　　조선식산성유적이 있는 라이산 ･････････････(184)
　　2. 이도지마 가야소국의 연혁 ･･････････････････(188)
　　　① 무덤유적을 통하여 본 4세기의
　　　　이도지마 가야소국 ･･･････････････････････(188)

② 무덤유적을 통하여 본 5세기초의
　　 이도지마 가야소국 ··(194)
　　 무덤형식의 변천 ··(194)
　　 집자리와 질그릇의 변화 ··(199)
　　 새로운 농구, 공구 및 무기, 무장의 출현 ············(203)
　③ 선진문화의 연원과 그 전파의 직접적계기 ············(210)
　3. 5세기 전반기 가야소국의 판도 ································(217)

제2절. 북부규슈의 무나가다 가야(가라)소국 ··············(225)

제3장. 동부규슈의 신라소국 - 진왕국 ·····························(237)

　제1절. 고문헌을 통하여 본 부젠 신라소국 ···················(237)

　제2절. 고고학적자료를 통하여 본 부젠 신라소국 ········(246)

제4장. 규슈 중서부의 고마 - 백제소국 ···························(260)

　제1절. 무덤을 통하여 본 히고 백제소국 ·····················(263)

　제2절. 산성을 통하여 본 히고 백제소국 ·····················(272)

제5장. 규슈동남부 히무까(휴가)지방의 사도벌소국 ········(275)

머 리 말

초기조일관계 1 000년의 력사는 조선인민이 자주성을 실현하기 위한 투쟁과정에 일본렬도에 적극 진출하여 일본땅에 문명을 가져다준 력사이다.

조선이주민집단은 일본렬도의 여러곳에 정착하여 마을과 고을을 꾸리고 소국들을 형성하였으며 정치, 경제, 문화적으로 일본력사발전에 거대한 영향을 미치였다. 그리고 일본렬도에 통일국가가 선 다음에는 그안에서 조선계통귀족 특히 백제계통귀족들이 한때 패권을 쥐고 활동하였다.

이 책에서는 우리 학계가 수십년전에 내놓은 이와 같은 견해를 자료적으로 고증하여 해명하려고 하였다. 다시말하여 기원전 수세기부터 시작되는 조선이주민들의 일본렬도에로의 진출과 정착, 이동과 소국형성, 소국의 대략적력사를 옛 문헌과 고고학적자료, 지명 등의 고찰을 통하여 시기별, 지역별로 상세히 밝혀보려고 하였다.

초기조일관계 1 000년의 력사를 해명하기 위해서는 광개토왕릉비문에 나오는 왜의 성격과 신묘년기사독법, 구마모또현 에다 후나야마무덤에서 나온 칼의 명문해석, 나라현 이소노가미신궁에 소장된 백제칠지도의 명문해석, 다이센, 곤다야마무덤의 축조년대, 야마또정권의 성립년대 등을 해명하여야 한다. 한마디로 말해서 《임나일본부》의 정체를 밝혀내는데 모를 박아야 할것이다. 왜냐하면 그것은 지난 세기말부터 우에서 든 자료와 문제들이 입빠른 일제어용학자들에 의해 고대에 일본 야마또정권이 남부조선을 200년동안이나

식민지로 삼고 통치하였다는 이른바 《임나일본부》설을 근거짓는 《근본자료》로 억지로 꾸며놓았기때문이다. 따라서 우리는 《임나일본부》설이 디디고선 여러 자료들을 그 본래의 모습, 제 위치에 갖다놓아야 한다. 이렇게 함으로써만 초기조일관계 1 000년사의 참모습은 제대로 밝혀지게 될것이다.

　이러한 관점에서 《초기조일관계사》 1, 2권에서는 초기조일관계사의 핵심인 《임나일본부》설의 반동성과 허황성을 폭로하는데 그치지 않고 첫째로, 《일본서기》 임나관계 기사에 반영된 임나(가야), 시라기(신라), 고마(고구려), 구다라(백제)의 위치를 밝히며 둘째로, 광개토왕릉비문에 나오는 왜가 어디에 있던 어떠한 왜였는가를 밝히며 셋째로, 야마또정권의 조선적성격을 밝히는데 힘을 넣었다. 그밖에 일련의 자료들과 문제들도 제 위치에서 고증하려고 시도하였다.

　한편 《초기조일관계사》 3권은 《초기조일관계사》 1, 2권에서 밝혀진 일본렬도내에 형성된 조선계통소국들중에서도 북규슈와 기비지방을 중심으로 형성된 조선계통소국들을 축으로 하여 전개된 초기조일관계를 시기별, 단계별로 나누어 고찰하였다.

제1편. 조선이주민집단의 적극적인 서부일본진출과 정착

제1장. 조선이주민집단의 적극적인 서부일본진출

고대말기와 중세초기 조선사람들의 일본렬도에로의 부단한 진출은 적극적이고 집단적이였다. 진출의 시기는 일본의 야요이문화시기 초기인 B.C. 4세기~B.C. 3세기로부터 조선에서 세나라가 종말을 고하는 7세기 중엽경까지이다. 1 000년간에 걸친 조선이주민들의 일본렬도에로의 계속적인 진출은 섬나라 일본의 력사발전에 커다란 영향을 주었다.

얼마만 한 규모의 우리 이주민들이 일본렬도에 몇번이나 진출하였던가.

근 1 000년간 조선의 문화는 일본의 문화보다 줄곧 선진적이였다. 야요이문화시기는 조선으로부터의 선진농경문화의 전파로 시작되며 야요이문화와 교체된 일본의 고분문화(4세기-7세기)도 조선적색채가 짙은 문화였다. 적어도 야요이문화초기와 고분문화초기에 우리 이주민들의 일본땅에로의 집단적진출이 있었던것은 확실하다. 산성을 비롯한 고고학적유적유물뿐아니라 오늘 일본에 남아있는 조선에 유래를 둔 무수한 지명들도 조선사람들의 진출이 결코 그 두 시기에만 국한되지 않았으리라는것을 말해주고있다.

서부일본주민들의 인류학적형질에 대한 일본인류학자들의 견해와 주장을 보면 조선이주민들의 일본땅진출은 대량적이며 지속적이였다는것을 알수 있다. 서부일본의 주민들은 지역에 따라 인류학적형질이 다르며 조선사람에 가까운 형질을 갖추고있어 지난 시기 서부일본주민들의 인류학적형질을 변화시킬만큼 많은 이주민들이 조선반도로부터 진출하였음을 추정할수 있다고 한다. 이것은 조선이주민들의 일본땅진출이 여러번 있었고 또 그 규모도 아주 컸으리라는것을 말해준다. 아마도 한번 바다를 건너간 인원이 적어도 수백, 수천명에 이르렀을것이다.

제1장에서는 조선이주민집단의 일본렬도에로의 적극적진출에 대한 자료를 주로 고고학적유적과 지명유적, 고문헌 등으로 나누어 단계별로 고찰하였다.

기원전 수천년전부터 시작된 일본의 신석기시대문화인 죠몽문화시기는 B.C. 4세기~B.C. 3세기에 이르러 야요이문화시기로 바뀐다. 수천년동안 거의 큰 변화발전이 없이 흘러가던 일본사회에서 급작스러운 사회경제적발전이 이룩되게 된 직접적계기는 무엇이였던가? 그것은 조선이주민집단의 적극적인 일본렬도진출과 활동이였다. 조선사람의 활동에 의하여 일본은 원시적인 오래고도 깊은 잠에서 깨여났다.

제1절. 죠몽문화시기 말기 조선이주민 집단의 일본에로의 진출개시와 진출정착지의 형편

일본의 고고학자들은 죠몽문화시기 말기에 새로운 야요이식문화가 돌연히 북규슈에서 나타나며 그것이 점차 동쪽으로 전파되여 일본렬도가 다 죠몽문화의 단계에서 벗어나 야요이문화화되는데 수백년이 걸렸다고 한다.

조선이주민들이 집단적으로 일본렬도에 진출한것을 야요이문화시기초부터라고 보는것은 야요이식문화가 갑자기 북규슈에서 나타나 동쪽으로 전파되기 시작하였기때문이다. 그러나 조선사람의 일본렬도진출이 그때부터 시작되였다고 볼 근거는 없다. 그들의 대량진출은 야요이문화시기초부터였다고 하더라도 소규모로 진출한것은 그 이전인 죠몽문화시기에도 있었던것으로 보는것이 자연스럽다. 비록 바다가 조선과 일본을 갈라놓고있지만 쓰시마섬은 부산에서 멀리 바라다보이는 거리에 있다. 당시의 조건에서도 그만한 거리는 얼마든지 건너다닐수 있었다. 그러므로 조선사람들의 소규모적인 일본렬도에로의 진출은 야요이문화시기이전부터 부단히 있었을것이라고 보아야 할것이다. 그러나 그때의 진출은 일본땅에 문화의 전변을 가져다주리만큼 강력한것으로는 되지 못하였다.

일본땅의 원서문화에 급격한 변화를 가져오게 한 조선사람들의 큰 규모의 집단적진출은 B.C. 4세기~B.C. 3세기 야요이문화의 개시와 같은 시기에 시작된다.

1. 죠몽문화시기 말기 일본렬도의 형편

일본렬도가 대륙으로부터 떨어져나가 고립상태에 있게 된것은 지금으로부터 1만 5 000년~2만년전인 충적세(沖積世)에 들어와서였다. 조선이주민집단이 일본렬도에 대량적으로 진출하기 전시기 일본렬도를 오래동안 지배한것은 죠몽문화였다. 죠몽문화시기란 죠몽식토기[1]가 사용되던 시기를 말한다. 죠몽문화시기[2]는 일본렬도에서 질그릇과 마제석기 그리고 활과 화살을 사용하면서 지방에 따라서는 기원전후시기까지 약 8 000년동안 지속된 시기이다.

    [1] 죠몽식토기란 일본의 신석기시대 첫 시기에 제작되고 쓰인 질그릇으로서 몸체에 꼰 새끼를 누른것 같은 무늬가 있는데로부터 이와 같은 이름이 붙여졌다. 죠몽식토기는 아가리부분에 울퉁불퉁한 장식들이 많다.

    [2] 죠몽문화시기는 북규슈에 나타난 야요이문화의 발생과 파급으로 종말을 고한다. 하지만 야요이문화가 오래동안 미치지 않았던

간또 동쪽지방인 도호꾸지방과 혹까이도지방에서는 기원전후시기까지 죠몽문화시기가 오래도록 계속되였다.

죠몽문화시기에 기본을 이룬것은 어디까지나 석기의 사용이였다. 죠몽식토기가 발견되는 곳에서는 어디나 할것없이 석기가 발견된다. 죠몽문화시기초에는 타제석기가 지배적이나 얼마간 지난 전기부터는 마제석기가 보급된다. 그러나 의연히 주류를 이루는것은 타제석기라고 하며 *¹ 점차적으로 마제석기가 우세를 차지하게 된다고 한다.

전형적인 죠몽식토기(중부일본 지꾸마지방)

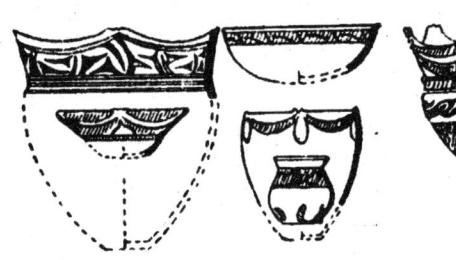

전형적인 죠몽식토기
(간또지방—말기)

죠몽문화시기 일본렬도의 토착원주민들은 석기를 기본적인 로동도구로 삼으면서 물고기나 동물들의 뼈로도 도구를 만들어 물고기잡이나 사냥을 하였다. 그들은 농사를 지을줄 몰랐으며 목축도 하지 않았다. 사슴, 메돼지 같은 야생짐승을 잡아먹으며 물고기잡이와 함께 각종 나무열매를 주어먹는 채집경제의 울타리에서 벗어나지 못하고있었다.

죠몽문화시기 일본원주민들이 생계유지를 위해 식량으로 리용한 동물류들은 당시의 조개무지유적에서 찾아보면 사슴, 메돼지, 개, 야생토끼, 너구리, 승냥이, 돈, 곱등어, 고래, 족제비, 수달, 원숭이, 오소리(이상은 포유류), 꿩, 매, 백두루미, 수리개(이상은 새류)등의 고기와 70가지에 달하는 조개류*2였다.

오까야마현 산요정 스나강(山陽町 沙川)의 동쪽기슭에서 죠몽문화시기 말기의 식량저장구뎅이가 발견되였다.(미나미가따 마에이께 南方 前池) 그 유적은 직경 1m정도의 원형으로서 깊이는 1m정도인데 그와 같은 저장구뎅이가 10개가량 있었다. 구뎅이는 우에서부터 나무껍질과 잎, 나무가지 그리고 채롱모양의것으로 뒤덮여있었으며 저장된 식량가운데서 기본은 도토리였다.(《일본의 고대유적》 23 보육사, 1985년, 90페지)

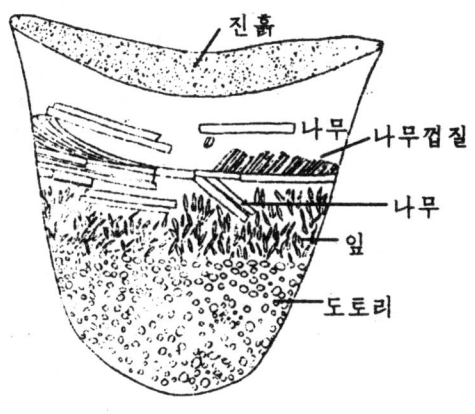

죠몽시대의 식량저장고 단면도
(오까야마 미나미가따 마에이께유적)

죠몽문화시기 사람들의 집자리는 대체로 마른 고지대 또는 높은 대지나 대지끝머리 등에 자리잡고있었다. 그러나 오래 정착하지 않은 뜨내기생활이 일반적이였다.

그럴수밖에 없는것이 한 고장에 정착한다면 굶어죽을수 있었기때문이다. 죠몽문화시기 사람들은 짐승을 쫓아서 계절에 따라 부단히 류동하지 않으면 안되였던것이다.

죠몽문화시기의 집자리는 초기이후 세월이 흐름에 따라 점차 높은 지대로부터 낮은 지대에로 옮겨지며 마을이 커지는 일반적경향성을 띠고있다. 그렇다고 하여 습지대에까지 거주지가 옮겨진것은 아니다. 집자리가 높은 지대로부터 낮은 지대로 점차 옮겨진것은 교통과 생활자료획득의 편리성에 따른것이였다고 보아야 옳을것이다.

죠몽문화시기 일본렬도에 사는 토착원주민들은 일반적으로 키가 작고 체질상 일련의 특징을 가지고있었다. 그러한 특징은 북으로 훗까이도, 남으로 규슈에 사는 주민들과 그리고 아이누족에 있어서도 다를바가 없다.

죠몽문화시기 사람들의 매장풍습은 주로는 굽혀묻기인데(일부 펴묻기도 있었다.) 그것을 대표적으로 아오모리현 야또시 나가시찌야지(八戶市 長七谷地)조개무지유적, 지바현 미야쬬정 무꾸노다이(都町 向台)조개무지유적, 시가현 오쯔시 이시야마(石山)조개무지유적 등에서 볼수 있다고 한다.*³

  이와 같은 매장풍습은 그 중기와 후기에도 계속되였다. 도꾜 동쪽에서는 굽혀묻기와 펴묻기를 다같이 볼수 있으나 도꾜 서쪽에서는 거의나 다 굽혀묻기라고 한다. 아이찌현 기찌꾜(吉胡)조개무지유적에서는 발견된 사람뼈 307개체분가운데서 158개체분이 굽혀묻기였음을 확인하였고 오까야마현 쯔구모(津雲)조개무지유적에서는 57개체분중 2개체분만이 펴묻기였다고 한다.*⁴

    *¹ 《세계고고학대계》1권 헤이본사, 1964년, 6페지
    *² 우와 같은 책, 84~87페지
    *³ 우와 같은 책, 60페지
    *⁴ 우와 같은 책, 122페지

  죠몽문화시기 사람들에게는 이발을 뽑는 풍습이 있었으며 그것은 죠몽문화시기 후기와 말기에 걸쳐 전국적으로 퍼지게 되였다고 한다. 출토된 사람뼈가운데서 오까야마현 쯔구모조개무지유적에서는 110개체분가운데서 83개체분이, 아이찌현 기찌꾜조개무지유적에서는 121개체분가운데서 114개체분이 이발을 뽑은것이였다고 한다. 다시말하여 이발을 뽑은 례가 기찌꾜에서는 94%, 쯔구모에서는 75%의 비률을 차지한다.

  죠몽문화시기 사람들이 어떤 옷을 입었는가는 알려져있지 않다. 죠몽문화시기 후기의것가운데서 진흙으로 만든 인형에 속옷 같은것을 입힌것이 여러개 보인다고 한다. 당시 사람들이 길쌈을 했을리 만무하니 짐승가죽으로 앞뒤를 가리웠을것으로 짐작된다.

  죠몽문화시기 사람들은 장식을 많이 하였다. 머리꾸미개, 귀걸이, 목걸이, 팔찌 등에 특별한 관심을 가졌던것 같다. 그 원료는 주로 사슴뿔, 개, 여우, 너구리, 곰, 메돼지, 상어 등의 이발이나 아래턱뼈 등이였는데 그것을 잘 갈아서 구멍을 뚫어 만든것이 기본

이였다. 팔찌의 원료로는 큰 조개껍질을 썼다. 그밖에 나무로 만든 팔찌도 있었다. 허리꾸미개는 주로 남자들이 썼고 팔찌는 녀성들이 많이 리용하였다.

장식을 좋아한 죠몽문화시기 사람들의 기호는 질그릇장식에도 잘 반영되였다. 죠몽토기는 전체적으로 울퉁불퉁하고 토기아가리부위에 여러가지 장식들이 꾸며져있다. 그리고 진흙으로 주술적인 우상을 만든것이 특징이다.

우에서 본것처럼 죠몽문화시기의 사회는 그 전기, 중기, 후기를 통하여 알수 있는것처럼 농사도 지을줄 모르고 집짐승도 기를줄 몰랐으며 채집경제의 울타리에서 맴돌던 락후한 원시공동체사회였다. 사회발전의 속도는 몹시 완만하였다. 그리고 사람들은 미신적이며 주술적인 풍습에 물젖어있었다. 이것은 그들이 오래동안 각종 질병과 자연의 힘앞에 무력하게 굴복하고있던 사정과 관련되였을것으로 짐작된다.

채집경제가 지배하던 죠몽문화시기의 사회에서 사람들은 불가피하게 항상 굶주린 상태에 있었다. 죠몽문화시기의 유적인 여러 조개무지유적에서 발견된 사람뼈를 조사해본데 의하면 기아상태가 여러번 반복되였음을 뼈마디들에서 확인할수 있다고 한다. 죠몽문화시기 사람의 키가 160cm를 넘지 못하고 인구가 늘지 않은것은* 그와 같이 식료품의 부족으로 생명유지가 어려웠다는데 그 원인이 있었을것이다.

> * 일본고고학자 및 인류학자들의 연구에 의하면 죠몽문화시기 인구는 전체 일본렬도적으로 16만명을 넘지 않는다고 한다. 일설에 의하면 7만 6 000명이라고도 한다.

채집경제가 지배하던 죠몽문화시기 잉여생산물은 기대할수 없었으며 따라서 계급의 발생과 계급국가에로의 이행도 기대할수 없었다.

조선이주민집단의 서부일본에로의 진출은 그러한 사회에 생기를 불어넣고 일본사회의 비약적발전을 가져다준 력사적사변이였다. 한마디로 말하여 야요이문화시기 이전에 일본땅은 대부분이 황막한 원시림으로 뒤덮여있었고 사람들이 주림과 병마에 시달리고있던 처녀지, 미개척지였다.

2. 조선이주민들의 일본렬도에로의 진출개시

조선이주민들의 일본렬도에로의 진출은 일본땅에서 죠몽문화의 종결과 야요이농경문화의 시작이라는 커다란 력사적사변을 가져왔다.

생업을 전적으로 채집경제에 의거하였던 죠몽문화시기에 비하면 논벼생산을 위주로 한 야요이문화시기는* 사람들이 자연을 개척, 정복하고 자기 손으로 물질적부를 생산하는 보다 발전된 새로운 시기였다.

> * 야요이문화시기란 야요이식질그릇을 쓰던 신석기시대 후기를 말한다. 그것은 일본에서 조선식벼농사가 시작되고 조선으로부터 건너간 청동기와, 철기 등 금속도구가 사용되기 시작하는 고분문화시기에 앞선 시기이다. 대체로 B.C. 4세기~B.C. 3세기부터 A.D. 3세기 중, 말엽까지를 포괄한다. 야요이문화시기의 시작은 새로운 고고학적발견, 발굴에 의하여 부단히 갱신되여 지금은 B.C. 4세기경까지로 소급하는것 같다. 야요이시기는 전기, 중기, 후기의 세 시기로 구분된다. 전기에는 규슈로부터 깅끼지방에까지 퍼지고 중기에는 도호꾸지방에까지 급속히 파급되였다. 그 시기의 특징은 생산, 분배, 소비와 집자리, 무덤형식 등 생산활동과 생활양식이 모두 완전히 조선적이라는데 있다. 야요이라는 명칭은 도꾜도 붕꾜구 야요이정에 있던 조개무지에서 1884년에 단지형토기가 나온데로부터 유래된것이다. 그후 1896년에 야요이식토기라는 용어가 일본학계에서 쓰이기 시작하였다.(《일본의 발굴》 도꾜대학출판회, 1982년, 76~88페지)

야요이문화시기의 시작은 곧 일본렬도의 원주민(죠몽문화를 이룩한 사람들)이 자기 운명을 새롭게 개척해나가는 력사적시대의 시작을 의미하였다. 일본렬도에 그와 같은 력사적시기의 서막을 열어놓은것은 조선사람들이였고 그후 야요이문화시기와 고분문화시기의 력사발전의 중심에는 항상 조선사람들이 서있었다.

조선사람들의 일본렬도에로의 진출이 야요이문화시기이전부터 시작되였을것이라는것은 이미 말하였다.

그 증거를 규슈서부에 분포되여있는 질그릇인 소바따(曾畑)식질그릇이나 또도로기식질그릇에서 찾아볼수 있다. 소바따식질그릇은 그 지대의 죠몽문화 전기 및 중기의 질그릇에서 바탕을 이루며 동부일본의 여러 질그릇과 전혀 다른것이라고 한다. 소바따식질그릇가운데서 오랜 형식의것은 태토(胎土)에 활석가루를 섞어만든 둥근 바닥의것이 많으며 질그릇의 모양은 조선의 새김무늬(빗살무늬)그릇과 같다. 무늬는 평행선무늬, 톱날모양무늬 등 조선적인 기하학적구성에 의한것이라고 한다. 이것은 조선의 신석기시대의 새김무늬(빗살무늬)그릇이 옮겨간것으로서 평양시 오야리유적, 부산시 영도구 동삼동조개무지유적, 영선동조개무지유적, 경상남도 량산시 서생면유적, 서울시 한강 암사동유적 등에서 그 원형을 찾아볼수 있다. 특히 동삼동조개무지유적의 질그릇에는 활석가루가 드문히 섞여있다. 암사동유적의 질그릇에는 활석가루와 석영가루가 들어간것이 많은데 나가사끼현 고또(五島)렬도에서 나오는 질그릇도 이와 아주 비슷하다. 이

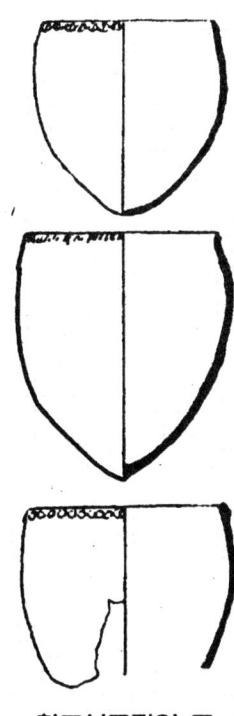

합구식독관의 독
(죠몽시기)

와 같은 사실은 조선의 질그릇과 소바따식질그릇이 같은 계렬의 질그릇이라는것을 보여준다. 이에 대해서는 일본학자들도 《함께 나오는 석기에 공통점이 있어 소바따식이 조선반도의 오랜 빗살무늬질그릇과 무관계하지 않으며 혹은 그것에서 파생되지 않았는가고 생각된다.》*라고 말하고있다.

    * 《세계고고학대계》1권 헤이본사, 1964년, 55페지. 소바따식 질그릇이란 구마모또현 우또시(宇土市)에서 발굴된 6 000년전 죠몽문화시기 전기의 소바따조개무지유적에서 나온 질그릇에서

유래되였다. 그 질그릇은 한마디로 말하여 조선의 새김무늬(빗살무늬)그릇을 본따서 만든것이라고 할수 있다. 최근에 그 유적에 대한 전면적발굴이 진행된 결과 채롱안에서 도토리와 메돼지뼈가 확인되였으며 또 조선제새김무늬(빗살무늬)그릇을 발견하였다. 흥미있는것은 거기서 발견된 수렵용활이 조선에 독특한 만궁형식이라는 사실이다.(《구마모또 니찌니찌신붕》1987년 1월 23일부)

이처럼 죠몽문화시기 전기와 중기에 규슈서부에서 나타난 소바따식질그릇이 조선의 새김무늬그릇의 영향을 받았다는것은 의심할 바 없는 사실이다. 그것은 야요이문화가 시작되기 이전에 벌써 조선사람들이 서부일본의 규슈지방에 부분적으로 진출하고있었음을 보여준다.

그것을 확고히 안받침하는것이 합구식독무덤의 존재이다. 죠몽문화시기 중기경에 독무덤이 나타나기 시작하여 후기와 말기에 급속히 보급되였다. 독무덤은 북규슈에서 그 원형을 찾을수 있는데 북규슈의것은 조선에 시원을 두고있다. 합구식독무덤의 독은 조선의 독과 완전히 꼭같다.

이와 같은 사실은 조선사람들이 본격적으로 일본렬도에로의 진출을 개시하기 이전에 이미 조금씩 서부일본 특히 규슈북부에 진출하고있었다는것을 말해준다. 그러나 그것은 지속적인것으로 되지 못하고 작은 규모의 단속적인 진출이였던것으로 하여 전 일본땅을 휩쓸만 한 큰 영향을 미치지 못하였다.

B.C. 4세기~B.C. 3세기경에 시작된 일본 야요이문화는 일명 농경문화라고도 하며 논벼생산을 위주로 한 문화라고도 한다. 그것은 또한 처음에 조선사람이 건너가서 이식한 문화이기때문에 조선식농경문화라고 한다.

일본 논벼문화의 기원

일본의 일부 학자들가운데는 야요이농경문화의 기원을 죠몽문화의 태내에서 찾고싶어하는 사람도 있으며 인디아나 남중국에서 찾아야 한다고 주장하는 사람들도 있다. 그러나 농경문화가 외부에서 갔다면 조선반도에서 갈수밖에 없고 지금까지의 모든 자료는 그것이 조선으로부터 건너갔다는것을 증명해주고있다. 일본의 농경문화가 조선에서 갔다는것은 그리 리해하기 어려운 일도 아니지만 이에 대하여 일본사학계가 이러쿵저러쿵하는것은 조선을 웃자리에 놓는듯 한것이 싫어서 하는 소리이다.

죠몽문화시기에 이미 논벼가 이러저러한 계기를 통하여 일본에 전해졌을수 있다. 하지만 벼가 전해졌다고 하여 그것이 곧 농경문화의 개시로는 될수 없다. 왜냐하면 논벼생산의 일본토착은 논판과 논두렁의 조성, 농기구의 제작, 논벼의 육성 그리고 벼생육에 관한 종합적지식과 경험 등 벼생산과 수확, 가공소비에 관한 지식과 기술을 필요로 하기때문이다. 우연히 전해진 논벼를 일본원주민들이 주동적으로 받아물고 발전시켰다고는 생각하기 어렵다.

더우기 현재까지 일본땅에서 발견된 옛 벼알은 다 알이 짧은 조선벼이지 인디아나 남중국에서 자라는 큰 벼알 즉 인디아형이 아니다. 그와 같은 사실은 일본학자들도 인정한다. 어떤 학자는 《…이 문화의 계통이 조선반도도 포함한 대륙에 있음을 추측케 한다. … 일본에 최초의 농경문화가 전해진 경로에서 남방의 섬들을 생각하는것은 거의 불가능에 가까운것이다.

이상의 사실은 또한… 죠몽문화자체안에서 농경기술이 발생하지 않았다는것을 보여준다.

벼의 파종으로부터 수확을 거쳐 조리에 이르기까지의 일련의 기술은 간단한 모방으로는 얻을수 없으니 그와 같은 생활기술을 몸에 지닌 사람들이 다소 이주했을것이라는것은 인정하지 않으면 안되는지 모르겠다.》*라고 마지 못해 실토하고있다.

* 《세계고고학대계》 2권 헤이본사, 1964년, 1~2페지
  방점은 필자가 붙임. 조선에서 논벼문화가 건너갔다고 마지 못해 인정하는 문투는 별로 놀라운것은 아니다.

선진문화가 조선반도로부터 일본렬도에로 흘러들어가는것은 당

시 력사의 기본흐름방향이였다. 그것은 논벼농사뿐이 아니였다. 금속주조술을 몰랐던 일본에 이것을 전한것도 조선사람이였다.

당시 우리 나라는 발전된 철기시대에 들어서있었으며 따라서 제철술과 청동주조술이 매우 높은 수준에 이르고있었다. 그 기술이 일본에 전해진것도 이와 같은 기본흐름을 따른것이였다. 일본학자들가운데도 《우리 나라(일본을 의미함-인용자)가 아직 석기사용의 낮은 단계에 머물러있을 때 대륙에서는 이미 청동기시대를 거쳐 철기시대에 이행하고저 하는 고도의 문명이 전개되고있었다. 한번 피아(조선과 일본)간의 오고가는 길이 열리자 물이 낮은데로 흐르는 것처럼 저 땅의 문물은 련속 우리 나라에 들어오게 되여 우리 고대문화의 급속한 개변을 촉진했음은 추측하기 어렵지 않다. 야요이시대가 이러한 의미에서 대륙문화수입의 시기였음은 의심할바 없다.》[1] 라고 말한 사람이 있다. 여기서 《대륙》이란 곧 조선을 의미함은 두말할것도 없다. 우리 나라가 B.C. 1000년기 후반기에 상당히 높은 수준에서 강철을 뽑은 력사를 가지고있었다는것[2] 은 세상이 다 알고있는 사실이다.

[1] 《일본고고학개설》 도꾜 소젠사, 1971년, 157페지
[2] 《고고민속론문집》 8 과학, 백과사전출판사, 주체72(1983)년, 159~180페지

일본에서 맨 먼저 농경문화가 전파된 곳은 조선과 가장 가까운 북규슈의 여러곳이다. 특히 이따쯔께(板付)유적을 비롯한 여러 고대 논유적에서는 조선식질그릇과 함께 조선에 고유한 마제석기들인 턱자귀, 돌검, 반달칼, 돌도끼, 돌활촉 등이 나왔다. 그리고 이따쯔께유적에서 나온 조선식질그릇에 담긴 벼알은 인디아형벼알처럼 긴것이 아니라 두께와 길이의 비례가 1:1.6~1:1.9로서 매우 짧다. 말하자면 일본의 그 어디에서도 인디아형의 벼알들은 발견되지 않았다. 오직 조선형의 길이가 짧은 벼알만이 발견되였다. 그와 같은 력사적사실로 하여 일본학자들도 《일본에 벼의 야생종이 없는 이상… 현재의 자료가 보여주는 한 죠몽 후기, 야요이 초기에 벼가 처음으로 나타나고 또 그에 동반하는 문화가 반도(조선을 가리킴-인

용자)의것인 이상 일본의 벼농사도 반도남부를 스쳐 전해왔다(몇백, 몇천년동안 그 자리에서 발생, 발전하다가 간것도 스쳐왔다고 하는것이다. - 인용자)고 말하지 않을수 없는것》*¹이라고 하였으며 그러한 견해는 좋건싫건 엄연한 고고학적자료로 드러났다. 그리하여 《직접적인 원고장이 반도남부에 있다고 생각되는 일본의 야요이문화는 우선 죠몽문화의 종말기에 북부규슈연안지방에 전래되였음은 오늘날에는 정설로 되여있다.》*²고 말하지 않을수 없게 되였다.

　*¹ 《조선학보》 49집 조선학회, 1968년, 45페지
　*² 《규슈고대문화의 형성》 하권 가꾸세이사, 1985년, 365페지

다 알고있는것처럼 조선에서는 여러곳에서 이른 시기의 벼알이 드러났다. 평양시 삼석구역 호남리 남경유적에서도 탄화된 벼알이 수많이 드러났는데 그가운데서 250알 남짓한 벼알을 골라낼수 있었다. 벼알의 길이는 평균길이 4.2㎜이고 너비 2.5㎜이며 길이와 두께의 비례비는 1.7:1이다. 그밖에도 이른 시기의 벼알은 경기도 려주시 흔암리유적, 충청남도 부여군 송국리유적, 경상남도 진주시 대평리유적, 경상남도 김해시 회현리 조개무지유적, 고성군 동외동무덤, 전라

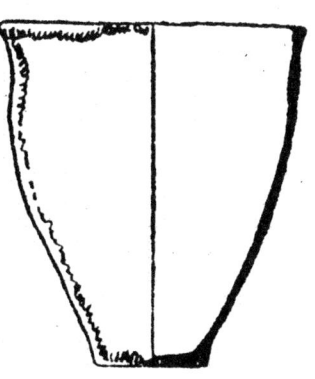

회령 오동유적에서 나온 단지(제2기 층)

북도 부안군 소산리유적 등에서 드러났다. 이 탄화된 낟알들은 모두 길이와 너비가 짧은 벼알들로서 일본에서 드러난 벼알들인 이른바 야요이벼와 꼭 같다. 그리고 벼알과 함께 나온 질그릇, 각종 마제석기들은 조선의 고유한 논벼생산 및 수확용도구들이다. 이와 같은 사실들은 일본에서의 논벼재배와 농경문화의 기원을 조선에서 찾지 않을수 없게 하는것이다.

　조선에 기원을 둔 일본의 첫 농경유적의 실례들은 얼마든지 있다. 다음으로 일본에서의 논벼재배와 농경문화의 발생을 보여주는 대표적인 유적 몇개를 지구별로 보기로 하자.

일본 논벼문화의 첫 유적

일본의 첫 농경문화는 돌연히 조선과 가장 가까운 북규슈에서 나타났다고 한다. 이 사실은 일본농경문화의 발생이 외래적인것임을 말해준다. 일본농경문화의 발생은 점차적인것이 아니라 《돌연히》 그리고 《문화일식》을 갖춘것으로 나타났다는데 그 특징이 있다. 이와 같은 사실은 일본렬도에 우연한 기회에 몇몇 사람들이 표류, 정착한것이 아니라 일정하게 조직적으로 무어진 집단이 진출, 정착하였음을 말하여준다. 초기의 농경문화유적을 보면 그것이 정연한 완성된 생산체계와 가공, 소비의 양식을 갖추고있었음을 알수 있다. 그러한 대표적실례로 후꾸오까현 이따쯔께유적, 사가현 나하다께유적, 오까야마현 쯔시마유적 등을 들수 있다.

이따쯔께유적

이따쯔께유적은 일본의 첫 야요이농경문화를 리해하는데 귀중한 자료를 제공한 력사적유적이다. 그 유적은 집자리(마을단위의 집자리)와 생산지(논유적)로 구성되여있다.

이따쯔께유적은 북규슈의 후꾸오까평야의 거의 중앙부(후꾸오까시 하까다구 이따쯔께)에 자리잡고있다. 후꾸오까평야의 동부에 북쪽으로부터 훌러드는 미까사강(御笠川)이 있는데 그 강의 좌안에 위치한 이 유적은 남북 600m, 동서 150m, 표고 11~12m의 낮은 지대를 중심으로 하고 그 동, 서 량쪽의 충적지를 포괄한다. 서쪽의 충적지는 그 유적의 주요생산지(논유적)이다. 유적의 넓이는 약 10만㎡에 이른다.

유적은 여러차례(1951~1954년, 1968년, 1969년, 1970년) 조사발굴되였으며 그 과정에 3만개의 질그릇쪼각과 그안에 벼알이 들어있는 수십개의 질그릇쪼각을 찾아냈다. 탄화된 낟알이 들어있는 질그릇 20점 가운데서 죠몽문화시기의것인 유우스(夜臼)식토기가 6점, 이따쯔께Ⅰ식토기가 13점이다. 그것을 통하여 유우스식과 이따쯔께식토기가 함께 쓰인 야요이문화시기 최전기에는 이미 벼농사가 진행되고있었다는것을 알수 있다. 그리고 보다 중요한것은 유적발굴과정에 북쪽대지의 중앙부를 둘러싼 방비용도랑과 자루모양의 움구뎅이가 확인되였으며 조선제마제석기들이 출토된것이다. 그 유적이 조선이주민들이 남긴 유적이라는것은 벼알과 더불어 벼이삭을 따내는 반달칼과 일련의 마제석기 그리고 일본에는 없는 조선식으로 밥을 짓는 도구인 시루식가마(甑)가 발견된 사실로써 알수 있다.*

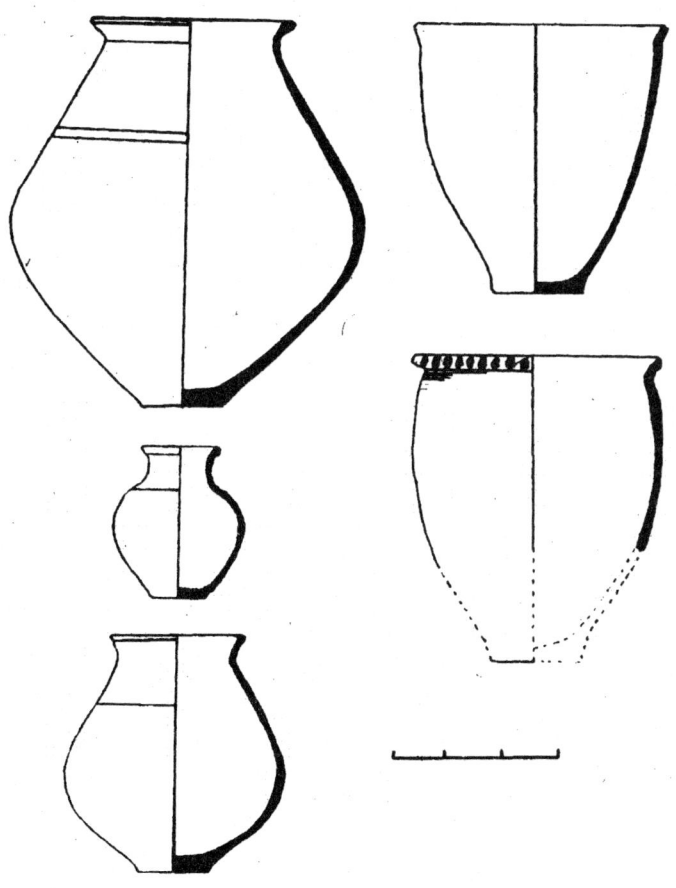

이따쯔께식토기

* 이따쯔께유적에 관한 자료와 론문은 아주 많다. 필자가 참고한 것은 《이따쯔께》(시영주택건설에 동반하는 발굴조사보고서) 상, 하권, 후꾸오까현교육위원회, 1976년, 《노국발굴》(학생사, 1975년) 등이다.

특히 중요한것은 1977~1978년에 진행된 북쪽대지 서쪽충적지인 G-7a, 7b 조사지구의 발굴, 조사에 의하여 이때까지 이따쯔께유적의 문화층가운데서도 가장 오래다고 하던 유우스식, 이따쯔께Ⅰ식토기 동반시기의 논자리터를 재확인하는 한편 그 아래층에서 죠몽문화시기의 돋우새긴띠무늬(突帶文)질그릇의 단순층이 출토되고 그 아래면에서 논유적의 존재가 밝혀진것이다.

그것에 대하여 좀더 자세히·보면 다음과 같다.

새로 발견된 논유적은 대지주변의 낮은 지대에 있고 이따쯔께Ⅰ식시기의 논면의 아래 40cm지점에서 출토되였다. 대지끝머리에는 너비 2m, 길이 1m의 수로가 150m이상이나 계속되고 수로에 잇닿아 동서너비 6~11m, 남북길이 50m이상의 고르롭지 못한 장방형의 물논면이 몇개 드러났다고 한다. 수로와 논사이에는 흙을 쌓아올려 만든 너비 1m, 높이 30cm의 논두렁이 있고 논두렁의 량측에는 기둥이나 말뚝을 박았다. 논밭은 유기질의 진흙(점토)층으로서 논밭속에서 탄화된 벼알이 발견되였다. 더우기 놀라운것은 가래 2점, 가래자루 3점, 도끼자루 1점, 수확용반달칼 1점 등 논벼생산을 안받침하는 여러가지 로동도구가 나온것이다. 그리하여 일본에서 논벼생산의 시작을 야요이문화시기초보다 소급하여볼수 있는 자료를 얻게 되였다. 말하자면 그 이른 시기의 논유적은 1구획 약 400m²의 규모와 관개시설(수로와 논두렁)을 가지고있으며 탄화된 낟알, 나무로 된 농기구, 수확도구가 나온것으로 하여 후세의 야요이문화시기의 논과 다름이 없는 발전된 논유적이라는것이 확인되였다고 한다.

그후 1979년의 E-5와 6조사구에 대한 발굴조사, 1981년의 E-5b조사구에서의 발굴조사에 의하여 유우스식, 이따쯔께Ⅰ식 동반시기의 논유적이 더 확인되였다. 이처럼 조선적논유적의 조사가 심화

될수록 조선이주민집단의 일본렬도에로의 진출시기는 소급되며 그 진면모가 더욱더 명백해지고있다.

가라쯔시 나하다께(唐津市 菜畑)유적

이 유적은 가라쯔만을 향하여 놓여있으며 거기서 죠몽문화시기 말기로부터 야요이문화시기 중기에 이르는 다섯층의 논밭자리와 17개 층의 층위가 확인되였다. 그 유적은 1985년현재까지 알려진 일본에서는 가장 오래된 야요이문화시기의 논유적이다. 그 유적은 이따쯔께유적보다 근 1세기나 이른 시기의것이라고 한다. 거기서는 일본에서 가장 이른 시기의 논유적과 농구들이 나왔다.

※ 나하다께유적은 죠몽문화시기 말기의 논자리유적으로서 탄화된 쌀과 농기구, 공구가 발견되였다. 유적은 1979년 12월에 발견되여 1980년 12월부터 1981년 8월까지 8개월동안 조사가 진행되였다고 한다. 유적은 가라쯔만의 오자에 위치하여 바다에 면하고있으며 동서에 모래언덕이 펼쳐져있다. 조사지구는 너비 14m, 길이 50m 지역이며 언덕끝으로부터 계곡의 중앙부를 향해 자리잡고있다. 현재의 논밭지표면의 표고는 6m, 죠몽문화시기 만기의 논밭면(기반면)은 표고 2~4.5m라고 한다. 조사지구의 북쪽 4분의 1에는 구릉부가 연장되여 집자리가 있고 4분의 1은 경사면으로서 유물들이 널려져있는 포함층이다. 나머지 남쪽의 절반은 낮은 지대로서 다섯층의 논자리가 발견되였다고 한다.

논자리

가장 오래된 논자리(죠몽문화시기 말기)는 조사지구의 남쪽끝과 동쪽끝에서 발견되였다. 남쪽끝에서 발견된 논은 동서로 뻗은 수로와 수로의 량측에 설치된 논두렁 그리고 수로의 중심으로부터 4.1m, 8.3m의 간격을 두고 조성된 논두렁사이에서 드러났으며 동쪽끝에서 발견된 논은 수로의 중심으로부터 4.3m의 간격을 둔 논두렁사이에서 드러났다.

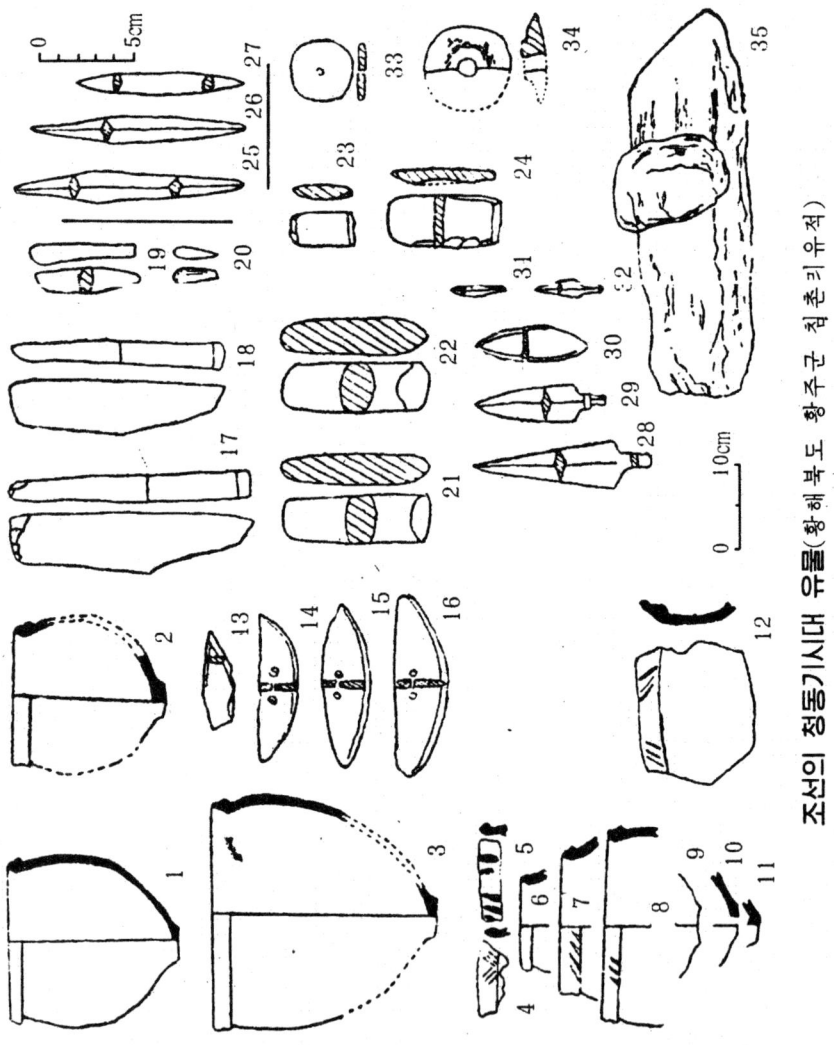

조선의 청동기시대 유물(황해북도 황주군 침촌리유적)

이따쯔깨유적 제1구에서 나온 조선재 마제석기들

수로는 너비 0.6~1.3m, 깊이 0.3~0.5m, 연장길이 13.2m이다. 수로의 가운데쯤으로부터 동쪽에는 량측에 논두렁을 달았다. 남쪽 두렁은 너비 0.3~0.5m(아래폭 0.5~0.9m), 높이 0.2m, 연장길이 6.2m의 흙을 쌓아올려 만든 논두렁이다. 북쪽두렁은 너비 0.2~0.7m(아래폭 0.4~0.9m), 높이 0.2~0.3m, 연장길이 6.4m의 논두렁이다. 또한 그 북쪽에서 발견된 논두렁은 너비 0.2m(아래폭 0.4m), 높이 0.2m, 길이 1.2m와 너비 0.35m(아래폭 0.5m), 높이 0.2m, 길이 1.2m의것이다. 조사구역의 동쪽에서는 수로북쪽에 너비 0.4m(아래폭 0.6m), 높이 0.2m, 길이 1.2m의 두렁이 발견되였다.

　이 시기의 논자리의 전면모는 계곡 남쪽의 기울어진 곳에 계곡쪽의 서쪽으로부터 동쪽으로 흐르는 수로를 파고 그 북쪽에 너비 4m, 길이 7m이상의 논이 있고 북쪽에 또 너비 4m, 길이 7m이상의 논이 있은것으로 추측되고있다.

　죠몽문화시기 말기(유우스식단순기의 층)의 논자리는 그 전시기에 비하여 좀더 선명하고 자세하다고 한다.

　조사구역의 남쪽끝으로부터 서쪽 5m, 북쪽 5m, 동쪽 3m 되는 곳에 각각 수로가 있고 그 남쪽에 남으로 뻗은 논두렁이 있으며 그 논두렁보다 서쪽으로 뻗은 동서방향의 두렁 2개, 같은 모양으로 동쪽으로 뻗은 논두렁 1개가 드러났다.

농구와 공구

　죠몽문화시기 말기의 농구로는 바깥날반달칼이 2개 나왔다. 길이 12.4cm, 너비 4.5cm, 두께 0.4cm이며 날부분은 외날에 가깝다. 공구로는 끝에 가까운 돌도끼가 나왔다. 길이 3.9cm, 너비 1.7cm, 두께 1cm이며 날부분은 외날로 되여있다. 그리고 얇고 큰 돌도끼 1점이 나왔는데 길이 11cm, 너비 6.5cm, 두께 1.6cm이다. 같이 나온 작은 돌도끼는 길이 8cm, 너비 5.5cm, 두께 1.8cm이다. 그밖에도 길이 2.6cm, 너비 1.1cm, 두께 0.5cm인 목이 긴 버들잎모양의 마제돌활촉이 나왔으며 돌도끼에 맞추어 쓰는 온전한 나무자루 2개가 나왔다. 하나는 길이 76.5cm, 직경 3~4cm이며 다른 하나는 길이 85cm이다.

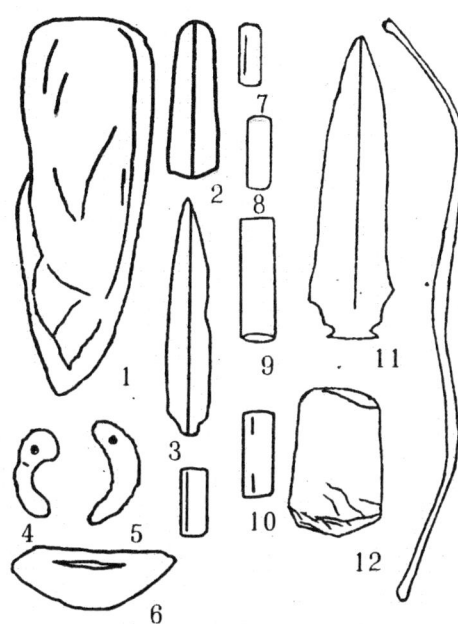

죠몽문화시기 말기의 농구로는 가래(諸手鍬)와 반달칼(4개) 등이 나왔다. 가래는 길이 31.5cm, 몸너비 14.5cm, 몸두께 1.0~1.1cm로서 가운데부위에 자루를 끼우기 위한 타원형으로 불룩 나온 둥근 구멍이 나있다. 반달칼은 다 바깥날로서 하나는 길이 13.5cm, 너비 4.5cm, 두께 0.8cm이다.

공구로는 큰 돌도끼 3개, 작은 조개날돌도끼 3개, 턱자귀(抉入石斧), 통도끼(扁平片刃石斧) 2개가 나왔다. 조개날돌도끼는 길이 9.1cm(현재 머리부분과 날부분이 없

나하다께유적에서 나온 조선제활(민궁)과 여러 마제석기들

다.), 몸너비 8cm, 두께 3.7cm이다. 함께 나온 나무자루는 구멍의 두께가 2cm이다. 또한 작은 조개날돌도끼는 길이 9cm, 너비 5.5cm, 두께 2.3cm이다. 턱자귀는 길이 12cm, 너비 4.9cm, 두께 2.9cm의 온전한것이다. 통도끼는 길이 6cm, 너비 3.1cm, 두께 1.9cm의 온전한것으로서 두께가 두껍고 전체적으로 잘 갈았으며 날부분은 두드러진 외날로서 날씬하다. 돌끌은 머리부분

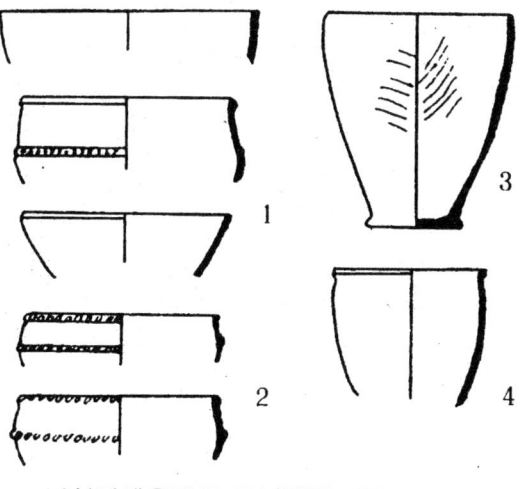

나하다께유적의 조선제질그릇(시기별)

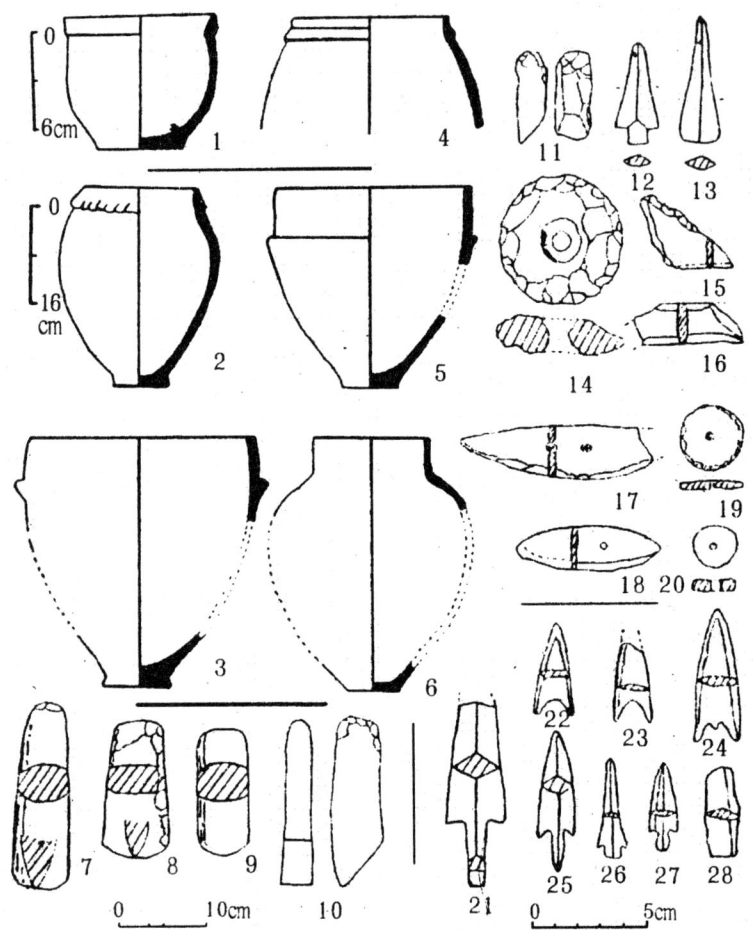

세죽리유적(평안북도 녕변군) **제2문화층에서
나온 청동기시대 유물**

이 현재 없으나 길이 2.5cm, 너비 1.2cm, 두께 2cm이다.

그밖에도 마제돌활촉 4개, 자루달린 돌검 1개, 가락바퀴 1개, 굽은구슬 1개, 관옥(대롱구슬) 9개, 조선제나무활 등이 나왔다.*

* 《력사공론》 1(일본 논벼의 기원) 유잔가꾸, 1982년 74호, 40~50페지

가라쯔시 나하다께유적의 발전된 논유적은 죠몽문화시기 말엽

경이라는 아주 이른 시기에 벌써 조선이주민집단의 그 지역에로의 조직적진출이 단행되고 정착활동이 진행되였음을 보여준다. 논과 논두렁, 수로체계는 락후한 원시적생산체계인것이 아니라 매우 발전되고 째여져있었음을 보여준다. 거기서 본 논농사에 필요한 농구, 공구의 출현은 그 유적이 완전히 조선적이라는 확답을 준다. 그것은 막연히 말하는 《대륙적》유적인것이 아니라 조선의 논유적 그대로이다. 이따쯔께유적과 나하다께유적은 조선이주민집단의 일본렬도에로의 진출 첫 시기를 말해주는 대표적인 유적으로서 그들의 일본에로의 진출시기를 B.C. 3세기가 아니라 B.C. 4세기, 지어는 B.C. 5세기까지로도 거슬러올라갈수 있게 한다고 말할수 있다.

북규슈에서 논벼, 농경의 시작을 보여주는 유적은 비단 이 두 유적뿐이 아니다. 그 대표적인 2개 유적을 비롯하여 현해탄에 면한 북부규슈일대의 충적평야에는 후꾸오까현 이또지마군 니죠정 마가리다(曲田)유적,*1 아리따 시찌덴마에(有田七田前)유적,*2 쥬로꾸정(拾六町) 쯔이지유적,*3 아리따(有田)유적, 모다덴(牟多田)유적, 하라후까정(原深町)유적, 쥬로까와(十郞川)유적, 이시마루 후루까와(石丸古川)유적, 시꼬(四箇)유적 등 조선적인 농경문화유적이 있다.

> *1 1980년 11월부터 1981년 3월까지 조사발굴된 마가리다유적은 죠몽문화시기 말기에 속하는 움집식집자리 33개, 소형고인돌 1개가 조사의 대상으로 되였다. 그 조사에 의하여 야요이문화시기에 들어와서 나온다는 각종 돌도끼들과 반달칼 그리고 버들잎모양의 마제돌활촉, 자루달린 마제돌검 등이 많이 나왔다. 집자리와 그밖의 유물포함층에서 나온 유물을 검토한 결과 죠몽문화시기 말기단계에서 논벼재배, 천짜기 그리고 마제석기, 금속도구 등 야요이문화를 구성하는 요소를 안받침해주는 자료를 얻게 되였다.
>
> *2 아리따 시찌덴마에유적은 아리따유적에 속하며 아리따 오다베대지의 서남기슭에 있다. 그 대지는 표고 7～15m의 독립언덕으로서 무로미강(室見川)의 하구에 위치하며 남북길이 1km, 최대너비 0.7km나 된다. 그 대지의 아리따 시찌덴마에에서 돋우새긴 띠

무늬질그릇, 단순기의 많은 질그릇과 함께 돌점, 돌활촉, 반달칼, 턱자귀, 동도끼 등의 조선제마제석기들이 나왔다. 질그릇에 박힌 벼알흔적과 반달칼로 미루어보아 그 유적이 있는 지대에서도 논 벼재배가 실현되였음을 알수 있다. 특히 주목되는것은 죠몽문화 시기 말기의 유우스ⅡA토기와 동반하여 조선의 무늬없는 질그릇 계렬의 질그릇이 나왔는데 이는 충청남도 송국리유적의것과 매우 류사하다고 한다.(월간《고고학져날》림시증간, 1983년, 번호218, 특집-1982년의 고고학계의 동향)

*³ 쯔이지유적에서는 돋우새긴띠무늬질그릇과 이따쯔께Ⅰ식질그 릇이 동반되는 시기의 움구뎅이가 발견되였다. 그안에서 나무로 된 미완성품농기구가 드러났다. 미완성품농기구와 조선제마제석 기를 련관시켜볼 때 이 유적도 논농사를 하던 조선이주민집단이 남긴것이라는 결론에 도달하게 된다.

오까야마현 쯔시마(津島)유적

이 유적은 오까야마현 아사히강하류 서쪽기슭에 펼쳐진 평야가 운데에 위치한다. 유적의 가장 낮은 곳으로부터 죠몽문화시기 말기 와 야요이문화시기초의 질그릇이 함께 나왔다.

그 유적의 야요이문화시기 전기(B.C. 3세기~B.C. 2세기경) 집자 리가 있는 낮은 고지는 삼각주의 웃면으로 볼수 있는데 거기서는 적어도 다섯채의 건물과 도랑 그리고 무엇에 쓰이였는지 모를 도랑 모양의 구뎅이와 둥근 모양의 고르롭지 못한 구뎅이가 발견되였다. 그 집자리의 남동쪽은 언덕으로 되여있고 그보다 낮은 지대에 습지 대가 펼쳐져있다. 언덕을 따라 너비 4~8m의 띠모양으로 이어진 검은색진흙층의 논이 확인되였다. 그 논은 도면우에서 계산하면 50m 또는 그 이상으로 뻗어있다. 최대너비가 8m이므로 그 면적은 500㎡ 또는 그 이상으로 추측된다고 한다. 그와 같은 낮은 고지주 변부의 띠모양의 논은 그밖에도 여러 군데 있었을것으로 추측된다 고 한다. 물논은 말뚝을 줄지어 박아 언덕이 무너지는것을 미리 막 았다. 띠모양으로 펼쳐진 바깥쪽에도 말뚝을 박아 논을 습지와 구분하였다.

논에서는 많은 량의 벼화분, 벼이삭과 함께 물논에서 자라는 잡초가 100여 가지나 발견되였다고 한다.* 전기전반의 층위에서는 조선제의 마제동도끼 등이 나왔다.

> * 《기비의 나라》가꾸세이사, 1975년, 25~28페지 및 《고분문화 출현기의 연구》가꾸세이사, 1985년, 50~54페지. 쯔시마유적에서는 B.C. 3세기경의 벼이삭이 온전한 형태 그대로 진흙에 섞여 나왔다고 한다. 발견되자마자 사진으로 찍을새 없이 그만 새까맣게 되고말았다고 한다.

쯔시마유적은 서부일본의 여러곳에 진출, 정착한 초기 조선이주민집단의 일반적형편을 잘 전하여준다고 말할수 있다. 그것은 거주지주변의 낮은 습지를 띠모양으로 구획하기만 한 단순한 낮은 습지대논밭의 면모를 잘 보여주기때문이다. 거기에는 발달된 수로와 논두렁이 없다. 그 유적을 통하여 황무지였던 일본의 바다와 가까운 강하천하류의 낮은 습지대를 개척한 조선이주민집단이 남긴 초기의 흔적을 엿보게 되는것이다.

최근에 그 쯔시마유적으로부터 1km 남짓하게 떨어진 지점에서 그보다 더 오랜 논유적이 드러났다.

그것은 지표밑 2m 지점에 있는 논으로서 거기서는 죠몽문화시기 말기의 돋우새긴띠무늬질그릇이, 웃층에서는 야요이문화시기 전기 중엽경의 질그릇이 나왔다. 논은 너비 2.3cm, 높이 10여cm의 두렁으로 구획이 되여있으며 논뙈기 하나의 크기는 가로 3m, 세로 5m정도이다. 모양과 크기는 일정하지 않으며 작은것까지 합치면 약 300㎡의 발굴면적(모두 해서 2 200㎡)에서 약 30뙈기가 나란히 나타났다. 논두렁에는 곳곳에 30cm정도의 끊어진 개소가 있다. 아마도 주입구 또는 배수구로 리용된것 같다.

유적에서는 가장 낮은 층에서 규슈 야마노데라(山之寺)식토기 (죠몽문화시기 만기후반)와 거의 같은 년대에 속하는 혹토BⅡ식이라고 불리우는 질그릇쪼각만이 나왔으므로 이 유적은 가라쯔시 나하다께유적과 그 조성시기가 거의 비슷하다는 사실이 밝혀졌다.*

* 《아사히신붕》(오까야마) 1986년 9월 25일부 및 《산요신붕》
1986년 10월 20일부

　　흑토(黒土)BⅡ식이란 일제가 조선강점시기 군국주의력사관을 부식, 고취하기 위하여 진행한 오까야마현 가사오까시앞바다에 있는 다까시마(高島)유적의 발굴지에서 나온 질그릇을 말한다. 일제는 저들 야마또민족은 이른바 《하늘의 자손》이라는데로부터 《일본서기》에 나오는 《신무전설》을 외곡선전하는 한편 그의 《진실》을 증명하기 위해 다까시마섬을 발굴, 조사하였다. 도꾜와 교또의 두 제국대학에서 조사에 참가하였는데 흑토라는것은 거기에서 나온 질그릇이름이다. BⅠ식은 죠몽문화시기 만기초두, BⅡ식은 죠몽문화시기 만기후반과 맞먹는 시기의것이라고 한다. 바로 새로 드러난 쯔시마 에도유적의 가장 낮은 문화층에서 그 질그릇쪼각이 나온것이다. 필자가 참고한 신문자료들은 기본적으로 《월간문화재 발굴출토정보》(일본통신사)에 의거하였다.

유적은 잠정적으로 쯔시마 에도(江道)유적이라고 부르는데 앞에서 쓴 쯔시마유적과 멀지 않은 곳에 있는것으로 보아 그것과 같은 계렬의 유적이라고 생각된다.

　　우의 이따쯔께유적, 나하다께유적, 쯔시마유적 등에서 본바와 같이 수로와 논두렁을 포함한 논유적과 농구, 공구들은 당시로서는 아주 세련된것이였으며 높은 수준에 있었다. 그러한 유적은 당시의 일본자체의 태내에서는 도저히 생겨날수 없는것이며 조선의것 그대로를 통채로 옮겨놓은것이라는 사실을 말해주고있다.

　　가래로 수로를 째고 진흙을 쌓아올려 논두렁을 조성하고 고무래같은 농기구로 논바닥을 고르롭게 하여 온습도를 조절하면서 논벼를 재배한 기술이며 돌을 잘 갈아 만든 통도끼, 턱자귀로 나무농구를 만든것 등 그 모든것이 다 조선의것 그대로이다. 그것들은 당시로서는 조선에서 건너간 사람들만이 할수 있었다.

　　죠몽문화시기 말기와 초기 야요이농경유적들이 조선적이라는것은 각종 마제석기들과 벼알 그리고 질그릇, 무덤 등을 보아도 일목료연하다. 실례로 마제석기 하나만 들어도 그것의 조선적성격을 알수 있다.
  일본에서 드러난 돌도끼, 반달칼 등 일련의 마제석기들은 조선의 청동기시대에 해당한 시기에 와서 비로소 발전한것이며 그것들은 특히 조선의것들과 공통된것이 특징이다. 다시말하여 야요이문화시기초의 농경유적들에서 드러나는 마제석기들은 일본 죠몽문화시기의 유물들과 련관되는것이 아니라 조선에서 들어간 문화갖춤새의 하나이다. 집과 창고자리와 논유적, 농구, 공구와 질그릇, 벼종자, 무덤에 이르기까지 생산과 생활, 무덤형식 등 문화일식이 조선에서 일본으로 옮겨진것, 그것이 초기 야요이문화이다. 죠몽문화시기 말기, 야요이문화시기 초기의 논유적들에서 흔히 볼수 있는 마제석기들인 대합조개모양돌도끼, 턱자귀 등은 조선이주민집단들이 고국에서 쓰던 공구(논농사에 필요한 나무도구를 깎는것)들이며 그런 공구, 농구를 쓰는 조선사람들에 의하여 일본렬도의 황무지, 처녀지가 개간되기 시작하였던것이다. 그것에 대하여 좀더 자세히 보자.
  야요이문화시기 전기간에 걸쳐 널리 쓰인 마제석기로서는 도끼, 턱자귀, 오목자귀, 대패날, 끌, 반달칼, 낫, 활촉, 단검 등이 있다.
  돌도끼는 몸통에 비하여 날쪽이 넓으며 날이 곡선을 이룬 통도끼종류들이다. 크기는 15cm안팎의것이 흔하며 큰것은 20cm를 넘는것도 있다.
  턱자귀는 모가 나게 길고 한쪽에 두단의 턱을 지운것과 턱이 한단밖에 없는것이 있다. 이따쯔께유적에서는 턱을 한단만 지어 날이 급한 경사를 이루게 하고 등쪽에 오목한 홈을 낸 자귀가 드러났다. 대패날은 돌을 네모나게 갈아서 한쪽에 날을 낸것인데 길이는 10cm안팎이다. 돌끌은 생김새가 턱자귀와 비슷하지만 그것보다 크기가 작다.
  반달칼은 한쪽이 곧고 반대쪽이 둥글어서 반달처럼 생겼다. 돌로 된 수확도구를 반달칼이라고 하는것은 맨 처음으로 발견된 벼이삭자르는 수확도구가 이처럼 반달형으로 되여있었기때문이다. 이 종류의 수확도구에는 반달형, 삼각형 등 여러가지가 있었다.
  황해남도 송림시 석탄리유적의 제2호, 제4호집자리에서 나온 돌도끼는 일본의 여러 유적의것과 꼭 같으며 자귀는 이따쯔께유적의것과 같다. 후꾸오까현 히에(比惠)유적에서 나온 돌도끼는 황해남도 룡연군 석교리 제1호집자리에서 나온것과 같다. 후꾸오까현 다떼이와(立岩)유적에서 나온 날쪽이 휜 반달칼이나 나라현 가라꼬유적에서 나온 곧은날의 반달칼 등은 함경남도 금야유적을 비롯한 우리 나라 여러곳에서 알려진것과 크기와 생김새가 꼭 같다.

이처럼 야요이문화시기 논유적에서 드러난 마제석기들이 완전히 조선것이라는것을 통하여 야요이문화시기에 드러난 일본의 초기 농경유적은 다 조선이주민집단 또는 그들의 자손들이 남긴것이라는 결론을 얻게 되는것은 당연하다. 그뿐아니라 오늘까지도 전하는 벼농사와 관련한 말들에는 《갈이》(제)*와 같이 조선말과 같은 단어가 아주 많다. 일본학자들의 연구에 의하면 언어학적으로 볼 때 일본말속에 조선말이 들어간것은 야요이문화시기이며 특히 농경문화를 중심으로 하여 일본말안에서 조선말이 형성되기 시작하였다고 한다.

* 일본말에서 가을걷이를 《가리》라고 하는데 이것은 조선말들인 밭갈이 등의 《갈이》에서 파생된 말이다.

야요이문화시기의 시작을 재촉하게 한것이 조선이주민들의 강력한 진출과 정착활동이였다는것은 그 시기에 와서 일본에 돌연히 매우 높은 수준의 금속기들이 출현했다는 사실을 놓고보더라도 잘 알수 있다.

서부규슈 구마모또현 다마나군 사이또산(齋藤山)조개무지유적에서 나온 쇠도끼쪼각,*1 후꾸오까현 마가리다(曲田)유적에서 나온 철기, 무나가따군 쯔야사끼정 이마까와(津屋崎町今川)유적에서 발견된 동활촉*2 등은 그것들이 조선과 가장 가까운 그 일대에 조선사람에 의하여 전해진 금속기임을 보여준다.

*1 사이또산에서 나온 쇠도끼의 탄소함유량은 0.3%라는 주조술이 매우 높은 단조품(《노국발굴》 학생사, 1975년, 65페지)으로서 세계적으로도 아주 이른 시기의것의 하나이다. 1955년 다마나군 덴스이정 사이또산조개무지에서 발견된 그 쇠도끼는 이따쯔께식 질그릇의 포함층에서 나왔다. 길이 4.2cm이며 자루고리가 달려있다고 한다.(《구마모또현의 력사》 야마까와(山川)출판사, 1980년,

18페지]

*² 이마까와(今川)유적에서 나온 청동활촉은 크기와 모양이 조선의 경상남도 김해군 무계리, 충청남도 부여군 송국리에서 나온것과 매우 류사하다. 야마구찌현 아야라기(綾羅木)유적에서는 손칼모양의 쇠쪼각이 나왔다. 그리고 1982년 9월에 무나가따시 다끼가시모(瀧下)에서는 3세기말의 철정(쇠덩이)이 나왔다. 그것도 역시 조선제이다.

그러면 조선사람에 의하여 시작된 야요이문화는 그 전시기의 죠몽문화와 어떻게 차이나는가. 죠몽문화시기의 문화상과 야요이문화시기의 문화상을 표로 대비해보면 다음과 같다.

시대별구분 구 분	죠몽문화시기 말기	야요이문화시기 초엽
지배적경리형태	채집과 획득	논벼생산을 위주로 한 농경생산
집자리의 위치	비교적 높은 대지 또는 대지의 건조한 곳을 택한다.	저습한 지대, 집자리는 충적대지 또는 약간 높은 구릉지대
로동도구	타제석기와 마제석기를 공용(생산적로동도구는 아니다.)	청동기와 철기, 일부 마제석기를 병용(생산적로동도구 가공에 쓰임)
질그릇의 형태	질그릇의 모양과 형식이 복잡하며 주술적무늬가 많은것이 특징	비교적 단순하며 무늬없는 토기가 많다. 조선질그릇에 원형을 둔 여러가지 단지가 지배적임
식 량	나무열매와 조개, 물고기와 사슴, 메돼지, 개, 여우, 승냥이고기 등	벼, 조, 수수 등의 오곡을 기본으로 하면서 물고기와 집짐승을 부식으로 함
옷	기본적으로 입지 않음, 짐승가죽으로 몸을 가리움	길쌈을 하여 실을 뽑아서 옷을 지음
무덤	굴신장이 기본이고 일부 신전장	일정한 곽에 넣고 매장, 움무덤, 독무덤, 돌상자무덤, 나무곽무덤 등 조선에 연원을 둔 무덤이 보급

북규슈일대에 진출하여 첫 삽을 박고 벼씨앗을 뿌린 조선이주 민집단은 자기의 생활범위를 점차 크게 확장해나갔다.

이주민집단의 생활범위확장방식

한 지점에서 넓혀나가는 방식

조선이주민집단이 정착한 곳에서 생활범위를 넓혀나간 모습을 보다 잘 보여주는것이 이따쯔께유적을 중심으로 한 후꾸오까평야에 있는 유적들이다.

이미 본바와 같이 이따쯔께유적은 죠몽문화시기로부터 야요이문화시기에로의 점차적이행을 사실적으로 잘 보여주는 유적이다. 초기의 집자리는 나까강(那珂川)과 미까사강사이에 끼여있는 비옥한 충적지를 형성한 나까대지우에서 나타났다. 그 주민집단은 점차 주변의 땅을 일구어 야요이문화시기 전기의 전기간 이 평야의 전 지역을 개간하였으며 전기말에 이르러서는 초기의 마을을 중심으로 하여 후꾸오까평야에 대한 지배권력을 확립해나갔다. 다시말하여 이따쯔께유적을 중심으로 전체 후꾸오까평야가 조선이주민집단의 후손들에 의하여 조선식으로 개척, 개간되여나갔다.

야요이문화시기 중기에 와서는 히에(比惠)유적*에서와 같이 상당히 큰 규모의 마을을 보게 된다.

* 히에유적은 하까따만으로 흐르는 나까강과 미까사강사이에 있는 약간 높은 고지에 자리잡은 야요이문화시기의 유적이다. 주위에는 네모난 도랑(환호)이 둘러쳐져있다. 도랑의 길이는 동쪽면이 약 33m, 서쪽면이 약 36m, 북쪽면과 남쪽면이 각기 약 30m이다. 유적면적은 약 1 000㎡이다. 그안에 6개의 집자리와 여러가지 시설물들이 있었다. 그러한 네모난 도랑은 이밖에도 4개가 더 있었다고 한다.

  그 집자리에는 네모난 도랑안에 5~6개의 집이 있다. 매 집의 입구는 경작지를 향하여 남동쪽으로 만들어놓았다. 그 유적에서 한집에 다섯식구가 살았다고 보면 한 도랑안에는 30명정도 살았을것이고 그러한것이 몇개 붙어있다고 보면 히에유적에는 200명 안팎의 주민이 살고있었다고 볼수 있다.

그리고 후꾸오까평야의 정치적 및 경제적거점은 점차 나까대지로부터 가스가(春日)구릉지대에로 옮겨지며 점차적으로 계급이 발생되여간다. 수구 오까모도유적은 계급발생을 시사하는 실례로 될 것이다.

계급이 발생함에 따라 마을과 마을사이에 방어를 목적으로 한 환호(도랑)가 생기게 되였다. 그것은 원주민들과의 관계를 고려한 구조물이기도 하였으나 또한 이웃마을과의 관계를 고려한것이기도 하다. 이따쯔께유적에는 이른 시기에 이미 길이 110m에 달하는 환호가 있었으며 아리다(有田)유적에는 오다베(小田部)대지의 서남쪽에 길이 약 300m, 너비 2~3m, 깊이 1.8~2m의 타원형의 환호가 구축되였다.

효고현 아마가사끼 다노(田能)유적*도 히에유적 못지 않게 큰 마을을 이루고있었다.

> * 다노유적의 집자리는 동서 120m이상, 남북 150m이상의 규모이며 충위적으로도 야요이문화시기 전기와 중기의 집자리가 겹친다고 한다. 이것은 거기에 아주 큰 부락(마을)이 형성되여있었을 것임을 짐작하게 한다.(《다노》학생사, 1972년, 153페지)

이와 같은 사실들은 조선과 가장 가까운바다에 면한 충적평야지대에서 조선의 이주민집단이 자기의 생활범위를 넓혀나갔다는것을 보여준다. 그 과정에 인구도 늘며 또한 물질적부가 많아지면서 잉여생산물도 생겼다. 잉여생산물의 발생은 곧 그 소유와 분배에서 불평등을 가져왔으며 그것은 점차 계급의 분화, 지배와 예속관계를 가져왔다.

이동정착하는 방식

처음으로 진출한 조선이주민집단은 현해탄에 면한 북규슈지역에만 머물러있지 않았을것이다. 그것은 이따쯔께유적, 나하다께유적과 거의 같은 시기이거나 좀 뒤지는 시기의 죠몽문화시기 말기의 논유적들이 여러곳에서 드러나기때문이다. 그것은 주로 북규슈와 거기에서 가까운 세또나이해의 연안지역에 가장 많이 분포되여있다.

그러한 대표적유적으로는 오까야마현의 쯔시마유적, 쯔시마 에도(江道)유적, 가와찌 야오(八尾)시의 구보지(久寶寺)유적 등을 들수 있을것이다.

좀 후세의 기록이기는 하지만 일본렬도에 진출한 조선이주민집단이 부단히 정착지를 옮긴 실례가 하리마《풍토기》에 실려있다. 그것을 보면 다음과 같다.

시까마고을의 아야베(漢部)마을…아야베라고 하는것은 사누끼구니의 아야히또 등이 거기에서 살게 되였기때문에 이름짓게 되였다.

히라가따(枚方)마을. 히라가따라고 이름지은 까닭은 가와찌구니의 마무다(茨田)고을 히라가따의 아야히또가 와서 처음으로 이 마을에 살았기때문이다.

오따(大田)마을. …오따라고 이름짓게 된 까닭은 옛날 구레(吳)의 스구리(村主)가 조선에서 건너와서 처음 기이구니의 나구사고을의 오따마을에 이르렀다. 그후 갈라져나와 셋쯔구니 미시마의 으뜸가는 고을인 오따마을에 옮겨살고 또다시 이히보고을의 오따마을에 옮겨 살았다. 이리하여 본래 기이구니의 오따로써 이름지었다.

하리마《풍토기》에 실려있는 이 단편적인 기사들을 통하여 알수 있는것처럼 조선이주민집단은 고분문화시기에 들어와서도 적당한 고장을 찾아서 여러번 자리를 옮겨가며 살았다. 하리마《풍토기》에 나오는 아야히또, 구레의 스구리 등이 조선계통이주민들이고 조선사람을 가리켰다는것은 두말할것 없다. 고분문화시기에도 여러 갈래의 이주민집단이 여러번 이동, 진출을 단행하였다는것은 빈 땅이 보다 더 많았던 야요이문화시기 초기에는 이주민집단의 그와 같은 움직임이 보다 더 잦았다는것을 시사해준다.

3. 조선이주민들의 일본렬도진출의 확대

죠몽문화시기 말기 조선이주민들의 일본렬도진출이 있은 후 200～300년이 지난 B.C. 2세기 말경(야요이문화시기 전기말-중기초)에 조선으로부터 또 한차례의 대규모적인 집단이주가 있었다.

그 특징은 좁은놋단검, 좁은놋창, 조선식과, 잔줄무늬거울로 대표되는 문화갖춤새를 가진 집단들의 이주, 진출이라는 사실이다. 그리고 일부 동탁을 가진 이주민집단도 있다.

널리 알려진바와 같이 좁은놋단검문화는 B.C. 1000년기 후반기 우리 나라의 대표적인 고대문화이다. 좁은놋단검은 고조선에서 발전한 비파형단검이 보다 실용화된 살상무기이다. 잔줄무늬거울 역시 조선에 고유한 독특한 거울이다.* 거울

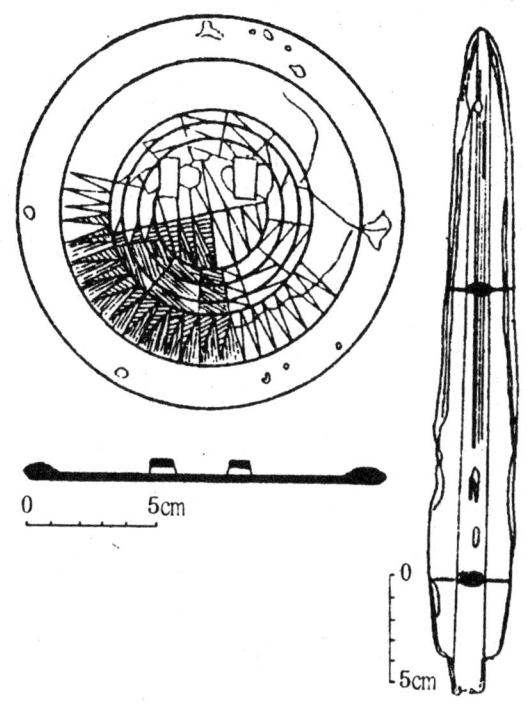

잔줄무늬거울과 좁은놋단검

은 권력의 상징으로서 초기계급사회에서 일정한 권력과 재부를 소유한자나 그런 집단만이 가질수 있었다.

* 좁은놋단검과 잔줄무늬거울이 조선의 독특한 문화유물이라는것은 내외의 공통된 견해이다. 이 두 유물은 조선반도를 중심으로 고대조선의 옛 판도에 분포되여있다. 다시말하여 좁은놋단검과 잔줄무늬거울의 분포지역은 곧 옛 조선사람들의 진출지역이며 고대조선의 정치적판도라는것을 의미한다. 그리고 좁은놋단검과 잔줄무늬거울에는 모양과 형식에서 각 시기별로 되는 발전적변화들이 있는데 여기서는 그것을 생략하고 취급한다.

좁은놋단검과 잔줄무늬거울은 따로따로 나올 때도 있지만 함께 나오는것이 보통이다. 일본땅 여러곳에서 그 유물들이 함께 나오는것은 바로 이 시기에 조선이주민집단이 대량적으로 일본렬도에 진

출하였음을 보여주고있다. 북규슈에서 좁은놋단검이 폭이 넓은 보기(寶器)적이며 주술적인 형태로 커지는것은 조선에서 건너간 물건을 일본땅에서는 신성시한 경향과 그러한 경향이 점차 농후해진 사정과 관련되며 그 이후(야요이문화시기 중기 초엽이후) 당분간 조선사람들의 일본땅에로의 진출이 뜸해졌다는것을 보여주는것이라고 생각한다.

지금까지 알려진 좁은놋단검을 비롯한 일련의 문화유물들은 조선반도를 중심축으로 하여 그 주변들에서 나온다. 특히 서부일본의 규슈지방과 세또나이해연안지역은 좁은놋단검의 집중적인 분포지역이다. 그리고 좁은놋단검과 함께 갈색민그릇(무문토기)이 겹쳐나온다.[*1] 1970년현재 일본에서는 좁은놋단검이 약 80자루, 좁은놋창이 30여자루, 놋과가 14자루, 합계 120여자루의 청동무기류가 드러났다.[*2] 그것은 주로 북규슈연안지대를 중심으로 하여 일부 세또나이해연안지대에 걸쳐있다.

[*1] 최근에 후꾸오까현 오고오리(小郡)시 미구니(三國)구릉지대에서 무늬없는 질그릇이 대량적으로 나왔다. 이때까지 조선식갈색민그릇이 많이 출토된 유적은 미구니아즈마(三國東)유적, 요꼬구마나베(橫隈鍋)유적, 미구니하나(三國鼻)유적, 요꼬구마야마(橫隈山)유적, 기따모다(北牟田)유적, 요모기가우라(蓬浦)유적, 아사구라군 구리따(栗田)유적 등이다. 이에 앞서 이따쯔께유적, 모로오까유적에서도 조선제갈색민그릇이 나왔다는것은 잘 알려진 사실이다.

[*2] 1970년이후 좁은놋단검이 새로 발견된 경우가 적지 않다. 특히 북규슈일대에서 현저하다. 최근의 실례로서는 이히모리 다까기유적에서 좁은놋단검과 놋창, 놋과, 잔줄무늬거울 등 14점의 청동기가 나온데 이어 후꾸오까시 오이시(大石)유적에서 1986년 2월초에 좁은놋단검과 놋창, 놋과외에 청동기 11점(단검 6, 과 3, 놋창 2)이 나온것을 들수 있다. 이어 가스가(春日)시의 수구오까모또유적에서는 새로 한자루의 좁은놋단검이 나왔고 무로미강의 노가다구보(野方久保)유적에서도 자루달린 좁은놋단검과 보통의 좁은놋단검 한자루가 드러났다.(1986년 여름)

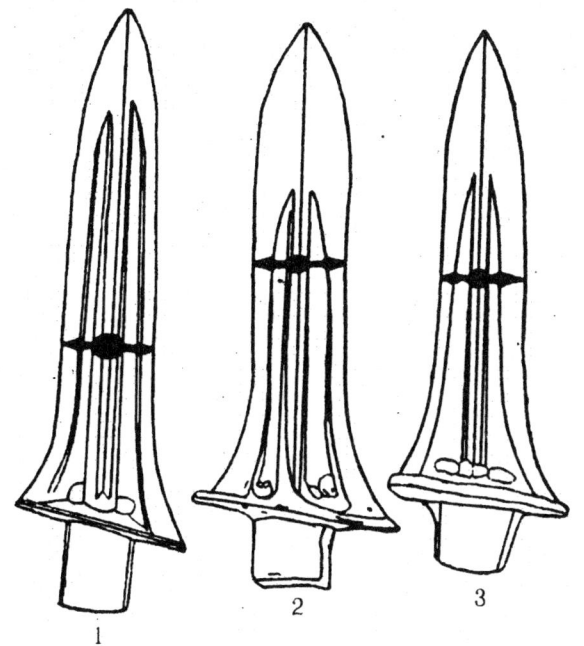

조선놋과
1. 북청군 하세동유적
2. 평양시 정백동유적
3. 배천군 석산리유적

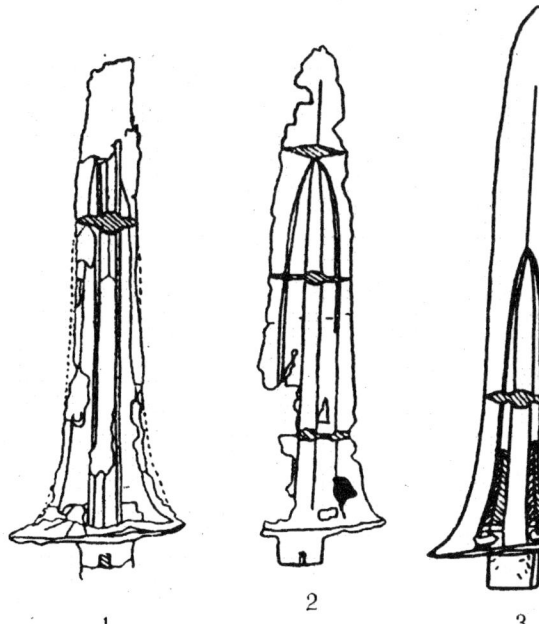

조선놋과
1, 3. 후꾸오까현 수구유적
2. 후꾸오까현 아리따유적

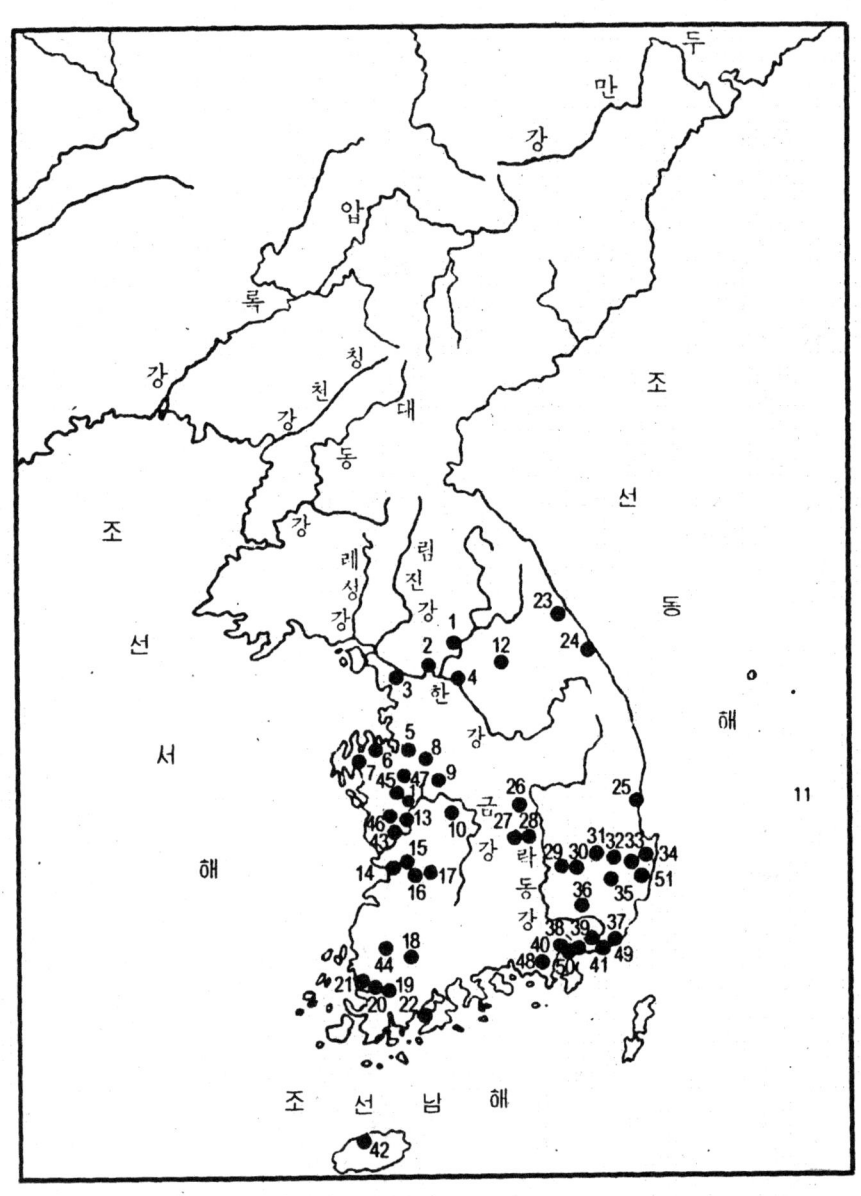

B.C. 3세기~기원전후시기 진국의 주요 유적분포도

좁은놋단검, 놋창, 조선식과와 같은 일련의 좁은놋단검관계 유물은 거의나 다 조선무덤의 기본형식들인 독무덤, 고인돌, 돌상자무덤, 나무곽무덤들에서 나온다. 특히 독무덤에서 나온 례가 가장 많다. 또한 그러한 청동무기들과 함께 날이 잘 드는 마제돌검이 나오는 경우가 적지 않은데 그것 역시 조선의 경우와 같다.
 조선에서 나온 좁은놋단검관계 유물을 중부이남지역에 국한시켜보면 다음 도표와 같다.

B.C. 4세기~A.D. 1세기의 삼한지역 주요유적과 그 유물

지도번호	나온 곳	유 물
1	경기도 가평군 마장리(집자리)	쇠붙이, 쇠찌끼, 돌도끼, 돌활촉, 반달칼쪼각, 가락바퀴, 토관쪼각, 흙구슬, 갈색질그릇, 회색질그릇 등
2	경기도 구리시 사로리(돌곽무덤)	좁은놋단검, 청동비수, 질그릇
3	서울시 영등포구(돌돌림무덤?)	좁은놋단검, 청동끌
4	경기도 양평군 대심리(집자리)	쇠도끼, 쇠칼, 쇠활촉, 질그릇 등
5	충청남도 아산시 둔포리 (돌곽무덤?)	좁은놋단검, 좁은놋창, 청동비수, 질그릇
6	충청남도 당진군 당진면 시곡리	좁은놋단검
7	충청남도 서산군 해평면 곽산동	좁은놋단검, 검자루대가리
8	충청남도 천안	놋과
9	충청남도 연기군 서면 봉암리	좁은놋단검, 놋과
10	대전시 피정동(돌곽무덤)	좁은놋단검, 잔줄무늬거울, 방패모양청동기, 원판모양, 청동기, 청동방울, 청동말판자, 돌활촉, 굽은구슬, 질그릇, 고리달린 청동기
11	충청남도 부여군 련화리 (돌곽무덤)	좁은놋단검, 잔줄무늬거울, 굽은구슬
12	충청남도 부여군 량화면 암수리	좁은놋단검
13	충청남도 부여군 규암면 검북리	좁은놋단검, 검자루대가리
14	전라북도 익산군 팔봉면 룡제리(움무덤?)	좁은놋단검, 놋과, 청동끌, 청동비수, 질그릇쪼각

표계속

지도번호	나온 곳	유 물
15	전라북도 익산시 오금산	좁은놋단검, 잔줄무늬거울
16	전라북도 완주군 은상리	좁은놋단검
17	전라북도 완주군 남봉리	좁은놋단검
18	전라남도 화순군 도곡면 대곡리(나무곽무덤?)	좁은놋단검, 잔줄무늬거울, 청동도끼, 청동비수, 청동팔수형방울, 청동쌍두형방울
19	전라남도 령암군 사종면 신연리	좁은놋창, 검자루대가리
20	전라남도 령암	좁은놋단검, 도끼, 끌, 창, 과, 괭이 등의 거푸집
21	전라남도 목포	좁은놋단검
22	전라남도 고흥군 소록도	잔줄무늬거울, 돌도끼, 돌활촉, 질그릇
23	강원도(남) 양양토성	좁은놋단검, 잔줄무늬거울
24	강원도(남) 강릉시 농포동 (문화층)	쇠붙이
25	경상북도 영덕군 사천리 (돌상자무덤)	좁은놋단검
26	경상북도 상주	좁은놋단검, 좁은놋창
27	경상북도 김천 금오산	좁은놋단검
28	경상북도 김천 대신동	띠걸이
29	대구시 비산동(무덤)	좁은놋단검, 놋창, 놋과, 일산대꼭지, 띠걸이 기타 청동단검부속금구, 철기 등
30	대구시 만촌동	좁은놋단검, 놋과 검자루부속품 등
31	경상북도 영천시 금호면 어은동(무덤?)	일광경, 변형와문경, 청동띠고리, 청동고리, 청동원추형장식금구 기타 청동장식금구, 질그릇, 숫돌 등
32	경상북도 경주시 평리(무덤?)	좁은놋단검, 놋창, 놋과
33	경상북도 경주시 월성리 (문화층)	쇠찌끼, 질그릇, 탄화된 밀
34	경상북도 경주시 구정리 (나무곽무덤)	좁은놋단검, 좁은놋창, 놋과, 청동방울, 청동쌍두형방울, 쇠칼, 쇠도끼, 쇠낫, 돌도끼, 유리구슬, 천쪼각 등

표계속

지도번호	나온 곳	유물
35	경상북도 경주시 일십리	좁은놋단검, 좁은놋창, 놋과, 잔줄무늬거울, 원판모양청동기, 청동방울, 원통모양청동기, 일산대꼭지, 삿갓모양청동기, 청동고리, 검자루, 쇠검, 쇠도끼, 질그릇 등
36	경상남도 밀양시	좁은놋단검
37	부산시 동래(조개무지, 큰 규모의 쇠부리터)	독널
38	경상남도 김해시 량동리	놋창, +모양청동검자루대가리, 쇠검, 쇠창, 거울(망격규구경) 등
39	경상남도 김해시 회현리(조개무지, 독무덤)	좁은놋단검, 청동비수, 대롱구슬, 쇠도끼, 쇠칼, 쇠활촉, 쇠낫, 유리구슬, 돈(화천), 탄화된 쌀 등
40	경상남도 마산시(조개무지, 큰 규모의 쇠부리터)	쇠칼, 쇠자귀, 쇠낫, 쇠활촉, 쇠낚시 등
41	경상남도 마산시 웅천(조개무지)	철기류
42	제주도 산지항	청동단검부속금구(검고), 거울(내행화문경), 돈(대천오십, 화포, 오수)류 등
43	전라북도 익산시 평장리	좁은놋단검, 놋창, 놋과, 거울(전한경) 등
44	전라남도 함평군 초포리	구리검, 놋과, 놋창, 놋도끼, 놋끌, 잔줄무늬거울, 굽은구슬, 갈돌 등
45	충청남도 부여군 합송리	좁은놋단검, 동탁, 잔줄무늬거울, 쇠도끼, 쇠끌 등
46	충청남도 부여군 구봉리	좁은놋단검, 놋과, 놋창, 놋끌, 단지, 잔줄무늬거울 등
47	충청남도 부여군 송국리	비파형단검, 놋끌, 돌검, 돌활촉 등
48	경상남도 창원시 다호리	할죽형목관, 자루달린검, 동탁, 거울(전한경), 돈(오주전), 유리알, 굽잔, 자루달린 자귀, 판모양철제품, 민고리칼 등
49	부산시 동상동 조도조개무지	쇠검, 쇠손칼, 쇠낫, 쇠낚시, 활촉 등
50	경상남도 사천시 록도	판모양철제품, 쇠검, 쇠낚시 등
51	경상북도 경주시 조양동	말자갈, 활촉, 창, 마락, 쇠과, 판모양쇠도끼, 잔줄무늬거울 등

※ 《조선전사》2 과학, 백과사전출판사, 주체68(1979)년, 186~187페지의 도표에 필자가 약간 첨가함

표에서 보는바와 같이 조선중부이남일대에서 B.C. 4세기~

A.D. 1세기에 나온 고고학적유물은 그 태반이 좁은놋단검이다. 그런데 이것은 서부일본의 좁은놋단검관계 유물과 계통을 같이한다. 다시말하여 서부일본의 북규슈를 중심으로 한 좁은놋단검관계 유물은 조선에서 건너간 이주민들에 의하여 전하여졌던것이다.

조선에서 좁은놋단검은 전조선적으로 1970년현재 대체로 70~80개정도 알려져있다. 이와 같은 사실은 좁은놋단검관계 유물이 조선반도를 중심으로 하여 남북으로 널리 분포되였다는것을 말해준다. 특히 일본렬도에 많이 퍼지게 된것은 이 문화를 가진 사람(집단)들이 대량적으로 바다를 건너갔기때문이라는것을 보여준다.

좁은놋단검은 압도적다수가 조선에서 나온다. 그리고 또 좁은놋단검과 잔줄무늬거울이 함께 나오는것이 조선에 가장 많다. 이것은 그 문화갖춤새가 조선에 고유하고 독특한것임을 확인해준다. 동시에 조선의 경우 좁은놋단검과 잔줄무늬거울이 대부분 평양을 비롯한 서부조선일대에서 나온다는 사실이다.

흥미있는것은 일본에서 좁은놋단검과 잔줄무늬거울이 함께 집중적으로 나오는것은 북규슈와 세또나이해연안지대라는 사실이다. 그것은 지리 및 해류관계로 조선의 서해안남부지대와 현해탄에 면한 북규슈 및 세또나이해연안이 련결되여있다는것을 말해준다. 이것을 증명해주는것이 북규슈에 고인돌과 독무덤이 있다는것이다.

일본에서 좁은놋단검은 에누리없이 조선적무덤들인 독무덤, 고인돌무덤, 돌상자무덤에서 나온다. 그가운데서 특히 독무덤에서 나오는것이 가장 많다. 이것을 표로 제시하면 다음과 같다.

좁은놋단검관계 유물이 나온 무덤별통계 (단위: 자루)

무 덤 종 류	단 검	창	과
독 무 덤	21	14	6
고인돌무덤	5	3	1
돌 상 자	6	1	

※ 《력사과학》 주체68(1979)년 4호, 31페지

표에서 보는바와 같이 야요이문화시기 전기말~중기 초엽에 나오는 좁은놋단검관계 청동유물들은 대체로 독무덤에서 나온다. 그것은 바로 이 시기에 일본땅에 진출한 집단들의 압도적다수가 무덤형식에서 독무덤을 쓰는 풍습을 가진 사람들이였다는 사실을 말해 준다.

물론 좁은놋단검관계 청동기들이 독무덤에서만 나오는것은 아니다. 표에서 본바와 같이 고인돌과 돌상자무덤에서도 나온 례가 있다. 실례로 야마구찌현 가지구리하마유적[*1]에서는 돌상자무덤에서 좁은놋단검과 잔줄무늬거울이 같이 나왔으며 쯔까사끼유적, 후꾸오까현 이와자끼유적, 나가사끼현 가야노끼유적, 후꾸오까현 우에노바루유적 등에서도 좁은놋단검 또는 놋창이 나왔다. 하지만 일부 학자들의 자료통계에 의하면[*2] 야요이문화시기 전기말~중기초에 나오는 좁은놋단검관계 유물인 청동무기류는 독무덤에서 나오는것이 지배적이라는 결론을 얻게 된다. 즉 좁은놋단검관계 문화유물소유자는 무덤형식에서 독무덤을 쓰던 집단이라는 사실을 알게 된다.

[*1] 가지구리하마유적에서 나온 잔줄무늬거울은 모양과 크기, 끈을 꿰는 구멍에 이르기까지 함흥시 리화동유적에서 나온 잔줄무늬거울과 비슷하다. 두 유적이 위치한 곳이 해류관계로 미루어보아 서로 통한다. 가지구리하마유적은 동해안 함흥지역에서 살던 주민들이 진출하여 남긴것일수 있다.

[*2] 《조선사연구회론문집》 제4호(1968년 9월)에 실려있는 《청동기로부터 본 일조관계》 표 1의 통계자료를 보아도 좁은놋단검관계 유물의 대다수가 독무덤에서 나왔음을 알수 있다.

이것을 좀더 자세히 보기 위해 북규슈에서의 무덤형식의 변천에 대하여 간단히 개괄할 필요가 있다.

잘 알려진바와 같이 북규슈일대에서는 야요이문화시기 전기간 고인돌무덤, 움무덤, 나무곽무덤, 독무덤 등 여러가지 무덤형식이 쓰이고있었다. 전기에는 움무덤과 나무곽무덤이 일반적이였으며 서북규슈에서는 돌상자무덤을 많이 썼다. 그러다가 전기 중엽이후 말기에는 독무덤이 후꾸오까현과 사가현일대 즉 현해탄에 면한 연안지대에서 갑자기 성행한다.(부분적으로는 움무덤과 나무곽무덤이 병존한다.) 다른 지역은 의연히 나무곽움무덤(오이따현 구마모도현)과 돌상자무덤(나가사끼현)이 일반적이다.

 죠몽문화시기 말기로부터 2세기 후반기까지에 나가사끼현과 사가현북부지역에서는 조선식의 고인돌무덤이 성행하다가 그것이 점차 없어지면서 돌상자무덤,* 움무덤, 나무곽무덤이 보편화된다. 특히 야요이문화시기 전기 후반~중기에 걸쳐 현해탄에 면한 후꾸오까현일대에서 큰 독무덤이 급속히 발전하다가 후기에 와서 다시금 움무덤과 나무곽무덤으로 되돌아간다. 그러면서 전기와 중기에는 거의 볼수 없던 돌상자무덤이 보급되는것이다.

 * 일본의 돌상자무덤은 야요이문화시기에 주로 북부규슈를 중심으로 하여 널리 퍼졌다. 그 분포범위는 독무덤에 비하여 아주 넓다. 실례로 독무덤은 북규슈가 기본이고 세또나이해는 기껏해야 야마구찌현까지로 끝나지만 돌상자무덤의 분포는 북규슈와 깅끼지방에까지 널리 분포되여있다. 그리고 그것은 고분문화시기까지 지속적으로 계속되는것이 특징이다. 돌상자무덤에는 1개체가 매장되는 경우도 있으나 야마구찌현 도이가하마유적에서처럼 1기의 돌상자무덤에 11개체씩이나 매장하는 경우도 있었다.

 이 모든 무덤형식의 발생과 변천이 조선의 직접적 또는 간접적 영향에 의하여 이룩되였음은 구태여 고증을 요하지 않는다. 그리고 그 모든 무덤형식이 조선에 연원을 두고있다는것도 물론이다.

 돌상자무덤을 비롯한 야요이문화시기의 모든 무덤이 죠몽문화시기에는 존재하지 않았고 농경문화와 더불어 조선이주민집단에 의하여 일본땅에 전해지고 보급되였다. 그것은 고인돌무덤을 놓고보더라도 잘 알수 있다.

 고인돌무덤은 넉장의 판돌을 세워 네모난 모양의 돌칸을 만들고 그우에 넙적한 판돌을 뚜껑돌로 덮은 무덤이다. 고인돌무덤은 고조선 땅인 대양하, 장하, 벽류하류역과 대동강류역 그리고 례성강, 림진강, 한강, 금강, 락동강류역 등지에 많이 분포되여있으며 경상남북도와 전라남북도의 해안지대와 섬들에도 밀집되여있다. 지금까지 알려진데 의하면 함경북도와 그 이북에는 대체적으로 고인돌무덤이 적다. 그리고 고인돌무덤은 북쪽과 남쪽에서 상당한 정도로 차이가 난다.

북쪽의 고인돌무덤은 자그마한 칸우에 평평한 뚜껑돌을 얹은 오덕형(이른바 탁상형)이라면 그 이남의것은 침촌형(이른바 바둑판모양)이라고 부르는 형식이 지배적이다. 일본에 영향을 준 고인돌은 바로 침촌형고인돌무덤이다. 그와 같은 고인돌은 현해탄연안으로부터 중부규슈까지에서 볼수 있다. 특히 사가현에서는 가라쯔지방에 많은데 고한다(五反田), 하야마지리, 우끼 세도구찌 등의것이 유명하다.*¹ 후꾸오까현에는 이또지마군, *² 쯔꾸시군, 우끼와군에 있으며 나가사끼현에는 미나미 다까기(高來)군에, 구마모또현에는 다마나군, 기꾸찌군, 시모마시끼군, 아마꾸사군 등에 분포되여있다. 그리고 오이다현의 일부에도 보인다. 특히 사가현과 후꾸오까현에 압도적으로 많은데 고인돌무덤아래에는 많은 경우 무덤칸으로 쓰일 독이나 움 또는 돌로 칸을 만든 내부시설이 있다.

*¹ 《사가현의 력사》야마가와출판사, 1972년, 13페지
*² 이또지마군의 대표적인 고인돌무덤으로써는 이시가사끼유적의 것이 있으며 1986년 12월에는 시마정 신마찌(新町)유적에서 새롭게 30여기의 고인돌무덤이 확인되였다.(《후꾸니찌신붕》1986년 12월 11일부)

이상에서 본것처럼 고인돌무덤은 돌상자무덤과 더불어 조선반도를 중심으로 한 조선민족의 거주지역에서만 발전한 독특한 무덤형식이다. 그럼에도 불구하고 일본사람들은 조선의 고인돌무덤이 일본의 영향을 받았거나 북쪽의 다른 민족의 영향을 받아 발전한것처럼 말해왔다. 그러나 력사적사실은 북규슈에 분포되여있는 고인돌무덤은 곧 조선이주민집단이 직접 간접으로 준 영향에 의하여 이룩되였다는것을 말해준다. 이와 같은 엄연한 사실에 대하여서는 일본학자들가운데서도 대체로 옳게 말하는 사람들이 있다. 《…지석묘(고인돌무덤-인용자)는 대륙에 있어서 높은 무덤무지를 가진 무덤형식에 선행하여 발달한 무덤형식이고 특히는 남부조선에 있어서의 지석묘와 북규슈의것은 형식적으로도 아주 잘 닮았다. 대륙적인 요

소가 가장 농후한것이고 혹은 대륙으로부터의 이주자의 집단에 의하여 만들어진 특수한것이였는지도 모른다.…

　　이상에서 본바와 같이 북규슈 및 린근지역에서는 기내 및 동부일본일대 지역의것과 달리 주검을 거두는 여러가지 복잡한 시설이 발달해있다. 그뿐아니라 이것들은 거의 공존하는데 그 연원은 대륙의 묘제에서 찾지 않으면 안되는것이다.》*

  * 《일본고분의 연구》 요시까와홍문관, 1962년, 44페지. 방점은 필자가 찍은것임

　　그가 말하는 《대륙》이란 곧 조선을 가리키는것이다. 조선사람이 일본에 건너가서 만들었다는것을 말하기 어려워하는것은 일본학자들속에서의 하나의 경향이라고 볼수 있다.

　　이러나저러나간에 북규슈에 있는 고인돌무덤은 조선이주민집단이 남겨놓은 유적이다.

　　다음으로 독무덤에 대하여 보기로 한다.

　　B.C. 4세기나 B.C. 3세기로부터 A.D. 6세기까지 일본땅에서 형성된 모든 선진적문물이 조선의 영향에 의하여 이룩되였다는것은 이미 고고학적물질자료에 의하여 확고히 안받침되였다. 즉《야요이시기로부터 고분시기에 걸쳐 일본에서 전개된 여러 기술혁신이 무늬없는 토기시기로부터 삼국시기에 걸쳐 조선남부로부터의 직접적인 영향하에 전개된것은 이제는 움직일수 없는 사실로 되였다.》*는것이다.

  * 《규슈력사자료관개관 10주년기념 다자이부고문화론총》 상권 요시까와홍문관, 1983년, 54페지

　　일본학자들이 인정하는바와 같이 북규슈에서의 야요이문화시기와 고분문화시기의 각양한 장법과 무덤구조는 다 그 연원을 조선에 둔것이였다. 특히 야요이문화시기의 무덤구조는 조선의 직접적영향에 의하여 발생발전하였다. 그것은 조선사람들의 직접적진출의 결과이다. 북규슈의 각이한 지역에서의 각이한 무덤구조의 전개는 바로 조선의 지역(집단)적특색과 진출의 선후차를 반영한것으로 인정된다.

야요이문화시기 각이한 조선적무덤의 분포는 곧 각이한 시기 조선이주민집단의 진출정착지의 분포를 보여주는 것이다.

조선의 독무덤을 본다면 그것은 조선에 고유한 장법이다. 시기는 청동기시대 전기말쯤에 시작되고 철기시대 초기에 이르러 남부조선의 일부 지대에서는 지배적인 무덤형식으로 된다. 특히 전라남도 라주군 반남면 신촌리, 덕산리, 대안리, 다시면 복암리, 령암군 시종면, 함평군 월야면, 광산군 비아면 신창리 등에 분포되여있는 독무덤들이 대표적으로 유명하다. 이러한 조선에 연원을 둔 독무덤이 일본땅에서 후꾸오까현 요시다께 다까기유적(1 000기),

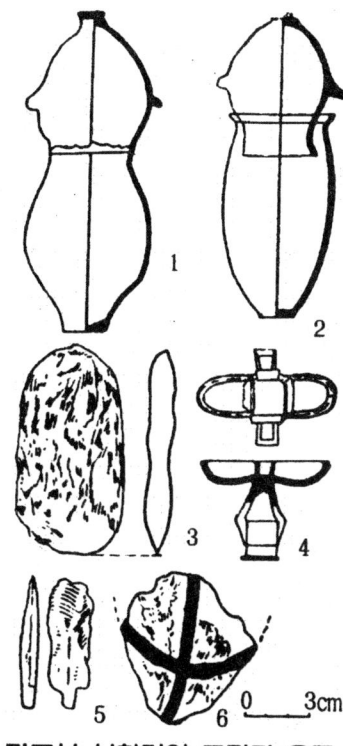

광주시 신창리의 독관과 유물

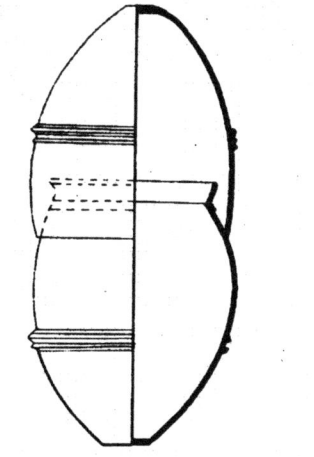

미쯔 나가따유적 104호 무덤의 조선제독관(합구식)

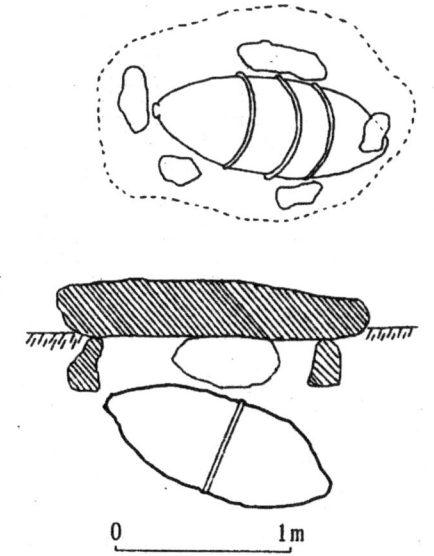

고인돌무덤아래에 조선제독관이 묻힌 모양(후꾸오까현 오다유적)

사가현 미야끼군 후나이시미나마(船石南)유적(500기)을 비롯하여 현해탄 즉 조선을 향한 연안지역들에 급속히 보급되였던것이다.

앞에서 본바와 같이 야요이문화시기 전기말~중기 초엽까지 북규슈에서는 독무덤이 이상할 정도로 커지면서 성행한다. 그러다가 그 중기 후반에 들어서면서 대형독무덤은 급작스레 소멸되고만다. 그와 같은 사실은 조선으로부터 B.C. 4세기~B.C. 3세기경의 일본땅에로의 주민들의 진출이 있은 다음 약 200년이 지난 후 전시기와는 다른 강력한 무기를 가진 집단이 북규슈 여러곳에 진출하였음을 보여준다. 말하자면 이 시기의 독무덤이 대형화되면서 다른 매장법을 누르고 독판을 치다싶이 하는것은 바로 독무덤을 쓰는 집단의 그 지역에로의 진출이 압도적이였다는 사실을 반영한것이라고 보아야 옳다. 좀더 말하면 조선서남해안에 위치한 마한사람들의 서북부 규슈에로의 진출을 이야기하게 된다.

이와 같은 진출이 조선서남해안에서 살던 마한집단들의 진출이였다는것은 독무덤의 형태를 보아도 잘 알수 있다.

조선을 향하여 현해탄을 낀 북규슈일대에 전개된 독무덤의 형태는 조선에서 발전한 팽이그릇형태가 변화된것이다. 일본사람들은 그것을《김해식》독무덤이라고 부른다.

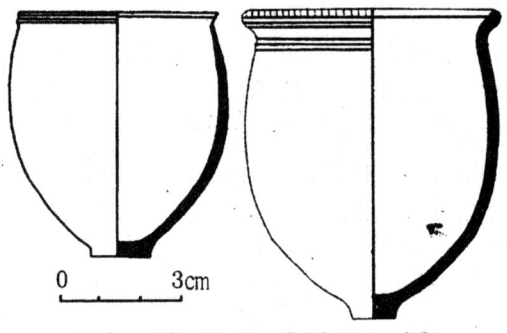

김해조개무지 D구유적에서 나온 김해식질그릇

《김해식》독무덤이란 일제강점시기 일본어용학자에 의해 발견된것으로서* 경상남도 김해시 회현리에서 드러난것이다. 거기에는 집자리와 고인돌무덤, 돌상자무덤 등이 있었다. 그중 3개의 독가운데 3호독널에서 두자루의 좁은놋단검과 8자루의 놋창대패, 3개의 관옥이 나왔다. 그리고 조개무지에서는 벼알과 질그릇이 나왔다.

* 1930년대에 들어와서 일제는 어용학자들을 총동원하여 김해지

방에 대한 전면적《조사》를 진행하였다. 그것은 일제식민지통치를 공고히 하며《내선일체》,《동조동근》을 고창하기 위한 중요고리로서 반동적《임나일본부》설을《증명》하자는데 있었다. 바로 김해지방이 옛 가야국의 정치적중심지이기때문이다. 하지만 본래 그러한것은 당초에 없었기때문에 김해지방에서 일본식유적유물이란 찾을래야 찾을수 없었다.

김해에서 드러난 독무덤은 모양과 형식에서 야요이문화시기 전기말~중기초엽의 북규슈 대형독무덤의 시원형(祖形)적형태를 갖추고있을뿐아니라 같이 나오는 좁은놋단검을 비롯한 청동기도 북규슈의것들과 완전히 같다. 말하자면 김해식독무덤으로 대표되는 조선의 문화갖춤새일식이 바다건너 맞은켠의 북규슈에까지 퍼진것이다. 그럼에도 불구하고 일제어용학자들은 김해에서 드러난 변형고인돌과 독무덤형태가 북규슈의 그것과 같은데로부터 주객을 전도하여 일본의것이 조선에 건너온듯이 거꾸로 말하기도 한다. 그러면서 김해지방(가야의 중심지)이 마치도 예로부터 일본의 령토인듯 한감을 주려고 애써왔다. 하지만 그것은《임나일본부》의 력사적전제를 조성하기 위한 모략에 지나지 않을뿐 그와 같은 사실이 고고학적자료로 증명되여본적은 없다.

조선남해안과 서남해안일대 조선이주민의 대규모집단이 또다시 일본에 건너간 결과 일본에서 소국형성은 급격히 진척되여갔으며 서부일본은 더욱 급속히 개척, 개간되여갔다. 이를 증명하는것이 자루식쇠도끼의 존재이다.

야요이문화시기 일본의 흙갈이, 논갈이의 도구는 나무로 된 농구였다. 야요이문화시기 전기의 농구들은 조선식마제석기인 턱자귀, 통도끼 등으로 깎아만드는 경우가 적지 않았다. 그러다가 점차 쇠로 된 공구들로 바뀌여지기 시작한다. 야요이문화시기 중기와 말기의 유적들에서 자루식쇠도끼가 수많이 나온다. 이것은 야요이문화시기 전기말~중기초엽에 일본땅에 진출한 조선이주민집단이 쓰던 물건들이다. 왜냐하면 자루식도끼의 분포는 곧 좁은놋단검관계 문화유물분포권과 일치하기때문이다.

물론 일본에서 쇠도끼가 기원을 전후한 시기에 비로소 나오는 것은 아니다. 이미 본바와 같이 구마모도 사이또산무덤들에서도 나온 례가 있다. 하지만 야요이문화시기 중기이후처럼 많이 나온 실례는 없다. 이와 같은 사실은 무엇을 의미하는가?. 그것은 조선이주민집단이 북규슈일대에 진출하여 자루식도끼로 나무를 찍고 창대패(鉋)같은것으로 나무를 다듬어 농구들을 만들었다고 보이는것이다. 그야말로 쇠도끼는 《당시의 사회생활에 있어서 대단히 중요한 식량이였던 쌀을 생산하기 위한 도구를 제작하는 공구》*로서 조선제이며 조선이주민집단의 독점물이였다.

* 《고고학의 모색》, 가꾸세이사, 1978년, 91~92페지

바로 조선이주민집단은 그와 같은 자루식쇠도끼를 가지고 일본렬도의 울창한 원시림을 개간했을것이다.

어떤 일본학자는 북규슈일대에서 나온 그 시기의 자루식도끼를 락랑문화와 결부시켜 마치도 그것이 《대륙적》영향에 의한것처럼 말하지만 그것은 맞지 않는 말이다. 우리 나라는 고조선시기부터 쇠부리기술을 발전시켜왔으며 따라서 제철기술은 중국보다 발전되여있었다고 말할수 있다. 또한 기원전후시기에 비로소 쇠를 가지게 된것도 아니다. 조선에서 쇠도끼의 발전은 중국이나 《락랑문화》와는 관계가 없다. 그러므로 일본 북규슈일대에서 나오는 자루식쇠도끼 역시 완전히 조선제이며 중국과는 아무런 상관이 없다. 그리고 야요이문화시기 중기나 후기의 유적에서 자루식쇠도끼가 나왔다고 하여 그것을 곧 그 시기의 물건으로 단정할수는 없다. 당시에 귀했던 쇠도끼가 얼마든지 전시대로부터 전해질수 있다. 자루식쇠도끼가 좁은놋단검분포권과 기본적으로 일치하는것으로 보아 그것이 두번째로 일본에 진출한 집단인 조선이주민이 쓰던 물건일것이라고 생각해도 잘못이 없을것이다.

마지막으로 동탁에 대해서 간단히 보기로 한다.

일본의 동탁은 조선에 기원을 두고있다. 조선식동탁이 일본의 여러곳에서 나오며 그것은 점차 대형화의 경향성을 띤다. 동탁은 주로 조선동해에*1 면한 이즈모, 와까사를 비롯한 연해지방과 깅끼지방에 널리 분포되여있다.*2

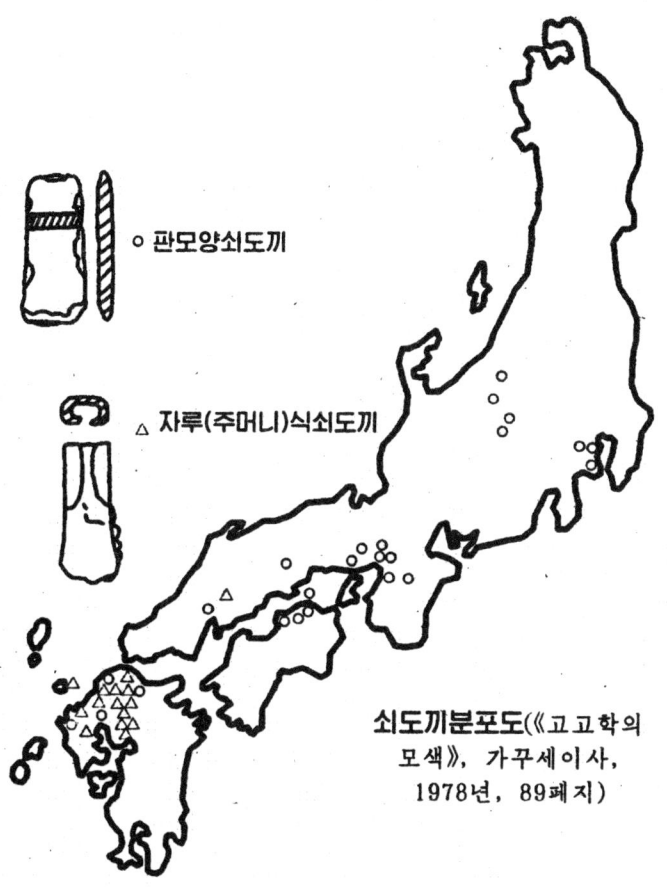

쇠도끼분포도(《고고학의 모색》, 가꾸세이사, 1978년, 89페지)

　동탁의 분포는 조선동해안으로부터 그 지역에로의 진출을 추측할수 있게 하며 그 수는 좁은놋단검관계 유물을 가지고 간 집단보다 적었다고 생각된다. 왜냐하면 그것은 조선에서 쓰인 소형의 동탁이 발견된 례는 적고 그 대신 보기화, 주술화된 대형동탁이 비교적 많기때문이다. 물론 최근의 고고학적성과에 의하면 종전부터 말해오던 《북규슈는 좁은놋단검, 동해안쪽은 동탁》이라는 기성관념으로는 해석하기 어려운 점도 적지 않게 제기된다. 왜냐하면 드물기는 하지만 두 지역에서 이 두가지 물건이 다같이 나오기때문이다.[3] 하지만 기본적으로 북규슈에서는 좁은놋단검이, 동해안연안쪽에서는 동탁이 나온다는것은 무시할수 없다.

*¹ 조선의 작은 동탁은 주로 조선동해에 면한 지역에서 많이 나왔다. 실례로 동탁이 나온 대표적유적들인 라진시 초도유적, 북청군 토성리유적, 금야유적(동탁을 부어낸 거푸집이 나왔다.), 구정동유적, 입실리유적, 평리동유적 등은 다 동해연안에 위치하고 있다. 물론 서해안쪽에도 평양시 락랑구역 정백동 제1호무덤, 대전 피정동유적을 비롯한 여러 유적에서 나온것은 사실이다. 하지만 통계적으로 보아 조선동해에 면한 지역이 더 많다고 할수 있을것이다.

*² 지금까지 일본에서 발견된 동탁은 약 450개정도이다. 그중 세또나이해연안과 깅끼지방의 동탁은 지나치게 크다. 그것은 조선이주민집단의 후손 또는 원주민들이 조선의 소형동탁을 본받아 만들었다고밖에는 생각할수 없다. 참고적으로 말한다면 일본의 동탁은 몸체의 표면에 여러가지 모양의 무늬를 그리지만 고대조선의 동탁은 무늬를 그리지 않으며 크기도 10cm안팎의것이 일반적이다. 조선의 동탁은 수레나 말 같은데 달아매는 구리방울로부터 변화발전하였기때문에 크게 만들 필요가 없었던것이다.

*³ 1977년에 발견된 오이다현 우사시의 븈(別府)유적에서 조선제 동탁이 나온것이 있다. 한편 동탁밖에는 나오지 않는다는 이즈모지방의 시마네현 히까와정간바의 고진다니(荒神谷)유적에서 358개의 놋단검과 6개의 동탁, 16개의 동창이 나왔다. 고진다니의 놋단검에서 구리재료는 조선에서 가져간것으로 볼수 있겠으나 단검자체는 조선에서 만든것은 아니다. 왜냐하면 단검의 날이 무디며 날의 너비가 넓어 실용적의의가 적기때문이다. 해류관계 등을 리용하여 북규슈에서 전해진것으로 짐작된다.

그러므로 좁은놋단검관계 유물이나 동탁유물을 일본에 가져간 것이 조선이주민집단이고 그 시기는 B.C. 2세기말부터 약 100년사이라는것은 의심할바 없다.

제2절. 야요이문화시기 중말엽(2~3세기)의 일본형편과 조선이주민들의 새로운 진출

조선이주민들의 또 한차례의 대량진출이 있었던 야요이문화시기말, 고분문화시기초(3세기말~4세기초) 이전의 수세기동안의 일본렬도의 형편에 대하여서는 중국사서들이 그 실태를 얼마간 전한다.

《한서》(1세기) 지리지에서는 일본렬도의 위치를 밝히고 그 섬안에서 《왜인》이 백여국으로 분립되여있다고 하였다. 지리지의 서술은 비록 간단은 하지만 늦어도 기원전후시기 일본렬도내의 형편을 비교적 정확하게 전하는 사료로 보아야 할것이다. 이 서술을 그대로 옮기면서 《삼국지》(3세기말)의 《위서》에 실린 왜인전은 일본렬도안의 형편을 비교적 자세히 전하였다. 거기서는 왜인들이 사는 섬들(규슈섬을 중심으로 서술한것으로 보임)에 있던 약 30개 소국들의 이름과 그 거리관계, 관직명과 그곳에서 패권을 잡았던 비미호(卑彌呼)녀왕국의 연혁 등 3세기 당시 일본의 형편이 서술되여있다.

요컨대 1~3세기 일본은 소국들이 분립한 상태에 있었다고 말할수 있다.

그 시기는 또한 조선이주민집단의 진출이 좀 뜸해진 시기였다.

그 시기 일본렬도안의 조선유물들의 특징은 청동무기류와 동탁들이 실용적 가치를 잃고 의례적(장식적)인 기물로 되여버렸다는데 있다. 좁은놋단검은 넓은놋

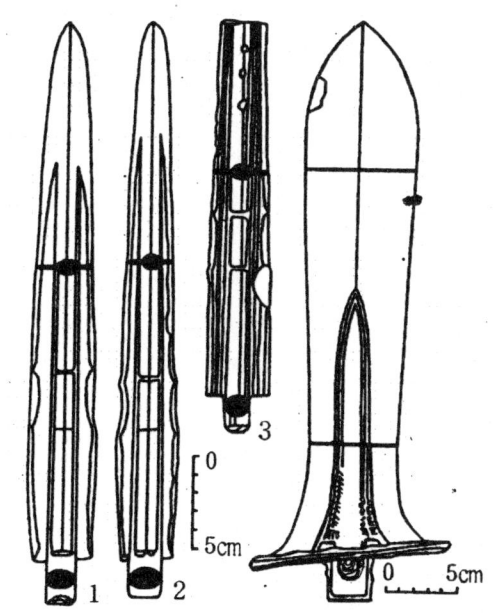

대구 만촌동유적에서 나온 좁은 놋단검과 폭넓은 과

단점으로 되면서 날이 무디고 얄팍한것으로 되였고 동탁은 대형으로 변하면서 제사의식에 쓰이는 악기로 변하였다. 동시에 청동기주조가 일정하게 발전하면서 구리로 된 팔찌를 비롯한 구리장식품과 방패에 달아붙인 주술적인 파형동기(巴形銅器) 등의 이른바 일본《국산품》들이 만들어지기 시작한다.

그와 같은 사실은 야요이문화시기 중기초엽이후 조선이주민집단의 일본땅에로의 진출이 대대적성격을 띠지 않았다는것을 의미한다. 물론 그 시기에도 이미 건너간 이주민들의 개별적인 고토방문도 생각할수 있고* 또 일본땅에로의 개별적인 이주도 생각할수 있다. 하지만 그 시기 강한 조선적영향을 볼수 없는 주술적색채가 짙은 물건들이 생산된다는것은 조선이주민의 대량적인 진출이 뜸해졌다는것을 말한다.

   * 대구시 만촌동에서 좁은놋단검과 함께 폭이 넓은 야요이문화시기의 놋과가 나온것은 그러한 실례의 하나이다. 그것이 어떻게 하여 거기에서 나온지는 잘 알수 없으나 일본에 간 조선사람이 고국을 방문했을 때 가져왔을수 있다.

일본은 그 시기에 생산력이 발전함에 따라 계급사회에로 넘어가면서 마을과 마을은 통합되고 작은 국가가 형성되여갔다. 그것은 더 말할것없이 일본렬도에서 가장 발전한 지대인 북규슈를 중심으로 한 일대에서 시작되였을것이다. 야요이문화시기 중기후반이후의 독무덤에 묻힌 사람들의 껴묻거리에서 부유한자와 가난한자와의 차이가 생긴것을 확인할수 있다. 후꾸오까평야를 실례로 들어보면 다음과 같다.

후꾸오까평야에서는 야요이문화시기 중기후반이후 계급적차이가 점차 심화된다. 수구 오까모도유적은 고인돌로 보이는 큰 판돌아래의 독무덤에서 거울 30개가 나왔으며 그밖에도 좁은놋단검 4점, 놋창 5점, 과 1점과 유리구슬, 유리로 된 굽은구슬, 판옥 등의 풍부한 껴묻거리가 나왔다. 그와 반면에 하라(原)유적(200기가 넘는 독무덤유적), 이찌노다니유적(198기의 독무덤을 조사), 오까정 용쪼메유적(300기가 넘는 독무덤) 등에서는 껴묻거리란 전혀 찾아볼수가 없었다 한다.
 중국 사서들이 그 시기 일본렬도가 수많은 소국들의 분산상태에 있었다고 한 서술의 사회경제적실태를 이상의 고고학적유적유물이 안받침해준다고 생각한다.

1. 야요이문화시기 중말엽(2~3세기) 일본렬도의 형편

 이 시기의 규슈를 중심으로 한 일본렬도의 형편은 《삼국지》왜인전이 비교적 상세히 전해주고있다.
 《삼국지》(위서)에 의하면 왜(일본)는 약 30개의 작은 나라들로 나뉘여져있는데 노국, 불미국, 투마국, 야마대국, 사마국, 이도국, 이야국, 도지국, 미노국, 호고도국, 소노국, 호읍국, 궁신국, 파리국 등이 바로 그것이라고 하였다. 그리고 야마대국의 비미호국왕은 성책이 있는 곳에 살았음을 전하고있다.
 《삼국지》에 서술된 3세기 왜인들의 모습은 다음과 같다.
 사람들은 몸에 문신하는 일이 많은데 그것은 물고기와 조개를 많이 잡아 먹는 조건에서 교룡(상어나 뱀따위의 해로운 짐승-인용자)의 해를 피하기 위해서이다. 남자들은 모두 맨상투바람이며 옷은 통옷을 입었다. 녀자들은 머리를 틀었으며 옷은 아래우가 달린 것이다.
 농사에서는 벼와 모시 그리고 삼을 심으며 누에를 친다고 하였다. 사람들은 맨발로 다니며 식기는 있으나 음식을 먹을 때는 손으로 집어먹는다고 하였다. 그들은 날과 달과 해를 정확히 셀줄 모르고 봄이 오면 씨뿌리고 가을이 오면 거두어들여 그것으로 한해를 삼는다고 하였다.
 우리는 이상의 《삼국지》(위서)의 기록과 그밖의 고고학적자료를 통하여 다음과 같은 몇가지 사실을 알수 있다.
 첫째로, 야요이문화시기 중말기에 와서 왜인들은 농경문화를 발전시켜 농사를 지을줄 모르던 그들이 벼와 함께 삼을 심고 누에치기를 하였다는 사실이다.
 세또나이해연안에서 나온 동탁에는 길쌈을 하는 모습과 조선식으로 절구에 곡식을 찧는 모습이 그려져있다. 또한 야요이문화유적에서는 가락바퀴가 자주 나오는데 실례로 효고현의 다노유적에서는 돌과 진흙, 사슴뿔로 된 가락바퀴가 나왔다.*

　　* 《다노》, 가꾸세이사, 1972년, 174페지

그리고 1980년대초에 후꾸오까현 아마기시 구리야마(栗山)유적의 독무덤안에서 비단쪼각이 묻은 사람뼈가 나왔다고 한다. 구리야마유적에서 나온 비단은 아주 성근것으로서

야요이동탁에 새겨진
절구질과 길쌈

나라현 가라꼬
유적에서 발견된
조선제공이

조선이나 중국의것과는 달리 질이 좋지 못하다고 한다. 그것은 원주민들도 야요이문화시기 후기에 와서 길쌈을 하여 천을 짤줄 알았고 그것으로 옷을 지어 몸을 가리우게 되였다는것을 말해준다. 하지만 아직은 그 수준이 낮았다.

둘째로, 야요이문화시기 말기에 와서 일본원주민들은 선진적인 조선문화를 적극 소화하여 그것을 섬나라풍토에 맞게 변형시켜나갔다는 사실이다. 그러한 실례로 무덤과 주검널을 들수 있을 것이다.

《삼국지》(위서)에는 《관은 있으나 곽이 없고 흙을 씌워 무덤으로 쓴다.》고 하였다. 야요이문화시기초의 무덤은 대개가 조선적인 독무덤, 고인돌, 돌상자무덤이지만 중기이후 특히는 후기에 와서 방형주구묘나 원형주구묘가 많이 나타난다.*

* 본래 주구묘는 야요이문화시기 전기후반(B.C. 100년경)의것이 깅끼지방에서 발굴된데로부터 그 시작을 그때쯤으로 보아왔다. 최근의 발굴조사에 의하여 북규슈의 후꾸오까현 아사구라군 야스정 히가시오다노미네(東小田之峯)유적의 움무덤에 도랑을 둘러친것이 가장 오랜 주구묘로 주목되고있다.(《니시닛뽕신붕》, 1986년 8월 11일)

주구묘는 목관이 흙구뎅이에 파묻히는 정도의 간단한 구조로서 주위에 도랑을 파고 무덤구획을 만든다. 도랑을 어떻게 파고 무덤구획을 어떻게 형성하는가에 따라 둥근형과 모난형으로 구분된다. 그 무덤에는 기본적으로 무덤무지가 없다.

모난형의 주구묘는 주로 세또나이해연안의 깅끼지방과 호꾸리꾸(北陸), 간또지방에 많이 분포되여있다. 특히 다까쯔끼시 아마(安滿)유적, 어께다시 미야노마에유적(20기의 모난형의 주구묘, 100기 가까운 움무덤), 사까이시 요쯔이께유적, 이즈미시 이께가미유적, 아마가사끼시 다노유적, 오사까시 우류도유적(이상은 교또부근인 깅끼지방), 후꾸오까현의 히라바루유적, 스미야끼유적, 사가현 히메가따유적 등이 유명하다.*

* 《고대아시아와 규슈》 가꾸세이사, 1973년, 105~106페지

야요이문화시기 후기에 와서 모난형주구묘와 함께 대나무를 절반으로 쪼갠것과 같은 할죽형나무널이 성행한다. 나무널을 움에 묻는것은 조선에 기원을 둔것이며 또 널을 할죽형으로 변형시켜 묻는것도 조선식이다. 하물며 일본사람들처럼 5세기 후반기경의것인 가와찌와 야마또 두 지방의 백제적나무널곧추묻기(木棺直葬)를 야요이문화시기 후기의 나무널곧추묻기와 직결시켜서는 안될것이다.

주구묘와 할죽형나무널의 기원은 조선에 있다.

조선에서 주구묘는 여러곳에서 발굴되였다. 조선에서의 오랜 방형주구묘로서는 경상남도 진주 대평리 옥방8지구(2003년), 춘천

신북 천전리유적(2002년) 등에서 드러났다. 이들은 일본의것보다 더 오래다. 합죽형나무널도 조선의 나무널 또는 돌상자무덤에 연원을 두고있다. 후꾸오까현 가메노고(龜甲)유적에서는 움안에 조립식 나무널 2개가 들어있었는데 하나는 넉장의 널판으로 짰다. 그 형태는 돌상자무덤의 돌널형태에 가깝다고 하며 널우에는 웃쪽이 둥글고 아래쪽이 평평한 판자로 뚜껑을 하였다고 한다. 그리고 도요나까시 가찌베(勝部)유적이나 아마(安滿)유적에서는 6장의 판자로 짠 나무널이 나왔다고 한다. 야마구찌현 가지꾸리하마유적에도 판석아래에 나무널이 있었다고 한다. 이처럼 야요이문화시기의 주구묘나 나무널의 기본틀은 조선의 주구묘와 돌상자무덤에서 형성된것이며 조선의 나무널이 일본풍토에 맞게 변형된것이 바로 합죽형나무널(후에는 석곽)이다. 이러한 무덤형식은 일본원주민들속에서 오래동안 쓰이면서 마치도 일본고유의것처럼 되여왔으며 또 실지로 조선에서 쓰이지 않게 된 시기까지도 일본에서는 그와 같은 무덤형식이 오래동안 쓰이였다.

셋째로, 야요이문화시기 말기에 와서 마을단위, 고을단위정도의 규모를 가진 나라들이 수많이 생겨났다는 사실이다. 왜국이 크게 어지러워져 서로 치고받는 큰 싸움이 벌어졌다가 그후 야마대국의 비미호가 나타나 작은 나라들을 통합, 통제한것으로 전해지고있다. 《한서》에 무릇 100여국이 있다고 한것은 마을단위규모의 작은 나라였을것이다. 《삼국지》(위서)에서 본 30여국은 그안에 마을단위를 훨씬 벗어난 큰 규모의 소국도 있었을것이다.

야요이문화시기 말기의 소국들은 국가로서의 면모를 갖추고있었음을 알수 있다.

《후한서》(5세기)에 의하면 왜국왕 사승은 노예 160명을 중국 한나라에 바쳤다고 한다. 그리고 《삼국지》는 야마대국 녀왕 비미호*가 1 000명의 시중드는 노비와 성책을 가지고있었다고 하며 모든 군사가 무기를 가지고 그를 지킨다고 하였다. 그뿐아니라 비미호의 무덤이라고 하는 히라바루(平原)유적에서는 많은 껴묻거리가 나왔다고 한다.

* 비미호는 나이들도록 남편이 없었으며 즉 오직 귀신을 섬겨 제사지내는것만을 업으로 여겼다고 한다. 이것은 제사를 주관하는것이 정치를 하는것임을 보여주는것이다. 일본사람들은 비미호를 《일본서기》 중애기에 나오는 신공황후로 보려고 무진 애를 쓴다. 그것은 기내 야마또국을 중국력사책들에 나오는 야마대국으로 봄으로써 일련의 군국주의적황국사관에 유리하게 써먹으려는데 있다. 하지만 중국의 력사책들에 나오는 야마대국은 북규슈에 있는 나라였다.

중국의 력사책들에 나오는 비미호가 실재한 인물이라는것은 《삼국사기》(권2 신라본기 아달라니사금 20년)에 신라에 사신을 보내온것으로 보아 틀림없을것이다.

1965년 1월에 조사된 모난형주구묘인 히라바루유적에서는 다음과 같은 유물이 나왔다.

거울-42면(그중 37면은 중국에서 가져간 중국식거울)

무기-철제고리자루검 1개(길이 약 75cm), 철제손칼

구슬류-굽은유리구슬 3개, 유리관옥 30개이상, 작은 유리구슬 600개이상, 마노관옥 12개, 작은마노구슬 1개, 둥근호박구슬 1 000개이상*

* 이 유적에 대한 정식 발굴보고서가 간행된것은 없고 다만 《후꾸오까현 이또지마군 히라바루 야요이고분조사 개황》(후꾸오까교육위원회편)과 《실재한 신화》(가꾸세이사판) 등에 조사된 형편이 기록되여있다고 한다.

출토된 유물에서 보는바와 같이 히라바루유적에서는 거울과 구슬이 압도적으로 많이 나왔다. 유물들로 보아 묻힌자는 주술적색채를 강하게 띤 왕자였음을 알수 있고 그것은 곧 중국사서들에 전하는 비미호의 모습과 통한다. 하지만 그 무덤이 야마대국 녀왕의것이였는지 아닌지는 앞으로 더 두고봐야 할것이다.

여기서 알수 있는바와 같이 야요이문화시기 후기의 왕자급무덤들에서 특징적으로 나타나는것은 거울이다. 거울은 권력과 부의 상

징이며 무엇보다도 사람들을 현혹시켜 복종하게 하는 미신적제사수단이다. 야요이문화시기 후기에 와서 단검을 비롯한 청동무기류들과 동탁이 대형화되는것이나 3세기말과 4세기의 수장급무덤들에 여러가지 중국식거울들이 나오는것은 바로 그와 같은 정치적, 종교적목적을 추구한데 기인한다. 《삼국지》(위서)에 중국 황제가 비미호의 사신인 난승미에게 여러필의 비단과 쇠칼 그리고 구리거울 100매를 주었다는것은 바로 그들이 거울을 달라고 요구하였기때문이다.*

* 《삼국지》(위서)에 의하면 위나라 명제 경초 2년 6월 왜왕이 대부 난승미를 사신으로 보냈다. 그때 비미호는 《친위왜왕 비미호》라는 칭호를 받았다. 그리고 그는 100매의 구리거울을 받았다. 그후 비미호는 명제 4년과 6년에 또 사신을 위나라에 보내였다고 한다. 그런데 문제는 일본땅 여러곳에서 경초년간의 명문이 들어있는 구리거울이 나온다는 사실이다. 지금까지 일본렬도에서 나온 구리거울은 모두 약 3 000매에 이른다. 그가운데서 중국의 년호가 새겨진 거울은 7건밖에 없다. 그가운데서도 5건이 위나라의 년호인 《경초 3년》과 《정시 원년》의 두가지이다. 1986년 10월 또 《경초 4년》이란 년호가 새겨진 반룡경이 교또 후꾸찌야마에서 나왔는데 그것은 비미호가 사신을 보내서 얻어온 거울일수 있다. 비미호가 얻어온 거울은 교역과 그밖의 필요에 의해 다른 지역 호족들에게 줄수 있는것이다. 경초명 거울을 비롯하여 위나라 구리거울이 여러 군데(시마네현, 오사까부, 군마현, 효고현, 야마구찌현)에서 나온다는것은 야요이문화시기의 후기인 3세기경에 일본의 호족인 지방소국의 통치자들이 권력의 상징으로서의 거울을 얻기를 얼마나 갈망하였는가를 알수 있게 한다. 이것을 통하여 야요이문화시기 후기의 주술적사회풍조의 일단을 엿볼수 있다. 마지막으로 최근에 교또에서 나온 구리거울에 새겨진 《경초 4년》은 있을수 있는 년호라는 사실이다. 흔히 위나라 경초년호는 3년까지만 쓰인다고하나 실지로는 경초가 4년 1월까지이고 그 다음에 정시(正始)로 변한다. 이제까지의 년

호새긴 거울은 거의나 다 신수경으로서 이번의 반룡경은 처음이라고 한다. 물론 경초라는 명문이 들어있는 거울이 실지로 중국에서 만들어졌는지 아닌지는 앞으로 더 두고봐야 할 일이다. 왜냐하면 중국에서 현재까지는 경초명의 거울이 나온것이 없다고 하기때문이다.,

요컨대 야요이문화시기 말기의 일본의 사회상은 도처에서 끊임없이 계급분화가 일어나고 정치적소집단이 형성되던 시기이며 여러 작은 세력들이 보다 큰 세력으로 통합되여가던 시기이다.

이 사실을 방증하는것이 고지성집락이라고 볼수 있다.* 고지성집락은 야요이문화시기 중말엽에 들어와 세또나이해연안지역을 중심으로 갑자기 출현하였다가 고분문화시기에 들어가서 규슈남부와 동부일본의 일부 지역을 내놓고는 기본적으로 없어진다. 일본고고학계의 대체적견해에 의하면 그 유적은 방어적성격을 띠는 성새유적으로서 마을단위를 방어하는 목적에 리용되였다고 한다. 그러한 견해는 기본적으로 옳다고 인정된다.

* 고지성집락이란 100~200m정도의 구릉 또는 산허리에 전호모양의 V자형구뎅이를 굴설한 일종의 군사요새이다. 군사방어시설의 맹아적요소라고 말할수 있다. 우리 나라에서는《고지성집락》을 고지성유적이라고 한다. 여기서는 일본땅에 있는 유적을 취급하는 조건에서 일단 그곳 학술용어를 따르기로 하였다.

야요이문화시기 후기의 소국이란 기본적으로 큰 마을정도의 규모였다. 마을과 마을을 통합하는 소국통합시기에 바로 그 마을(소국)을 지키기 위한 성새를 일정한 높이의 고지에 구축한것이 고지성집락이였던것이다. 고지성집락이 밀집된 곳에 고분문화시기의 산성(조선식산성)이 출현하는것은 바로 그러한 여러 마을들을 통합한 지역단위의 일정한 크기의 국가가 형성되였다는것을 의미한다. 다른 한편 북규슈와 같이 고지성집락은 보이지 않고 산성이 나타나는것은 고지성집락이 나오기 전에 이미 비교적 큰 국가(소국)가 존재하였고 국가적규모의 성새가 구축되였다는것을 말하여준다.《후한서》나 《삼국지》에는 일본의 소국들이 1 000여호짜리도 있고 2만여 호를 망라한 나라, 심지어 7만여호를 가진 나라도 있었음을 전하고 있다. 그러한것들은 마땅히 자기 국가를 지키기 위한 국가적방어성새를 가지고있었을것이라고 추측되는데 그것이 바로 조선식산성이였다고 보인다.

이와 관련하여 강조해야 할것은 야요이문화시기 말의 일본렬도의 사회경제발전단계이다.

잘 알려진것처럼 일본은 농경문화를 비롯하여 선진적인 모든것을 조선에서 배웠다. 조선이주민집단이 많이 정착한 곳이 일본렬도에서 선진문명이 이룩된 지대로 될수 있었던것이다. 동일본보다 서부일본지대가 더 빨리, 더 잘 개척, 개간되여간것은 무엇보다도 서부일본에 조선사람이 진출하였기때문이다. 바꾸어 말한다면 조선이주민집단이 덜 미친데는 그만큼 뒤떨어진 지역으로 되였다. 기원을 전후한 시기 세또나이해연안에는 비교적 발전된 농경문화가 꽃피였으나 조선이주민집단의 손길이 미치지 못한 동일본과 혹까이도는 그때까지도 아직 죠몽문화의 울타리에서 헤매이고있었던것이다.

이와 같이 일본의 고대문명은 지역에 따라 서로 각이하였고 지역들의 발전정도는 결국 조선이주민집단의 진출정도에 의하여 규정되였다고 볼수 있다. 세또나이해연안지대에서 마을단위의 방어시설인 고지성집락이 집중적으로 출현하는것은 그 일대에 수많이 진출한 조선이주민집단과 그 후손들의 직접적 또는 간접적인 영향에 기인한다. 그리고 같은 시기에 기본적으로 고지성집락이 없는 북규슈와 이즈모지방은 고지성집락단계를 거치지 않고 한단계 뛰여넘어 이미 산성수준에 이르고있었다고 볼수 있다. 그것은 그 두 지대가 일찍부터 조선의 이주민집단이 보다 많이 진출하여 정착한 지역이였다는 사실과 관련된다. 남부규슈의 일부와 중부일본 이북지역들에서는 고분문화시기에 들어가서야 고지성집락들이 점차 출현한다는 사실은 바로 그 지대가 그만큼 서부일본 여러곳보다 뒤떨어져있었다는것을 말해주며 그 원인은 그 지대에 조선이주민집단의 발자취가 아주 적게 미쳤다는 사정에서 찾아야 할것이다.

2. 야요이문화시기 중말엽 조선이주민집단의 일본땅에로의 진출, 일본에서 고분문화시기의 시작

일본에서 말하는 고분문화시기란 야요이문화시기의 다음에 오는 력사적시기로서 대체로 3세기말~4세기초로부터 7세기경까지이다. 일본 고분문화시기를 특징짓는것은 높은 무덤무지를 가진 무덤의 축조이다. 그 높은 무덤무지는 피지배계급우에 군림하는 우두머리들이 과시하려는 저들의 권력의 상징임은 더 말할 필요도 없다. 따라서 높은 무덤무지를 쓴것은 특권층들이였다. 그러나 무덤무지를 쓰는 무덤형식은 점차 일반에게 보급되여 후에는 그렇지 못한 층에서도 무덤무지를 쓰게 되였다. 무덤무지를 쓰는 무덤이 일본에서는 수백년동안 류행되였다. 일본전국에 10만개의 고분이 널려있다고 한다.

일본고분문화시기는 일본사람들이 말하는것처럼 야요이문화시기가 발전적으로 소멸되면서 고분문화시기에로 이어진것이 아니였다. 다시말하여 야요이문화시기의 사회태내에서 무덤무지를 가진 무덤형식을 쓰는 문화가 발생하여 야요이문화시기의 사회가 발전적으로 소멸되고 고분문화시기로 넘어간것이 아니였다.

야요이문화시기 말기에 높은 무덤무지를 가진 무덤이 《갑자기 발생하고 급격한 발전을 이룩》하였던것만큼 고분문화시기의 계보를 야요이문화시기의 사회에서 찾기는 힘들다. 또 외부시설이나 내부 무덤칸시설에 있어서 고분의 원류를 야요이문화시기의 무덤형식에서 찾기도 어렵다.

이미 본바와 같이 야요이문화시기에 오래 계속된 모난형주구묘는 원래 무덤무지가 없다.* 내부시설 역시 어린아이의 시체를 넣는 독무덤이 아니면 움의 구조가 있을뿐 고분문화시기의 무덤에 직결되는 수혈식무덤칸을 구축할 정도에는 이르지 못하였다. 그뿐아니라 그러한 요소적형식도 찾아보기 힘든 실정이다. 《후한서》나 《삼국지》에도 있는바와 같이 야요이문화시기에 일반적으로 쓰인 무덤은 《널판은 있으나 무덤칸이 없》는것이 지배적이였다.

* 앞서 본바와 같이 요란한 유물을 낸 히라바루유적은 의심할바 없이 왕자급의 무덤이지만 그 무덤에는 무덤무지가 없다. 무덤무지가 《있었음직》하다고 하지만 있었던것 같지 않다. 만일 무덤무지가 있었더라면 도굴의 대상으로 되였을것이며 무덤무지가 없었기 때문에 오늘까지 무사히 온전한 형태로 남아있을수 있었던것이다.

따라서 고분문화시기의 무덤과 같은 정연한 무덤칸은 야요이문화시기의 사회에서 발생하였다고 보기 힘들다. 야요이문화의 선례로 미루어 그것은 외부로부터의 강한 자극, 영향에 의하여 시작되였다고 보는것이 옳을것이다.

야요이문화시기 후기의 무덤형식에서 기본은 무덤무지가 없는 모난형주구표였다. 그러다가 3세기 말경에 와서 서부일본 여러곳에서 갑자기 높은 무덤무지를 가진 무덤들이 나타난다. 그것은 지리적으로 또 해류관계 등으로 보아 주로 앞선 시기에 이미 높은 무덤무지를 가진 무덤형식으로 넘어간 조선과 가까운 곳에 위치한 바다가나 하천류역의 언덕들에 있다. 그곳은 전적으로 조선이주민집단의 진출지, 정착지들이였다. 야요이문화시기 여러곳에서 만들어지기 시작한 무덤이 지역에 따라 선후차의 차이가 있게 되는것은 바로 그때문이다. 고분문화시기에 들어가서도 간또지구나 도후꾸지방에서는 오래동안 무덤이 나타나지 않고 주구표가 계속 만들어진 까닭도 그곳들에 조선이주민집단의 발길이 가닿지 않았던 사정과 관계된다. 한마디로 말하여 높은 무덤무지를 만드는 풍습을 가진 조선이주민들이 3세기말 이후 또다시 일본렬도에 집단적으로 진출하게 되고 조선의 새 무덤형식을 일본 원주민들이 적극 받아물면서 일본에서 고분문화가 발생하였고 고분문화시기가 시작된것이라고 말할수 있다.

고구려를 비롯하여 백제, 신라, 가야사람들은 무덤구조에서 일찍부터 높은 무덤무지를 쌓은 형식을 썼다. 고구려에서는 먼저 돌로 무덤칸을 쌓고 그우에 돌이나 흙을 씌우는 무덤형식을 썼다.[*1] 그리하여 조선에서는 기원을 전후한 시기에 높은 무덤무지를 쓴 무덤형식이 널리 퍼지게 되였다.[*2] 이와 같은 무덤풍습을 가진 조선의 주민집단이 3세기 중말엽경에 또다시 일본렬도에 진출하였던것이다. 그들은 정착지에서 고국에서와 같은 무덤을 썼으며 그것을 이미 그 지역에서 살던 원주민화한 조선이주민집단의 후손들과 일본원주민들이 적극 받아들였던것이다.

> *¹, *² 《후한서》(고구려전)와 《삼국지》(위서)에 의하면 고구려사람들이 죽으면 금은재화를 다 무덤칸에 넣는데 돌을 쌓아 무덤무지를 만들며 그 주위에 소나무나 잣나무를 심는다고 하였다. 이것은 고구려에서 아주 이른 시기부터 높은 무덤무지를 만드는것이 하나의 풍습으로 되여있었다는것을 말해주는것이다. 조선의 그밖의 여러 나라들에서도 사정은 다를바가 없었다. 그럼에도 불구하고 어떤 일본학자는 《오늘 조선고고학의 성과로부터 판단하면 조선반도에 높은 무덤무지를 가진 고분이 나타나는것은 빨라도 4세기 전반의것으로 생각된다.》(《고고학져날》 1983년 8월 221호, 3페지)라고 왕청같은 말을 하고있다. 그것은 그 사람이 조선고고학의 성과를 몰라서가 아니라 조선에서의 무덤발생시기를 끌어내림으로써 일본의 고분을 그앞에 놓으려고 하는 속심이 있기때문이다. 이미 본바와 같이 고구려에서는 이른 시기부터 큰 무덤무지가 있는 무덤인 돌각담무덤을 구축하였다는것은 문헌적으로도 증명이 되며 또한 고고학적으로도 초기의 중심지인 졸본천(혼강)류역에 무덤무지가 있는 고구려무덤들이 수많이 널려있다는것으로도 말할수 있다.

야요이문화시기 말기의 조선이주민집단의 새로운 진출은 또 한 차례의 새로운 진출시기였다고 말할수 있다. 그때 일본땅에 진출한 조선이주민집단에서 기본으로 된것은 일본렬도와 지리적으로 가장 가까운 곳에 자리잡은 가라(가야)와 신라사람들이였다. 그것은 고문헌과 고고학적자료가 증명해준다.

먼저 고고학적자료를 통한 가라(가야), 신라사람들의 일본땅에로의 진출에 대하여 보기로 하자.

야요이문화시기 말기의 진출에서 가라(가야)와 신라사람들이 기본으로 되였다는것은 고분문화시기초의 이른바 발생기무덤이 가야적성격을 띠기때문이다.

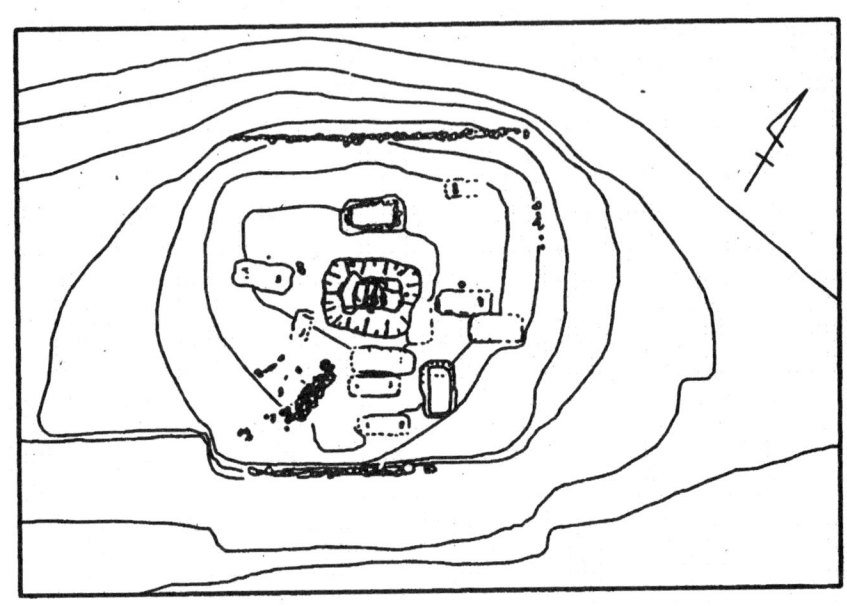

발생기고분(오까야마현 도즈끼사까 제2호무덤)

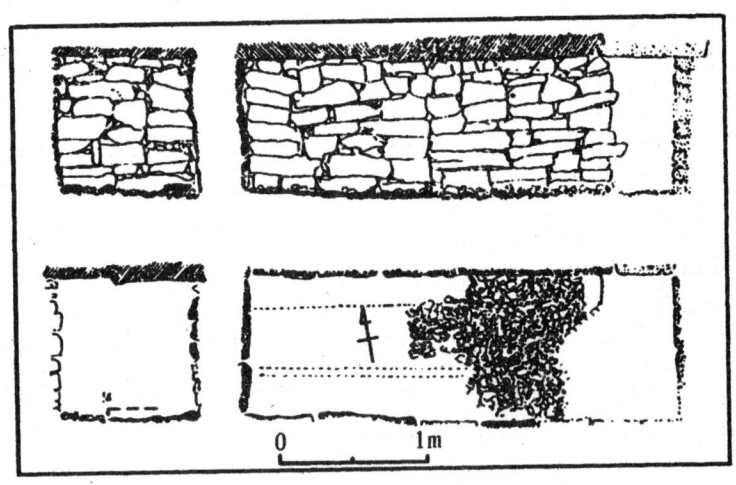

발생기고분(이부시다니 제1호무덤)

 본래 일본고고학의 편년에 의하면 고분문화시기는 2기로 나누는 경우에는 전반기와 후반기로, 3기로 나누는 경우에는 전기, 중기, 후기로 나누며 최근시기에는 초기의 무덤을 발생기고분으로, 마지막시기의 무덤을 종말기고분으로 부르는것이 통용되고있는것 같다.

　　발생기고분에 대하여 말한다면 바로 그것이 일본에서 고분문화 시기를 가져오게 한 무덤이였다고 말할수 있다.

　　현재 일본고고학계에서 발생기고분이라고 인정하는 무덤을 들면 다음과 같다.

발생기 및 전기초의 대표적고분일람표

번호	고분이름	고분이 있는 현 이름	고분의 형태와 크기	내부매장시설과 거기서 나온 유물
1	고또야마무덤 (瓦島山)	후꾸오까현	둥근무덤	길이 2.4m, 너비 0.6m의 돌상자널이 나옴. 널안에서 거울 2, 쇠검 4, 구리활촉, 쇠활촉, 굽은구슬 2, 관옥 3, 작은 구슬 2 등이 나옴.
2	구구리즈까무덤 (潜塚)	후꾸오까현	둥근무덤직경 30m, 높이 약 7m	돌상자널 2기가 나옴. 1호널(동쪽)에서 신인룡호경 1, 관옥 2, 널밖에서 검 1, 손칼 2, 낫 1, 창대패가 나옴. 2호널(서쪽)에서 내형꽃무늬거울쪼각 1기가 나왔으며 널밖에서 구리활촉 47, 가래날 1, 낫 1, 도끼 1, 창대패 2 등이 나옴.
3	이시즈까야마무덤 (石塚山)	후꾸오까현	전방후원무덤길이 약 120m, 후원부직경 70m, 전방부너비 약 60m	후원부에 납작한 깬돌을 쓴 수혈식돌칸을 구축, 거울 14매와 창, 활촉이 나옴.
4	아까즈까무덤 (赤塚)	오이따현	전방후원무덤길이 57.5m, 후원부직경 36m, 높이 4.8m, 전방부너비 21m, 높이 2.5m	후원부가운데 돌상자널이 있음. 세운 거울 5, 판옥 3, 쇠칼쪼각 3, 쇠도끼 1, 질그릇 3 등이 나옴.
5	요시지마마쯔야마무덤 (古島松山)	효고현	전방후원무덤길이 36m, 후원부직경 20m, 전방부너비 10m 정도	후원부에서 길이 6m, 너비 1m, 높이 80cm의 수혈식돌칸이 나옴. 그밖에 쇠칼, 검, 작은구슬이 나옴.

표계속

번호	내용 고분이름	고분이 있는 현 이름	고분의 형태와 크기	내부매장시설과 거기서 나온 유물
6	기온야마 무덤 (祇園山)	후꾸오 까현	모난무덤 한변 23~24m, 높이 5m	돌상자무덤이 나오고 무덤 바깥둘레에 62기의 무덤이 확인됨. 독무덤 3, 돌뚜껑토광 32, 돌상자널 7, 수혈식돌칸 13동, 1호독무덤에서 신수경쪼각과 구슬이 나오고 그밖의 널에서 낫, 창대패, 가래날, 쇠손칼, 쇠활촉, 검 등이 나옴.
7	다께시마 무덤(竹島)	야마구찌현	구릉대지우에 있는 전방후원무덤길이 56m, 후원부직경 30m, 높이 7m, 전방부너비 28m, 높이 16m	수혈식돌칸, 사신사수경을 비롯한 3매의 거울과 구리활촉 26, 도끼 1기가 나옴.
8	쯔꼬나마가께무덤(津古生掛)	후꾸오까현 오고오리시(小郡)	길이 34m, 후원부 직경 28m	후원부에서 후한경이 나옴. 철검 1, 쇠활촉, 쇠도끼 등이 나옴.
9	유바 구루마즈까무덤 (湯場車塚)	오까야마현	전방후방무덤길이 48m, 후방부길이 24.5m(긴것)와 23m(짧은것), 전방부 약 21.8m, 너비 약 22m	후방부에서 수혈식돌칸이 드러남. 후방부바닥에 진흙이 깔려있고 거울 13, 쇠칼 1, 검 1, 창 1, 쇠활촉 7, 도끼 1 등이 나옴.
10	요기(用木)무덤떼 제12호무덤	오까야마현	모난무덤, 긴 길이 16m, 짧은길이 12m, 높이 1m	무덤 가운데에 길이 3m, 너비 1.85m, 깊이 10cm의 작은 돌칸인지 움인지 분간 못하는 시설이 있다. 쇠칼 1기가 나옴.
11	미야야마 무덤 (宮山)	오까야마현 소쟈시	직경 20m의 둥근무덤	무덤무지의 꼭대기중심부에 길이 2.7m, 너비 약 1m의 나무뚜껑을 씌운듯 한 수혈식돌칸이 구축. 수혈식은 바닥면이 평탄하게 자갈돌을 깔았다. 비금경 1, 철검 2, 쇠활촉 3, 구리활촉 1, 유리알 1기가 나옴.
12	도즈끼사까 제2무덤 (都月坂)	오까야마현	1변 약 20×17m, 높이 2m의 방형묘	수혈식돌칸. 중심매장시설주위에서 11m의 목관직장과 하나의 목관묘의 흔적을 발견. 그중 하나의 널에서 굽은 구슬, 작은 유리알 발견.

표계속

번호	고분이름	고분이 있는 현 이름	고분의 형태와 크기	내부매장시설과 거기서 나온 유물
13	메도이와 무덤 (女男岩)	오까야마현	중심부길이 약 4m, 너비 25m	점토바닥을 가진 매장시설. 너비 1.25m, 길이 2.5m의 매장시설, 철검 2기가 나옴.
14	이부시다니 제1호무덤 (鋳物師谷)	오까야마현		돌칸 2, 목판토광묘 1, 돌상자 1 발견, 돌칸은 길이 약 29m, 너비 91~97cm, 높이 85~90cm의 수혈식돌칸이다. 자갈돌을 깐 평탄한 바닥면에서 파룡묘문경 1, 경옥제굽은구슬 4, 벽옥제 판옥 38, 작은유리알 665개 이상이 나옴.
15	구모야마도리우찌유적 (雲山鳥打)	오까야마현	장방형무덤 20×15m, 무덤무지의 꼭대기와 아래에 주먹만 한 돌이 널려있다.	무덤끝에서 질그릇을 묻은 것이 나옴. 특수기대, 단지, 굽높은잔, 닭의 모양의 질그릇 등이 나옴.
16	쯔바이오오즈까야마 무덤 (椿井大塚山)	교또부	전방후원무덤 길이 185m, 후원부직경 75m, 전방부 너비 72~73m	후원부에 수혈식돌칸이 구축됨. 신수경 등 32면의 많은 거울이 나옴. 고리자루칼, 쇠칼, 검, 창, 구리활촉, 쇠활촉, 단갑, 투구 등의 무기류가 나오고 낫, 도끼, 손칼, 창대패, 끌 등의 공구류와 낚시도구들이 나옴.
17	죠호지미나미하라무덤 (長法寺南原)	교또부 나가오까시	전방부가 짧은밥조개식무덤. 길이 70m, 후원부직경 50m정도, 전방부너비 24m정도	깬돌을 쌓아올린 수혈식돌칸, 바닥에 진흙을 깔고 그우에 목관을 넣음. 신수경 4, 반룡경 1, 내행화문경 1, 굽은구슬 등의 여러 구슬과 검, 도끼, 쇠활촉 등이 나옴.
18	메스리야마 무덤	나라현	전방후원무덤 길이 224m, 후원부직경 128m, 높이 59m, 전방부너비 80m, 높이 8m	후원부가운데 납작한 깬돌을 쌓아올린 수혈식돌칸과 천정부가 합장형으로 된 부실이 있다. 주실에서는 경옥제굽은구슬 6, 벽옥제굽은구슬 55, 돌팔찌쪼각 29, 차륜석, 쇠칼 5, 쇠검 4, 신수경 1 등이 나왔고 부실에서는 구리활촉 236, 쇠활 5, 벽옥제추형돌제품 50, 대패 51, 쇠톱 1 등이 나옴.

표계속

번호	고분이름	고분이 있는 현 이름	고분의 형태와 크기	내부매장시설과 거기서 나온 유물
19	하시하까 무덤 (箸墓)	나라현	전방후원무덤 길이 275m, 후원부 직경 150m, 높이 29.4m, 전방부너비 128m, 높이 16m	4세기 전반기부터 중엽경에 축조, 내부불명.
20	사꾸라이 짜우스야마 무덤 (櫻井茶臼山)	나라현	전방후원무덤 207m, 후원부직경 110m, 전방부너비 61m, 후원부가전방부분보다 약 50m가 높다.	후원부가운데 납작한 깬돌을 쌓아올려 수혈식돌칸을 구축함. 신수경과 여러 거울 그리고 추형석, 차륜석, 각종 구슬, 쇠칼 3, 쇠검날 5, 쇠지팽이쪼각 1, 쇠창대패 2, 많은 쇠활촉 등이 나옴. 4세기 중엽경의 축조로 추측.
21	히젠죠시즈까무덤 (肥前挑子塚)	사가현	전방후원무덤 길이 98m, 후원부 직경 58m, 높이 8m, 전방부너비 32m, 높이 4.6m	수혈식돌칸을 구축. 유물은 잘 알수 없음.

발생기고분들에는 이밖에도 후꾸오까현 후지사끼(藤崎)무덤, 미야바라(宮原)무덤, 오이따현 이까리(伊加利)무덤, 효고현 이히보군 야꾸야마(養久山) 제1호무덤, 오까야마현 다찌사까(立坂)무덤을 비롯한 여러 무덤이 있다. 최근에는 교또부 야마시로 죠요 시바가하라(城陽 芝ケ原) 제12호무덤과 같이 야요이문화시기의 무덤인지 아니면 고분문화시기에 속하는 무덤인지 분명치 않아 론쟁거리로 된 무덤도 있다.

실례로 든 발생기고분명은 《일본사》(1) 고대(유잔가꾸 유잔가꾸 신서, 1977년, 84~85페지) 등을 참고하였으며 그밖에 여러 자료에서 취사선택하여 보충하였다.

일본학자들가운데는 나라분지에 있는 하시하까무덤, 사꾸라이 짜우스야마무덤과 이른바 숭신릉, 경행릉, 신공릉, 성무릉 그리고 메스리야마무덤 등을 발생기고분이라고 말하는 사람들이 있다. 물론 그 무덤들이 4세기에 이룩된 고분문화시기 전기에 속하는 무덤들이기는 하지만 그것들이 일본에서 고분문화를 이룩하게 한 발생기무덤들이였다고는 볼수 없다. 실례로 사꾸라이 쨔우스야마무덤은 4세기 중엽에, 하시하까무덤 역시 4세기 전반기~중엽에, 메스리야마무덤은 4세기 후반기에 각각 축조된것으로 추정되고있다.

고고학적자료에 의하면 엄밀한 의미에서의 발생기고분은 기내 야마또에서는 단 한기도 찾아볼수 없다. 일본에서 발생기고분의 집결지는 우선 조선과 가장 가까운 북규슈 후꾸오까현일대이고 다음으로 기비 오까야마현과 그 린접지역인 세또나이해연안지대이며 마지막으로 동해안쪽에 가까운 교또 야마시로지방이다.

발생기의 대표적실례로 기비 다떼쯔끼(楯築)유적을 들수 있을 것이다.

다떼쯔끼유적은 오까야마현 구라시끼시 야다베의 가다오까산(矢部 片岡山)꼭대기에 위치하고있다. 아시모리강 하류주변의 충적지에서 농업생산지들을 내려다보는 그 유적은 옛날에는 바다에 면해있어 바다쪽에로의 진출에 유리하였다. 유적은 1970년대 후반기와 1980년초에 걸쳐 여러차례 조사되였다. 그에 앞서 1921년에 발굴, 조사가 진행되여 무덤으로 확인되였었다.*

* 《오까야마현 사적명승천연기념물조사보고》제1 1921년 3월 오까야마현사적명승천연기념물조사회 간행. 당시는 가다오까야마무덤이라고 불렀다.

유적은 직경 약 40m, 높이 약 5m이상의 원분부에 북동과 서남의 두 방향에 돌출부를 부설한 길이 70m가 넘는 큰 무덤이다. 돌출부는 이미 전에 파괴되였으며 원분부와 북쪽돌출부 아래부분이 남아있다. 무덤꼭대기의 넓은 평탄면에는 높이 약 3m의 돌을 중심으로 하여 그것을 에워싸듯 4개의 큰돌(2~3m)이 있고 무덤경사면에는 줄(0.5~2m의 크기의 줄)지어 선 크고작은 돌과 그 사이사이에 둥글둥글한 작은돌들이 꽉 차있다. 여러 군데에서 《특수기대형》질그릇과 단지형질그릇, 굽높은잔 등이 드러났다. 중심 매장장소의 웃쪽에서 굽은구슬, 진흙관옥, 철제창대패 등 많은 유물들이 나왔다.(유물들은 우정 마스고 넣은 상태에서 드러났다.)

중심에 있는 매장시설의 기본은 나무칸과 나무널이다. 무덤구 뎅이는 9×3.5m, 깊이 1.8m로서 상당히 크다. 거기에 배수시설이 배비된 나무칸이 구축되고 그안에 나무널이 놓이였다. 나무널안에는 질량 30kg이나 되는 빨간 도료(적색산화철?)가 두텁게 깔려있었다. 껴묻거리로서 경옥제굽은구슬, 벽옥제관옥으로 된 목걸이와 철검, 소형관옥, 작은유리구슬 등이 나왔다.

일본학자들은 다떼쯔끼유적을 야요이문화시기 중말기의 무덤으로, 야요이문화시기의 무덤형식을 계승한것인듯이 말하지만 량자간의 계승성은 찾아보기 힘들다. 왜냐하면 다떼쯔끼유적은 외부형태와 내부시설에 있어서 모난형주구표인 야요이문화시기의 무덤구조와 선이 닿지 않는다. 다떼쯔끼유적은 가야(가라)적인 나무널과 나무칸으로 이루어진 가야적무덤이다. 그 유적에 일부 야요이문화시기의 유물인 《특수기대형》이나 단지형질그릇이 나오는것은 그 무덤이 야요이문화시기에 바투 접근해있다는 사정과 관련될뿐이다.

다떼쯔끼유적은 아시모리강 하류류역에 있는 발생기고분들인 메또이와무덤, 쯔지 야마다(辻 山田)무덤과 함께 가야의 색채가 아주 강한 무덤으로 특징지어진다. 특히 흥미있는것은 다떼쯔끼유적의 《신체(神体)》의 돌인 가메이시(龜石)에 새겨진 직호문모양의 무늬가 조각착상, 무늬모양으로 보아 가야에서 그 연원을 찾을수 있다는 사실이다.

70m에 이르는 큰 무덤이 야요이문화시기 말기 아시모리강하류의 충적지대에서 나타난다는 사실은 거기에 강력한 가야세력이 진출하였다는것을 말해준다. 더우기 다떼쯔끼유적이 기비 가야국의 조선식산성인 기노죠산성과 인연이 깊은것으로 이야기되는것도 의미심장한 일이다.

이미 본바와 같이 발생기고분과 전기고분을 통하여 알수 있는 것은 그 무덤들의 내부매장시설과 껴묻거리가 가야적이며 또한 거기에 신라적요소가 아주 많다는 사실이다.

발생기 및 전기고분의 내부시설을 보면 지방별로 조금씩 차이가 나기는 하나 대체로 돌상자식과 나무널, 나무칸식이 있다. 수혈식돌칸은 납작한 깬돌을 차곡차곡 올려쌓은것이 많다. 돌칸바닥은 진흙을 깔거나 자갈들을 깔고 그우에 나무관을 놓았다. 일본에서의 점토곽은 바닥에 깔았던 진흙을 나무널에 매질한데서부터 발생하였다.

유물로는 거울, 검과 칼, 굽은구슬이 많고 그밖에 낫, 창대패 등의 공구류와 함께 차륜석, 추형석 같은 야요이문화시기의 주술적 유물들도 일부 묻혀있다. 거울, 검, 구슬은 일본에서 이른바 《삼종의 보물》이라고 하지만 연원을 따지면 그것은 가야나 신라에서 건너간것이 퍼진것들이다.*

> *《일본서기》에 의하면 아마데라스 오오미까미는 자기의 손자 아마쯔히꼬 니니기노 미꼬또에게 마가다마(굽은구슬), 야마다노가가미(거울), 구사나기노쯔루기(검)를 준다. 바로 구슬과 거울, 검은 조선의 물건들로서 조선이주민집단의 손을 거쳐 일본렬도에 전해지고 퍼졌다. 야요이문화시기 전기고분의 유물에 이 세가지 물건이 들어있는것은 야요이문화시기 말기의 가라와 신라사람들의 일본땅에로의 진출을 보여주는 실례이다. 지난날 일본사람들은 굽은구슬(勾玉)을 《삼종의 보기》로, 일본고유의것으로 떠들어왔다. 하지만 조선에서는 경주의 금방울무덤, 천마무덤 등에서 막대한 량의 굽은구슬이 나왔으며 충청남도 부여군 초촌면 송국리유적에서는 B.C. 8세기~B.C. 6세기의것으로 추정되는 굽은구슬이 나왔다. 이로써 굽은구슬의 원고장이 조선이며 일본의것은 조선에서 파생된 조선이주민들이 전해준것이라는것이 증명되였다. 그리고 최근(1986년 8월)에는 서울 석촌동 제3호무덤주변에서 구슬을 가는 돌(玉硏石)이 나왔는데 구슬로 보이는 재질을 연마한 흔적도 남아있었다고 한다. 그 연마석은 응회암으로 되여있으며 홈의 크기가 길이 14~16cm, 너비 1.5cm로서 장식용구슬을 만드는데 사용한것이라고 한다.

가야의 무덤구조는 돌칸나무널무덤, 수혈식돌칸무덤, 움집계렬의 횡구식돌칸무덤, 횡렬식돌칸무덤의 네개 형식이 기본이다. 그밖에도 독무덤, 돌칸나무널을 내부매장시설로 하는 무덤도 몇기 확인된다고 한다. 3~4세기 가야의 무덤구조는 수혈식돌칸무덤이 기본추세였다. 4세기 일본고분의 대세가 수혈식돌칸을 가지고있다는것은 가야적무덤구조의 영향이라고 해야 옳을것이다.

지난날 일제어용학자들은 4세기의 일본고분과 가야적인 무덤형식이 같은데로부터 그것을 기내 야마또정권의 가야지배 즉 반동적 《임나일본부》설을 근거짓는 근거아닌 근거로 써먹으려고 하였다.* 그러나 그것은 주객을 전도한 얼토당토않은 궤변이다. 력사적사실은 가야사람들이 야요이문화시기 말기에 수많이 일본땅에 진출하였기때문에 가야적무덤형식을 닮은 수혈식돌칸무덤이 일본도처에 생겨나게 된것이다.

> * 일제에 의한 가야지방에 대한 전면적발굴은 《전체적으로는 신라에 통하고 또 바다를 건너 일본상고의것과도 통하는것이 많》았다는 사실을 알게 하였다.(《임나흥망사》, 요시까와홍문관, 1961년, 15페지)

3세기말(야요이문화시기말)경에 수많은 가야(가라)사람들이 일본렬도에 건너갔다는것은 그밖의 고고학적자료에서도 확연하다. 조선에서 독특한 가마터가 달린 집자리가 출현한것은 그의 좋은 례증으로 될것이다. 여기서 북규슈의 경우를 보기로 한다.

1976년부터 1978년에 걸쳐 후꾸오까시 사와라구 니시진정(早良區 西新町)유적에서는 야요이문화시기 종말기부터 고분문화시기 초기에 걸친 움집식집자리 57건이 조사되였다. 그런데 그중에 가마터가 달린 집자리가 포함되여있었다고 한다.

니시진정유적 F지구 제1호집자리는 5.82×4.23m의 평면 장방형의 움집식집자리이다.(기둥구멍 2개) 집모서리에 가마터를 가설하고 내굴길로 인정되는 부분이 수혈의 벽면으로부터 밖으로 뻗어있다고 한다. 제2호집자리는 규모가 조금 커져서 6.75×4.95m이며 가마터는 역시 북쪽모서리에 가설되여있었다고 한다. 제1호, 제2호집자리는 다같이 고분문화시기 전기초기로 평년된다고 한다.*1

가마터가 달린 수혈식집자리는 《출현기에 한하여 그 실례를 렬거해보면 북부규슈에 있어서는 가마터가 뜻밖에 오래전부터 출현하는것이 알려져있다. 현재 가마터는 후꾸오까현의 범위에 제한되여있지만 고분시대의 전기에도, 적어도 4세기에는 출현하고 중기 즉 5세기이후에 조금씩 늘어나기 시작하는것이다.》*²라고 한다.

잘 알려진것처럼 가마터가 달린 집을 쓰고사는것은 우리 조선 사람들의 독특한 풍습이다. 온돌장치는 난방용온돌과 취사용을 겸한 난방온돌의 두가지가 있다. 가마터가 달린 집은 바로 취사와 난방을 겸한 온돌이다. 이와 같은 조선의 영향에 의하여 일본사람들은 밥짓는 법, 가마거는 법을 알게 되였다. 일본말 《가마도》는 조선말 《가마터》에서 온것으로서 조선말 그대로이다. 그와 같은 가마터가 달린 조선집이 현해탄에 면한 북규슈 후꾸오까에 야요이말기에 와서 많이 출현한다는 사실은 곧 이 시기 가야사람들이 이 일대에 적극 진출하였다는것을 보여준다.

그렇게 말할수 있는것은 니시진정유적의 가마터가 달린 집자리가 가야의것으로 추측되기때문이다.

경상남도 김해시 부원동유적에서 가마터가 새롭게 발굴, 조사되였는데(C지구 제2호집자리-1980년) 그 가마터는 니시진정유적을 비롯한 북규슈의 가마터의 원형을 이루는것으로 인정되고있다. 그리하여 《야요이문화시기 후기에 가마터가 달린 집이란 개념이 조선반도의 동남부해안지방(옛 가야지방의 해안을 가리킴-인용자)으로부터 북규슈나 깅끼지방에 전래되였다고 생각하는것은 결코 무리가 아니다.》*³라는 결론을 얻게 되는것이다.

    *¹ 《태재부고문화론총》상권(《가야지역과 북부규슈》) 요시까와홍문관, 1983년, 36페지
    *² 우와 같은 책, 38페지
    *³ 우와 같은 책, 45페지

야마시로와 야마또지방에서 많이 나오는 검과 구슬 그리고 거울의 문화갖춤새가 드러나는것은 그 일대가 3~4세기 신라사람들의 진출정착지였다는 사정과 관련된다.

신라의 무덤에서 특히 5세기 중엽~6세기 초중엽 왕릉급무덤들에서 구슬, 관모, 귀고리, 목걸이, 띠고리, 의장용칼, 신발 등 의장용도구들이 많이 나오고 반면에 기마전투적인 실용무기들은 적

게 나왔다. 그런 경향은 년대가 올라갈수록 더하다. 바로 야마또지방의 무덤들에서 나오는 거울, 구슬, 검을 기본으로 한 4세기의 무덤.껴묻거리는 그와 같은 가야 및 신라적요소에 바탕을 두고있다.

3세기 말경에 가야와 신라사람들이 일본렬도에로 많이 진출하였다는것은 《고사기》(중권 응신기)와 《일본서기》(권6 수인기 이해 및 3년) 등에도 반영되였다.

그 내용을 편의상 몇가지로 구분하여보면 다음과 같다.

① 신라의 아구(阿具)라는 못에서 어느 한 천한 녀자가 해빛을 받아 임신하였다. 이어 그는 빨간 알을 낳았다. 한편 천한 녀자의 남편이 소를 죽였다는 혐의를 받아 신라왕자인 천일창에게 빨간 알을 주었다. 빨간 알은 곱게 생긴 처녀로 변하여 천일창의 처가 되였다. 그런데 그 천일창의 처는 일본으로 달아나 나니와(가와찌-오사까)에 이르렀다. 천일창은 처를 쫓아와 나니와에 들어가려다가 들어갈수 없게 되자 다지마에 머물렀다. 천일창에게는 여덟가지 보물이 있었는데 그것은 거울과 여러가지 구슬, 칼과 창이였다.(《고사기》 응신기)

② 신라왕자 천일창이 일본에 왔는데 여러가지 구슬과 칼, 창, 거울 등 7가지 물건을 가지고왔으므로 그 보물을 다지마국에 두게 하였다. 어떤 책에 의하면 천일창이 배를 타고 가서 하리마의 시사하마을에 있었다. 야마또에 바친 물건은 거울, 칼, 구슬 등 여덟가지였다. 야마또의 왕이 하리마의 시사하마을과 아와지섬의 이데사마을가운데서 마음드는 곳을 골라서 살라고 하였다. 천일창은 자기가 가고싶은 곳에서 살것을 바래서 허가를 받았다. 그는 우지강을 거슬러올라가 오미국 아나마을에서 잠시 살다가 오미로부터 와까사국을 거쳐 다지마에 들어갔다. 오미국의 가가미(鏡)마을의 질그릇빚는 사람은 천일창을 따라다니던 사람이다.(《일본서기》 수인기)

③ 이른바 숭신시기(B.C. 97년-B.C. 30년)에 이마에 뿔가진 사람이 배를 타고와서 고시국 게히의 포구에 머물렀다. 어떤 사람이 그대는 어느 나라의 누구인가고 묻자 대가라국왕의 아들이며 이름은 쯔누가 아라시도(일명 우시기아리시찌간기)라고 하였다. 그가 《야마또에 이르자 그 나라의 웬 사람이 그를 보고 하는 말이 〈나는

이 나라의 왕이다. 나를 내놓고 두명의 왕이 있을수 없다. 다른데로 가라.)고 하였다. 이리하여 멀리 에돌아 이즈모국을 거쳐 여기에 이르렀다.》라고 하는것이였다. 야마또의 《천왕》은 너의 나라에 돌아가라고 하면서 붉은 비단을 주고 자기 이름을 따서 미마나라고 하게 하였다.

또 말하기를 맨 처음 쯔누가 아라시도가 자기 나라에 있을 때 황소에 농구를 싣고 농촌에 가는데 소가 갑자기 없어졌다. 그 자취를 밟아가니 어떤 집에 들어갔다. 그 집에서는 그 소를 잡아먹었다. 그리고 그 값으로 자기들이 받드는 흰돌을 주었다. 그 돌을 가져다 침상에 둬두었더니 돌이 고운 처녀가 되였다. 아라시도는 대단히 기뻐하였는데 갑자기 처녀가 없어졌다. 안해보고 처녀가 어디에 갔는가고 따져묻자 동쪽으로 갔다고 하였다.

아라시도는 처녀를 좇아 배를 타고 일본에 도착하였다. 찾는 처녀는 가와찌 나니와(오사까부)에서 히메고소의 제사신이 되고 부젠 구니사끼(國前)군(오이따현)에 이르러 히메고소의 제사신으로도 되였다. (《일본서기》 수인기)

《고사기》와 《일본서기》에 실린 가야국왕자 쯔누가 아라시도와 아메노 히보꼬(천일창)설화를 사실로 믿기는 어렵다. 하지만 어느때엔가 가야(가라)와 신라의 지배계급출신의 일정한 집단이 일본으로 이주한것만은 틀림없다고 보아진다. 또 조선에도 그와 비슷한 전설내용이 전해온다.

《삼국유사》(권1)에는 신라 제8대 아달라왕 4년(158년)에 동해가에 살던 연오랑, 세오녀의 부부가 일본에 건너간 사실을 전하였다. 세오녀는 남편이 돌아오지 않자 남편을 찾아 바위우에 올라서니 바위가 움직이여 그도 역시 일본에 갔다. 그리하여 그들 부부는 일본땅에서 다시 만나 살게 되였다.

이 설화는 신라이주민집단의 일본에로의 진출모습의 일단을 알수 있게 하는 자료이다. 천일창설화는 녀자를 좇아서, 연오랑과 세오녀설화에서는 남편을 좇아서 일본에 가는 등 비록 순서가 뒤바뀐 측면도 있지만 다같이 2~3세기경의 아주 오랜것으로 취급되여있다.

③에서 보는 쯔누가 아라시도가 일본에 가는 모습은 천일창설화와 어슷비슷하다. 량자가 서로 엇비슷한 내용으로 엮어지게 된것은 거의 같은 시기에 가야와 신라사람들이 일본땅에 진출하게 되였기때문일것이다.

이상 세가지 설화를 통하여 다음과 같은 사실을 확인할수 있다.

첫째로, 그 설화를 통하여 가야와 신라의 이주민집단이 야요이문화시기 말(3세기 중, 말엽)경에 일본땅으로 많이 진출하였다는것을 알수 있다. 그렇게 말할수 있는것은 바로 천일창이 가져갔다는 몇가지 물건들을 통해서이다.

이미 본바와 같이 천일창이 가져간 물건은 하호소노다마(葉細珠), 아시다까노다마(足高珠), 우가까노아까시노다마(鵜鹿鹿赤石珠), 이즈시노가따나(出石刀子), 이즈시노호꼬(出石槍), 히노까가미(日鏡), 구마노히모로기(熊神籬), 이사사노가다나(胆狹沙太刀) 등이다.

그것들은 4세기 일본의 무덤[특히 산인(山陰)지방으로부터 야마또지방에 걸쳐있는 무덤들]에서 많이 나오는 전형적유물들이다.

앞에서 본바와 같이 거울은 주술적색채가 강한 물건으로서 3~4세기(전기)경의 일본의 무덤에 가장 많이 묻혔던 물건이다. 구슬 또한 주술적의기(儀器)로 쓰이였을것은 분명하다. 조선에서도 일본에서 나오는것과 비슷한 거울들이 많이 나온다.

이것은 일본에서 나오는 거울들이 야마대국의 비미호처럼 대륙에 가서 얻어오는 경우도 있었겠으나 많은 경우 조선이주민집단의 손을 거쳐 전래되는 경우가 적지 않았다는것을 보여준다. 일본에서 거울을 가장 많이 요구하던 시기, 그 시기가 바로 야요이문화시기의 중, 말엽이였던것이다.

또한 이 설화의 시기가 야요이문화시기 말경이라는것은 설화내용자체가 아주 이른 시기의것으로 묘사되여있다는 사실로써 알수 있다.

이 두 설화는 일본 력사책들에서는 숭신통치시기(B.C. 97년-B.C. 30년), 수인통치시기(B.C. 29년-A.D. 70년)라는 아주 오래전의것으로 취급하였다. 물론 이 숭신, 수인이란 가공적인 인물이며 력사책

편찬자들의 조작이라는것은 두말할것도 없다. 하지만 《고사기》나,《일본서기》 편찬당시에도 그것이 아주 오래된 이야기로 인정되였던것은 틀림없다. 그러므로 그 시기를 무덤들에 저러한 유물들이 나오는 시기 즉 3세기말~4세기 초엽과 일치시켜도 무리가 없는것이다.

둘째로, 우에 든 세가지 설화는 가야와 신라사람들 특히 신라사람들의 진출로정과 정착지를 아는데 참고로 된다.

설화에 나오는 천일창의 정착지는 하리마국(효고현) 시사와마을, 아와지섬(오사까부), 이데사마을, 오미국(시가현) 아나마을, 와까사국(후꾸이현), 다지마국(효고현), 셋쯔국(오사까부 및 효고현), 나니와 히가시나리의 히메고소, 붕고국(오이다현) 구니사끼 등지이다. 물론 그것은 이주민들의 진출정착지의 전부가 아니다. 그들의 진출정착지는 더 많았을수 있다. 그러나 이 지점들이 신라이주민집단의 확실한 정착지임에는 틀림없다. 거기에는 지금까지도 신라적 전설과 지명 그리고 천일창을 제사신으로 받드는 신사가 있다.

이상에서 야요이문화시기말, 고분문화시기초의 일본고분들의 양상과 그에 해당한 문헌들의 내용을 보았다. 이를 통하여 일본의 고분문화시기는 야요이문화시기의 말기 가야 및 신라사람들의 적극적진출과 정착을 직접적계기로 하여 시작되였다고 말할수 있다.

야요이문화시기 그 사회태내에 있던 원주민계통 및 원주민화한 조선계통 호족들은 도처에서 새 문화를 받아들여 무덤구조에서 가야, 신라적무덤을 축조하였다. 그 과정에 낡은 야요이문화식무덤구조는 자취를 감추고 새로운 높은 무덤무지를 가진 무덤들이 나타나기 시작하였다. 그러나 그 출현도 지방별, 지역별로 각이하였다. 가야사람들이 진출한 곳에는 가야적무덤이, 신라사람들이 진출한 곳에는 신라적무덤이 나타나기 시작하였다. 무덤의 파급속도는 그야말로 《폭발적》이여서 죠몽문화시기 말기 야요이문화시기초에 조선적농경문화가 퍼져간 사회적양상을 방불케 하였다.

4세기의 일본의 고분이 전반적으로 가야적이며 신라적색채를 띠는것은 바로 이상과 같이 일본의 고분분포지역이 가야와 신라사람들의 진출정착이라는 력사적배경이 있었기때문이다. 일본학자들이 조선의 가야의것(고분문화)이 신라와도 통하고 일본의 고분문화와도 통한다고 한것은 이와 같은 사실을 반영한 말일것이다. 4세기의 일본고분들에서 가야적이며 신라적인 유물들이 련속 나오는것은* 그와 같은 견해를 더욱 확고히 해주고있다.

> * 종래 일본학계에서는 4세기의 일본고분에서 나오는 수신판혁철단갑이 일본제라고 해왔다. 하지만 요즘에 옛 신라땅인 경상북도 경주시 구정동의 초기 신라무덤에서 수신판혁철단갑이라는 초기형식의 단갑이 발견되였다. 또한 동래 복천동 제4호무덤에서도 혁철단갑이 나왔다. 이와 같은 가야와 신라에서의 새로운 유물의 발견은 일본고분문화를 유발한것이 가야와 신라사람들이라는것을 웅변으로 말해주는것이라고 생각한다.

제3절. 조선이주민들의 정착방식

B.C. 4세기～B.C. 3세기 조선이주민들은 일본렬도로 진출할 때 이미 농경문화를 소유하고있었다. 그러므로 진출지에서 그들은 곧 정착생활을 시작한것으로 보아야 한다. 정착지를 옮기는 경우도 있었겠지만 옮겼다 하더라도 옮긴 그 지방에서 정착생활을 곧 시작했을것이다. 이주민들은 떠돌아다니면서 먹을것을 구하는 채집경제단계를 벗어나 정착해서 농사를 짓는 사람들이였다. 첫 이주민도 그러하였고 마지막 이주민은 더욱 그러하였다.

이주민들이 일본렬도에 정착한 때의 원주민들과의 관계를 생각해보자. 그들의 정착방식에서는 당연히 평화적방식과 비평화적방식을 생각할수 있다. 초기에는 그들의 정착이 평화적방식으로 진행되다가 차츰 시간이 감에 따라 비평화적방식으로 진행되였을것이라고 일반적으로 말할수 있을것이다.

조선이주민의 첫 진출시기 즉 죠몽문화시기의 말기 야요이문화시기의 초기에 조선이주민들의 진출정착지는 일본렬도의 낮은 습지대였다. 농사를 짓기 편리한, 논을 풀기 쉬운 해안의 낮은 습지대가 그들의 첫 정착지였다. 그때 원주민들은 그런 지대에서 살지 않고 비교적 높은 지대에서 살고있었다. 따라서 이주민과 원주민사이에 충돌이 일어날 일은 별로 없었다고 말할수 있다. 그런 경우에는 이주민들의 정착이 평화적으로 되였다고 볼수 있다. 즉 야요이문화시기 초기에는 정착이 평화적으로 진행되였을것이다.

그러나 원주민들도 점차 농사를 짓게 되고 야요이문화화하여 낮은 습지대로 내려와 살기 시작하자 이주해간 사람과 원주민사이에는 땅을 두고 리해관계상 충돌이 일어날수 있었을것이다. 다시말하여 이 경우 조선이주민들의 정착은 비평화적으로 진행되며 농경지를 얻기 위한 폭력이 사용되였을것이다.

그런 추단은 사태를 론리적으로, 경제적으로만 따져볼 때 내릴 수 있다. 그러나 현실은 다양하였고 더 복잡하였을것이다.

야요이문화시기 초기에도 이주민들이 원주민들의 습격을 받을 수 있고 고분문화시기에도 마찰은 일어났을수 있다. 그리고 경제적 리해관계와 함께 정치적요인이 또 작용하였을것이다.

한마디로 말하여 조선이주민들의 일본렬도에서의 정착은 평화적방식과 비평화적방식의 두가지로 진행되였을것이다.

1. 조선이주민들의 평화적정착

1) 조선이주민과 원주민사이의 평화적관계

죠몽문화시기 일본사람들은 쌀을 먹을줄 몰랐다. 채집경제의 기아상태에서 헤매던 죠몽문화시기의 일본사람들은 조선이주민들이 일본렬도에 진출하게 된 결과 쌀맛을 알게 되였다. 그것은 일본렬도에 사는 죠몽문화시기의 토착원주민들의 생활에서 일대 전환을 가져온 획기적인 사변이였다. 그후 일본원주민들은 새로운 좋은 식량인 논벼를 생산하여 수확하고 조리하는 모든 공정을 조선이주민들에게서 배웠다. 그러므로 일본원주민들은 바다를 건너간 조선이주민들을 하늘이 내려보내준 고마운 사람으로 여겼다. 그리하여 일본원주민들은 조선사람을 하늘나라에서 온 사람이라는 뜻에서 《아마히도

(天人)》라고 불렀다. 바다 역시 《아마(海)》라고 불렀다. 지금까지 일본말에서 《아마》는 하늘, 바다를 가리키며 비(雨)를 《아메》라고 부르는데 비도 하늘에서 내리기때문에 《아마》가 《아메》로 된것이다.

일본원주민들은 식량을 비롯한 인간생활에 필요한 모든 물건들과 그것을 만드는 방법을 전적으로 《아마》에서 온 조선이주민들에게서 배웠다. 곡식과 갖가지 생활도구의 제작, 리용법을 다 조선에서 온 이주민을 통해서 배웠다. 그들은 집짓는 법, 종이만드는 법, 그림그리는 법, 기와를 굽는 법, 쇠를 녹이는 법, 악기를 만드는 법, 말을 기르고 부리는 법, 성쌓는 법, 무덤쓰는 법과 글자 등등 오만가지것을 이주해간 조선사람들에게서 배웠다. 사실상 당시 일본원주민들에게 있어서 조선사람은 하늘과 같고 신과 같은 존재였다.

현재 일본 특히 조선이주민들이 많이 정착한 서부일본 여러곳에 있는 오래된 신사, 신궁에 안치한 숭배대상은 압도적다수가 조선계통의 신들이다. 심지어 《천황》의 궁성에도 조선신이 안치되여있었다고 한다. 궁성에는 이미 오래전부터 소노의 신(園神)과 가라의 신(韓神)이 같이 안치되여있었는데 소노의 신은 원주민계통의 신이고 가라신은 곧 조선계통의 신이였다.

일본에서는 오늘까지도 종교미신적풍습이 생활에 깊이 뿌리박고있다. 근대에도 도처에 있는 신사, 신궁에 보존된 신체(神体)를 거리로 내여다가 제사의식을 거행한다. 주민들이 떨쳐나 신체를 가마(련)에 태워가지고 거리를 한바퀴 돌면서 가마에 태운 신체를 축하, 축복하며 아울러 자신들의 행복을 빈다. 그때 가마를 멘 젊은이들은 웃음과 기쁨을 함뿍 담고 《왔쇼이》, 《왔쇼이》라고 웨친다. 《왔쇼이》는 본래 음이 《왔소》로서 조선말의 《왔소》에서 전화된 말이다. 말하자면 하느님이 바다건너 먼곳으로부터 《오셨소, 왔소》하는것이 《왔쇼이, 왔쇼이》로 된것이다. 그러므로 그것은 바다를 건너온 조선의 귀인, 어른을 특별한 존경과 기쁨의 마음을 안고 맞이하는 조선계통이주민들의 후예들과 그리고 일본원주민들의 마음이 담겨져있는 한토막의 행사라고 할수 있다.[1] 그와 같이 말하는 일본학자들이 한두명이 아니다.[2]

*¹ 전 일본적으로도 으뜸가는 대단한 규모에서 진행되여 국제관광의 명승으로까지 된 교또야사까신사의 《기온마쯔리》(八坂神社之 祇園祭)행사도 근원을 따지면 그곳에 정착한 고구려사람인 고마(狛, 高麗)씨를 받든데서 온것이다.
*² 《신찬일선태고사》대륙조사회, 1928년, 제1편, 40~41페지

일본의 원주민들이 조선이주민들을 환영하고 조선의 농경문화를 적극 받아들였다는것은 죠몽문화시기 말기에 정착한 농경문화가 빠른 시일안에 일본에 전파되고 토착화되여간 과정을 놓고도 말할수 있을것이다. 일본원주민들은 바다를 건너간 조선이주민들과 평화적관계를 가지면서 자기들의 생활을 조선이주민식으로 고쳐나갔을것이다. 그러한 과정에 벼농사, 조선식농경문화는 전파되여갔으며 원주민들도 벼농사의 혜택을 알고 낮은 습지대로 옮겨가 살면서 농사를 짓게 되였을것이다. 야요이문화시기에 와서 일본렬도주민들이 생활단위, 생활위치를 낮은 습지대로 옮기게 된것자체가 조선이주민들과 일본원주민들사이에 평화적관계가 유지되고 조선이주민들의 일본땅에서의 정착이 평화적으로 진행되여간 증거라고 말할수 있을것이다.

조선이주민들의 일본땅에서의 정착이 일본원주민들과의 평화적관계속에서 진행되였다는것은 기록에도 반영되여있다.

실례로 《일본서기》에 나오는 구니쯔꾸리(나라만들기)이야기를 들수 있다. 즉 《오나무찌는 스꾸나히꼬나와 더불어 힘을 합치고 한마음으로 천하를 경영하였다. 백성들과 가축을 위해 병을 고칠 방도도 취하였다. 그리하여 백성들은 오늘에 이르도록 다 그 은혜를 입고있다. 일찌기 오나무찌는 스꾸나히꼬나에게 〈우리들이 만든 나라는 잘되였다고 말할수 있겠는가.〉라고 물었다. 스꾸나히꼬나는 이에 대하여 〈어떤데서는 잘되고 어떤데서는 잘되지 못한것도 있다.〉라고 대답하였다.》*¹는것이다.

이 설화는 내용으로 미루어 야요이문화시기의것으로 보인다. 그것은 야요이문화시기에 일본렬도에 진출한 조선이주민집단과 일본원주민사이의 평화적접촉과 협조과정을 보여주는것으로 인정된다. 설

화에 나오는 오나무찌는 오구니누시의 신, 오모노누시의 신, 구니쯔꾸리의 오나무찌, 아시하라의 시꼬오, 야찌호꼬의 신, 우쯔시 구니다마의 신 등 여러 이름으로 불리운다. 그를 하늘(아마 즉 조선)에서 건너간 스사노오노-미꼬도의 6세손이라고 한 사실,*² 새로 일본에 건너간 조선이주민집단에게 나라를 바칠 때 폭이 넓은 구리창을 바치면서 내가 이 창을 가지고 성공을 이룩할수 있었다고 한 사실 그리고 하리마《풍토기》(시사와고을 이히베오까)에 오나무찌가 밥을 지을 때 시루식가마를 썼고 벼겨를 까불 때 키(箕)를 리용하였다고 한 사실*³ 등으로 미루어보아 그를 야요이문화시기에 일본으로 건너간 조선계통 이주민세력(집단)으로 볼수 있다.

    *¹ 《일본서기》 권1 신대 상 제8단(1서의 제6)
    *² 우와 같은 책 신대 상 제8단
    *³ 시루식가마는 조선사람들에게서 특징적인 가마이다. 일본원주민들은 시루식가마를 쓰지 않았는데 고분문화시기에 들어와서도 조선계통 이주민들의 무덤에만 있다. 거기에서는 축소한 시루식가마를 황천으로 가는 밥짓는 도구로 쓰라는 의도에서 껴묻었다.

  오나무찌는 별로 큰 역할을 하지 못하는 스꾸나히꼬나와 더불어 나라를 만든다. 여기에 나오는 스꾸나히꼬나는 일본원주민계통의 집단(세력)으로 보인다. 오나무찌는 스꾸나히꼬나와 함께 사람과 짐승의 질병을 고치며 날짐승과 벌레들의 침습과 재난으로부터 백성과 짐승(집짐승)을 보호하였다고 한다. 여기에서 우리는 야요이문화시기에 진출한 조선이주민집단이 원시적치료법조차 모르고 기아와 추위속에서 떨며 자연의 힘앞에서 무기력하게 굴복하여 떠돌아다니는 생활을 감수할수밖에 없었던 일본원주민들에게 마술사와도 같이 자연을 극복해나가는 힘을 불어넣은것을 보게 되는것이다.
  조선이주민집단은 질병에 대한 초보적치료법과 치료도구도 모르던 원주민들의 병을 침구법과 찜질 그리고 각종 약초를 리용하여 고쳐주었다.* 인구가 야요이문화시기에 와서 갑자기 늘어난것도 그들이 질병을 고칠수 있는 치료방법을 알게 된 사정과 관련이 있는것이다. 이렇게 되여 먹을것과 병치료 등의 혜택을 입은 원주민계통 《백성들은 오늘에 이르도록 다 그 은혜를 입고있다.》라고까지 말하게 되였던것이다. 다만 그 《오늘》이라는것이 오나무찌때인지 아니면 《일본서기》 편찬당시인지는 잘 알수 없다.

* 다지마, 이즈시와 오미의 신사들가운데는 지금도 신라계통 이주민인 천일창을 제사지내는 곳이 많다. 거기에는 천일창이 가져갔다는 보물이 보관되여있다. 어떤 신사에 보관된 보물이라는것은 불에 그슬린 주먹만 한 돌이다. 이것은 천일창으로 대변되는 조선이주민집단의 초보적인 치료방법, 치료도구도 몰랐던 일본원주민들을 고국에 있을 때와 마찬가지의 방법인 찜질, 침구법 등으로 치료하였다는것을 말해준다.

2) 신, 구조선이주민세력사이의 평화적관계

죠몽문화시기 말기이후로부터 야요이문화시기에 걸쳐 일본에 건너간 첫 시기의 조선이주민집단들은 세월이 지나감에 따라 토착화되여갔다. 그것은 아무래도 일본원주민과의 혼혈이 이루어지기마련이기때문이다. 그들은 일본원주민들과의 복잡한 관계속에서도 섬나라의 황무지를 개간하면서 적극적으로 자연을 정복해나갔다. 그들은 대대로 자손들에게 자기들의 조상은 하늘에서, 바다에서 왔다고 옛말처럼 이야기했을것이다. 따라서 오랜 세월이 흘러 원주민화한 그들도 고국인 조선에 대하여, 새로 일본땅에 진출해가는 조선사람(집단)들에 대하여 좋은 감정을 품고 대하였다. 그러한 관계가 고문헌의 여러 갈피에도 반영되지 않을수 없었다. 그러한 대표적실례가 《일본서기》 등에 실린 《구니유즈리》(나라를 물려준다는 뜻) 설화이다.

오나무찌가 이즈모에 와서 《이제 이 나라를 다스리는것은 오직 내 혼자뿐이다. 나와 함께 천하를 다스릴자가 과연 있겠는가.》라고 말하였다. 그런데 이때 신비롭고 이상한 빛이 바다를 비치면서 갑자기 다가오는자가 있었다. 그는 《만약 내가 없으면 너는 어찌 능히 이 나라를 잘 다스릴수 있겠는가. 내가 있음으로 하여 너는 큰 공적을 세울수가 있을것이다.》라고 말하였다.

오나무찌는 그에게 《그렇다면 그대는 누구냐.》라고 물으니 그는 대답하기를 《나는 너의 넋이다.》라고 대답하였다. 오나무찌는 《그렇다면 알겠다. 그대는 나의 넋이다. 이제 어디서 살고싶은가.》라고 물었다. 그러자 그는 《나는 야마또국의 미와산에서 살고싶다.》라고 대답하였다. 이리하여 곧 궁전을 그 땅에 지어주고 그곳에 가서 살게 하였다. 이것이 오미와의 신이라고 한다.*

    * 《일본서기》 권1 신대 상 제8단

이 설화는 고분문화시기초에 신라계통 이주민이 이즈모를 거쳐 야마또로 들어간 사실을 반영하고있다. 그런데 거기에는 조선이주민들의 신, 구세력 호상간의 관계를 엿볼수 있게 하는 내용이 들어 있다. 즉 바다에서 건너간자가 고국을 떠난지 오래된 오나무찌를 보고 《나는 너의 넋이다.》라고 한것은 바로 조선에서 갓 건너간것이 먼저 건너간 사람들에게 있어서 넋으로 된다는 뜻이다. 거기에서 이즈모의 바다에 오는자라는것은 앞뒤의 력사적사실들로 따져보아 신라계통 이주민일수밖에는 없다. 오나무찌는 후에 바다를 건너 일본에 들어간 새로운 조선이주민집단과 평화적으로 뭉치는것이다.

조선의 신, 구이주민세력 호상간의 평화적관계는 아마데라스 오오미가미가 보낸 사신과 오나두찌와의 관계에서도 잘 반영되여 있다.

아마데라스 오오미가미는 다께미가쯔찌신과 후쯔누니신을 땅에 내려보냈다. 두 신은 이즈모에 내려가 오나무찌에게 물어보았다.

《너는 이 나라를 장차 천신에게 바치겠는가 아니면 바치는것을 거절하겠는가.》

그러자 오나무찌는 《내 아들 고또시로누시가 사냥하러 가서 마쯔사까(시마네현 미쯔의 바다가로 추측된다.―인용자)에 있다. 이제 그에게 물어보아 대답하겠다.》라고 하면서 곧 사람을 띄워 물으니 그 아들이 대답하기를 《천신이 원하는것을 어찌 바치지 않겠는가.》라고 하였다.

두 신은 곧 하늘에 올라가 복명하여 고하기를 《아시하라나까쯔구니는 이미 모두 평정이 끝났다.》라고 하였다. 그리하여 아마데라스 오오미가미는 자기의 아들들을 하늘에서 지상에 내려보내였다.

이 설화에 나오는 하늘은 조선을 의미하고 땅이라는것은 곧 일본렬도를 의미한다. 새로이 조선에서 건너가는 이주민집단(세력)에 대하여 오래된 조선이주민 정착세력은 그의 아들로 대변되는 여러 사람들과 의논을 해서야 새 세력에 대하여 양보를 하며 원하는 땅을 떼여주는것이다.

조선이주민들의 신, 구세력 호상간의 관계를 좀더 선명하게 반영한것이 유명한 신무동정설화에 나오는 니기하야히노미꼬도와 이른바 신무천황과의 관계이다. 《일본서기》에 실려있는 그 설화내용을 개괄하면 다음과 같다.

《천황》은 나가스네히꼬를 쳤다. 여러번의 접전에서도 이길수가 없었다. 나가스네히꼬는 사신을 보내여 《천황》에게 말하기를 《일찌기 천신의 아들이 있어 아마(하늘)의 이와후네(반석같이 든든한 배)를 타고 아마에서 내려와 사는데 이름을 구시다마니기하야히노미꼬도라고 한다. 그가 나의 누이 미가시기야히메에게 장가들어 아들을 낳아 우마시마데노미꼬도라고 이름지었다. 그런 까닭에 나는 니기하야히노미꼬도를 임금으로 삼아 받들고있다. 무릇 천신의 아들이 둘이 있겠는가. 어찌하여 천신의 아들이라고 하면서 남의 땅을 빼앗으려 하는가. 내가 추측컨대 믿을수 없노라.》라고 하였다.

《천황》과 니기하야히노미꼬도는 아마(하늘)의 화살과 전통을 서로 보일 내기를 하였다. 그래서 과연 둘이 다같이 아마에서 내려왔음을 확인하였다.

니기하야히노미꼬도는 《천황》이 친절한 사람이므로 이와 화해하려고 본래부터 마음먹고있었다. 그런데 나가스네히꼬의 성품이 조폭하여 더 타이를수 없음을 보고 그를 죽이고 그의 무리를 거느리고 귀순하였다.*

* 《일본서기》 권3 신무기즉위전기 무오년 12월

이 설화는 모노노베의 조상전승과 관련한 이야기로서 조선이주민들의 신, 구세력 호상간의 관계를 잘 보여주고있다. 니기하야히노미꼬도는 원주민녀자에게 장가들어 임금노릇을 했는데 새로이 대두한 이주민집단이 아마 즉 조선에서 온 집단임을 확인하자 그들을 호의적으로 대한다. 그리하여 그는 원주민세력의 대변자인 처남 나가스네히꼬를 죽이고 《천황》을 임금으로 섬기게 된다. 이처럼 먼저 왜땅에 건너간 조선이주민세력집단은 원주민녀자에게 장가들기도 하여 원주민들을 자기의 생활속에 끌어들이면서 그들우에 군림하군 하였을것이다.

물론 조선이주민집단의 신, 구세력 호상간에는 모든것이 쉽게 그리고 평화적으로만 이루어지지는 않았을것이다. 설화에도 반영되여있듯이 집단호상간에는 일정한 알륵과 마찰, 충돌도 있었을것이다. 신무동정설화에는 그러한 신, 구세력 호상간에 일정한 전투가 벌어졌으며 아마데라스가 보낸 두 신이 오나무찌에게 땅을 내놓으라고 할 때 오나무찌는 그의 아들과 의논을 하는것이다. 의논을 한다는것은 그들이 아마 즉 고국인 조선의 지시라고 해서 무작정 받아물지 않았다는것을 의미한다.

2. 조선이주민들의 비평화적정착

일반적경향으로 미루어 조선이주민들이 일본렬도에로 진출하여 정착하는데서 일본원주민들과의 관계가 비평화적으로 진행되는 경우는 야요이문화시기의 초기를 벗어난 시기부터이다. 야요이문화시기 초기의 일본원주민들에게 있어서는 아직 일본령토, 일본의 판도라는 정치적개념이 없었던것이다. 또 야요이문화시기 초기의 원주민들은 자기의 생활권밖에서 정착하는 이질적집단의 존재에 대하여 대부분은 동경하고 환영하였을것이다. 그러나 차차 시간이 흘러감에 따라 이주민을 이단시하여 대항해나서는 원주민(집단)도 생겨나게 되였을것이다. 이주민집단 역시 원주민들을 포섭하고 자기 생활에 끌어들이는 한편 저항하는자들에 대해서는 쳤을것이며 량자 호상간에는 일정한 충돌과 마찰이 생겼을것은 뻔하다.

특히 원주민들에게 일정한 정치적개념으로서의 《내 땅》이라는 관념이 생겨나자부터 충돌은 더 커졌을것이다. 앞서 본 원주민계통 인물인 나가스네히꼬가 《어찌하여 남의 땅을 빼앗으려 하는가.》라고 말했다는것은 원주민들속에서도 고분문화시기에 들어와서는 령토적개념이 생겼다고 말할수 있게 하는것이다.

먼저 고고학적자료를 통해 본 조선이주민집단의 비평화적정착에 대하여 보기로 하자.

조선이주민집단이 평화적으로만 정착하지 않았을것이라는 사실은 그들이 마을을 방어하기 위한 도랑(환호)을 둘러친것을 보아도 잘 알수 있다.

지금까지 조사된 초기 야요이문화시기의 부락들에는 마을단위로 되는 도랑이 둘러쳐져있다. 가장 이른 시기의 야요이문화시기 부락인 이따쯔께유적에는 남북 약 90m, 동서 약 80m의 원에 가까운 둥근 도랑(溝)이 둘러쳐져있다고 보고되였으며* 그후에 계속되는 연구에 의하여 도랑의 직경이 긴데서는 110m, 짧은데서는 80m라는것이 확인되였다.

* 《일본고고학협회 제35차총회발표요지》, 스기하라 소스께의 발언 《환호집락-이따쯔께유적》, 최근 규슈 사가현에서 전형적인 환호집락이 드러났다.(요시노가리유적)

니까천과 미까사천사이의 낮은 대지우에 자리잡고있는 히에유적도 동쪽면 약 33m, 서쪽면 약 36m, 북쪽면과 남쪽면이 각기 약 30m인 도랑이 둘러쳐져있었다고 한다. 아리다 시찌덴마에(有田七田前)유적은 남북길이 1km, 최대너비 0.7km나 되는 큰 부락유적이다. 유적은 무로미(室見)천의 하구에 있는 표고 7~15m의 완만한 독립구릉대지에 위치해있다. 바로 그 구릉대지의 서남쪽에 타원형의 도랑유적이 있다. 도랑의 직경은 긴 길이 약 300m, 짧은 길이 약 200m이며 도랑너비는 2~3m이고 깊이는 1.8~2m나 된다고 한다. 이것을 이따쯔께유적의 도랑과 비교해볼 때 퍽 큰 규모의 도랑이라고 할수 있다.

이처럼 초기와 중기의 야요이문화시기 마을들에는 마을을 에워싼 원형 또는 타원형의 도랑이 둘러쳐져있었다. 아리다유적과 같이 너비가 2~3m, 깊이가 2m에 이르는 도랑도 있었다.

그러면 마을을 둘러싼 도랑은 무엇에 쓰인것이였겠는가. 그것은 외부로부터의 위험한 대상의 침입을 막기 위한 방어적목적에서 굴설한 시설이였다고 말할수 있을것이다.

강하천의 충적평야지대의 낮은 습지에 정착하여 마을을 이룬 다음에도 산에서 내려오는 짐승들의 피해로부터 마을을 지켜야 했을것이다. 또 원주민들이 먹을것을 노려 야간에 습격해올수도 있었을것이다. 이러저러한 외부적침입과 침습을 막기 위해 만들어진것이 바로 도랑시설이였으며 거기에 물을 끌어넣어 해자처럼 했던것이다. 마을을 둘러친 그러한 도랑이야말로 조선이주민집단이 일본렬도에 구축한 첫 성새였다고 말할수 있다. 그리고 마을의 규모가 커짐에 따라 도랑의 규모 역시 커져서 아리다유적에서 보는바와 같이 큰 규모의 해자로까지 되였을것이다.

이와 같은 도랑의 발생과 발전은 다음과 같은 두가지 사실을 보여준다.

첫째로, 도랑의 조성은 본래 죠몽문화시기의 집자리유적에서는 볼수 없는것으로서 그것은 전적으로 조선이주민집단의 지혜의 산물이라는 사실이다.

죠몽문화시기에는 그 어떠한 방어적시설도 없었다. 그런것이 있을수 없다는것은 원시공동체사회였던 당시의 사회상태에서 그러한 시설을 바랄수는 없기때문이다. 방어시설의 창조는 계급사회에 와서야 비로소 가능한것이다. 일본에서는 야요이문화시기에 들어와서야 비로소 마을을 둘러싼 도랑이 생기는데 그것은 전적으로 조선이주민들이 고국에서 쓰던 수법을 이주지에서 그대로 적용한 방어시설물이였다.

둘째로, 도랑시설을 통하여 알수 있는것은 조선의 이주민집단과 일본의 원주민들사이의 마찰, 충돌도 적지 않게 일어났다는 사실이다.

강하천류역의 낮은 습지대에 첫삽을 박은 조선이주민집단은 창조적로동으로 더욱더 많은 땅을 개간하여 자기의 생활범위를 넓혀 나갔을것이다. 생활범위가 넓어짐에 따라 원주민들의 생활령역은 좁아지면서 자연히 서로의 접촉이 잦게 되였다. 그가운데에는 조선이주민들의 쌀창고가 있는 마을에로 쳐들어오는 원주민들도 있었을것이다. 한마디로 말하여 외부의 원주민들의 습격을 고려하여서도 도랑이 굴설되였다고 볼수 있다.

조선이주민집단의 일본렬도에서의 정착이 비평화적으로도 진행되였다는것을 보여주는 자료는 비단 도랑유적뿐이 아니다. 그것을 더욱 두드러지게 보여주는것이 조선사람들의 주검에 박힌 돌활촉이다.

야마구찌현 도이가하마유적은 야요이문화시기 전기의 조선사람들을 묻은 집단묘지로 유명하다. 그 유적에서 키와 골격이 분명히 조선이주민으로 보이는 성인남자(20살안팎으로 추측됨)는 돌활촉이 몸에 박힌채 매장되였다. 또한 최근에는 후꾸오까시 오이시(大石)유적 제53호독무덤에서 시신에 박힌 실전용의 마제돌검날이 4개씩이나 발견되고 그것이 《전투에서 몸에 박혀 죽은 인물을 매장한것으로 추정》되는 경우가 적지 않다고 한다.* 말하자면 전투에서 죽은 사람을 매장하였다는것이 확인되였다.

* 《요미우리신붕》(서부) 1986년 2월 9일부

마제돌검이라는 칼날이 나왔다는 사실은 제53호독무덤에 묻힌자가 십중팔구 일본원주민들과의 싸움에서 죽었다는 사실을 보여준다. 오이시유적은 이히모리 다까기유적과 같은 계통의 유적으로서 그 년대는 대체로 야요이문화시기 전기말~중기 초엽이다. 그 시기는 조선에서 철기시대에 들어선 때이나 청동기를 같이 썼다. 당시 마제석기 같은것은 조선에서는 벌써 무기로 사용하지 않았다. 하지만 그때까지 일본원주민들은 마제석기를 무기로 썼다고 보인다. 오이시유적 제53호독무덤에 묻힌자는 원주민들과의 싸움에서 희생되여 고국의 무덤형식인 독무덤에 매장되였던것이다.

원주민들과의 싸움에서 쓰러진 조선이주민의 대표적실례는 오사까 야마가(山賀)유적에서 찾아볼수 있다.

가와찌평야에 위치한 오사까부 야오시 신께정(八尾市 新家町)의 야마가유적에서는 야요이문화시기의 방형무덤과 사람뼈, 조선제 띠고리(6세기 전반기) 등이 나왔다. 그중 이목을 집중시킨것은 야요이문화시기의 방형무덤과 사람뼈이다.

주구묘는 한변이 15m이며 둘레의 너비는 1.5m이다. 내부매장시설은 조선적인 돌상자무덤이다. 무덤안에서 사람뼈의 일부와 길이 17cm의 쇠활촉이 10여개 그리고 유리알 78개가 나왔다.

야요이문화시기의 사람뼈는 아이의것 1개체분, 성인의것 2개체분이다. 그중 한개체분에는 길이 3cm의 돌활촉 6개가 뒤통수와 두어깨 그리고 오른쪽옆구리, 허리 등에 박힌채 있었다. 돌활촉이 박힌 상태는 《배후로부터의 급습으로 볼수 있는 돌활촉의 방향》*이였다고 한다.

* 《마이니찌신붕》(오사까) 1980년 7월 8일, 8월 6일, 14일, 18일

화살이 박힌 야요이문화시기의 사람뼈의 추정키가 170cm나 되며 뼈마디가 아주 굵다고 하는데 이것으로 보아 그는 분명 조선사람이였을것이다. 그리고 그의 몸에 박힌 화살이 당시 조선이주민들이 쓰던 쇠활촉이 아니라 돌로 된 활촉이라는 사실이다. 말하자면 그 무덤에 묻힌자는 일본원주민들이 쏜 원시적돌화살을 6개나 맞고 죽은것이다. 등뒤로부터 배신적인 급습을 받았다는것을 통하여 조선이주민집단과 일본원주민사이에 대립관계가 있었다는것을 알수 있다. 가후찌의 낮은 습지대에서 나타난 사람뼈관계 유적유물은 조선이주민과 일본원주민사이의 비평화적접촉관계가 끊임없이 이루어졌음을 여실히 보여준다.

이처럼 북규슈와 혼슈서남부, 깅끼지방 등 여러곳에서 조선적인 야요이문화시기의 사람뼈에 돌활촉이 박힌 주검이 여러개 나왔다는 사실은 조선이주민들의 진출, 정착지마다에서 그들과 토착원주민들과의 사이에 일정한 충돌이 있었다는것을 보여준다. 조선이주민들의 정착지에서의 생활범위가 확대됨에 따라 그들과 원주민들과의 관계는 복잡해졌을것이며 그러는 사이에 충돌도 여러차례 있었을것이다. 조선이주민집단은 마을을 형성하면서 평상시에 의거해야 할 방어용도랑을 마을주위에 둘러쳤을것이다. 고고학적조사에 의하면 야요이문화시기 초기의 마을은 생산지인 논밭과 아주 가까운 구릉지대에 조성되였다. 그것은 논밭으로 오가는

데서 품을 덜며 생산지를 감시하는 등 여러가지 조건이 작용했기 때문일것이다.

조선이주민집단이 일본렬도에 비평화적방식으로 정착하였다는것은 여러 고문헌들에도 전해지고있다.

《일본서기》에 의하면 오나무찌는 이즈모의 나라에 가서 다음과 같이 말한다.

《아시하라(갈대벌)의 나까쯔구니(가운데에 있는 나라)는 본시부터 황망하였도다. 큰 바위, 작은 돌, 풀과 나무에 이르기까지 다 강폭하였다. 하지만 우리가 이미 꺾어 깔아뭉개여 다 순종하게 했도다.》*

* 《일본서기》 권1 신대 상 제8단

이즈모의 나라에 와서 한 오나무찌의 말은 초기 조선이주민집단들에 있어서 갈대벌 무성한 땅인 일본렬도는 황망하기만 하고 사람들뿐아니라 초목에 이르기까지 거칠기만 하여 정착과정이 아주 힘들었다는것을 형상적으로 표현한것이라고 보인다. 그러나 그 모든것은 《이미 꺾어놓고 깔아뭉개여 다 순종하게》 했다고 한다. 물론 그렇게 하기까지에는 무수한 싸움이 벌어졌을것은 상상하기 어렵지 않다.

《일본서기》(신대)에는 오나무찌와 스꾸나히꼬나가 사이좋게 함께 나라를 다스리는 평화적관계만이 실려있지만 하리마《풍토기》에는 적대적관계에 대한 기사도 실려있다. 즉 《하니오까… 로 부르게 된 까닭은 옛날 오나무찌와 스꾸나히꼬네노미꼬도가 서로 다투었다.》 (하리마《풍토기》 가무사끼고을)라고 한것이 바로 그것이다.

이 기사를 통하여 우리는 야요이문화시기 조선이주민계통의 집단이 《일본서기》(신대)에서 보는바와 같이 궁극에 가서는 일본원주민들이 조선이주민집단과 협동을 하지만 초기에는 호상간에 마찰과 충돌이 많았던것으로 보인다.

하리마《풍토기》에 있는 《옛날 오나무찌와 스꾸나히꼬가 서로 다투었다.》라고 한것은 추측컨대 야요이문화시기의 사실을 전한것이라고 볼수 있다. 왜냐하면 오나무찌는 야요이문화시기 초기경에 일본에 건너간 오래된 조선이주민계통세력의 상징적인 신이기때문이다.(오나무찌는 신라계통 세력인 스사노오노미꼬도의 후손이다.)

조선이주민집단과 일본원주민들사이의 관계를 문헌을 통하여 좀더 보기로 하자.

황천인 다까미무수히노미꼬도는 자기의 아들 아마쯔히꼬히꼬호노니니기노미꼬도를 아시하라노나까쯔구니(일본)의 임금으로 시키려고 하였다. 그러나 저 땅에는 반디불 반짝이는 신과 파리소리를 내는 간악한 신들이 많이 있었다. 또한 초목들도 다 말을 할줄 알았다. 때문에 여러 신들을 소집해놓고 《내가 아시하라노나까쯔구니의 간악한 도깨비들을 쳐서 평정하려고 한다. 누구를 보내는것이 마땅하겠는가. 여러 신들은 아는바를 다 말하라.》라고 말하였다. 여러 신들은 한결같이 말하기를 《아마노호히노미꼬도는 신들가운데서 진짜 호걸입니다. 시험해보아야 합니다.》라고 하였다. 그리하여 아마노호히노미꼬도를 아시하라노나까쯔구니에 보내여 그것을 평정하게 하였다.*

* 《일본서기》 권2 신대 하 제9단

하늘(조선)에서는 간악한 이들을 무찌르기 위해 여러 장사들을 보냈지만 그들은 일본토착세력과 결탁하여 돌아오지 않았다. 설화에서는 아마노호히노미꼬도와 그의 아들인 다께미구마노우시, 아메와까히꼬 그리고 후쯔누시신과 히노하야히신, 다께미가즈찌신 등을 련이어 보낸다. 수많은 장수들을 보낸다는것은 그곳 나라에 있는 세력이 만만치 않은 세력이였음을 알수 있게 한다. 그들은 다같이 하늘 즉 조선의 표식인 아마노가고유미(天鹿兒弓)와 아마노하야(天羽矢)를 가지고 가치만 자기의 사명을 다하지 않아서 결국 하늘의 처단을 받게 된다.

이 설화에 나오는 아시하라노구니 즉 갈대벌 무성한 나라인 섬나라 일본에 반디불 반짝이는 신과 파리소리를 내는 간악한 도깨비들이 많다고 한것은 당시 일본땅에 아마 즉 조선의 이주민세력에 복종하지 않는 세력이 적지 않게 존재하였다는것을 형상적으로 표현한것이다. 조선의 이주민세력(집단)에 복종하지 않은 세력가운데는 순수 원주민토착세력도 있었을것이고 또 모노노베처럼 원주민세력과 결탁한 토착화한 이주민집단도 있었을것이다. 그리고 아마노호히노미꼬도처럼 돌아오지 않고 고국의 지령을 받들지 않아 저 땅에 눌러앉게 된 집단도 있었을것이다.

이상의 설화내용은 조선이주민집단이 일본땅에 진출하여 정착하는것이 그렇게 쉽사리 이루어진것이 아니며 우여곡절과 간난신고를 겪게 되였다는것을 보여준다. 그 과정에는 일정한 토착세력과 타협하기도 하고 전투도 벌어졌을것으로 짐작된다. 덧붙여 말한다면 이 설화내용은 니니기노미꼬도가 등장하기 이전의 일로 되여있는것으로 보아 아마도 야요이문화시기 말기쯤의 사실인것 같다. 아마노호히노미꼬도가 일본땅에 건너가 오래된 조선계통 세력인 오나무찌와 결탁하여 저 땅에 눌러앉은것이 그것을 보여준다.

조선이주민들의 신, 구세력 호상간의 비평화적관계에 대하여 보기로 하자.

신세력이 새로 섬나라 일본에 진출하게 되자 이미 그 땅을 차지하고있던 집단인 구세력과의 관계가 제기되였다. 그런데 그것은 평화적으로 풀릴 때도 있고 힘을 행사하지 않으면 안될 경우도 있었다. 평화적으로 해결되여 신, 구세력이 단합하게 되는 경우는 구세력이 신세력으로부터 선진기술 즉 생산기술과 군사기술 등을 섭취할 때일것이다. 그리고 신, 구세력 호상간의 비평화적관계 즉 충돌, 마찰은 많은 경우 차지한 땅을 누가 가지겠는가 하는 땅(령토)문제를 둘러싸고 일어났을것이다.

하리마《풍토기》*는 《고사기》, 《일본서기》에는 실려있지 않은 조선이주민들의 신, 구세력 호상간의 세력다툼을 비교적 풍부히 실었다. 그것은 많은 경우 먼저 정착한 이주민세력인 오나무찌(일명 아시하라노시꾜오)와 새로 진출, 정착하려는 천일창세력과의 땅 즉 정착지를 차지하기 위한 싸움이다. 아래에 관계자료 몇가지를 제시한다.

*. 여기에 인용하는 하리마《풍토기》는 이와나미서점, 《일본고전문학대계》본 2, 1976년이다.

△ 이히보오까(粒丘)

이히보오까라고 부르는 까닭은 천일창(아메노히보꼬)이 가라구니(조선국)에서 건너가 우두천하류에서 머무를 곳을 아시하라노시꾜오 즉 오나무찌에게 빌려달라고 말하면서 《너는 나라의 주인인데 내가 머무를 곳을 얻고자 한다.》라고 하자 오나무찌는 상륙을 허락하지 않았기때문이다.(이히보의 고을)

△ 우바히다니(奪谷)

아시하라노시꾜오와 천일창의 두 신이 이 계곡을 서로 빼앗기 위하여 싸웠다.(시사와고을)

△ 이나까가와(伊奈加川)

아시하라노시꾜오와 천일창이 나라를 차지하려고 다툴 때 울부짖는 말이 있어 이 강에서 만났다. 때문에 이나까가와(말이 울부짖는 강이란 뜻)라고 한다.

△ 하까무라(波加村)

시꾜오와 천일창이 서로 나라를 차지하려고 할 때 천일창이 먼저 여기에 이르고 아시하라노시꾜오가 후에 이르렀다. 그리하여 시꾜오는 크게 이상히 여겨 《건너가지 않았는데 어떻게 먼저 올수가 있었는가.》라고 말하였다.

△ 미가다노사도(御方里)

미가다라고 이름지은 까닭은 시꾜오와 천일창이 시니산에 이르러 각기 쯔즈라(黑葛)와 미가다[*1]를 가지고 다리에 던졌다. 이때 시꾜오의 쯔즈라가 하나는 다지마의 게다(氣多)고을[*2]에, 하나는 야부(夜夫)고을[*3]에 떨어지고 또 하나가 이 마을에 떨어졌으므로 미가다라고 한다. 천일창의 쯔즈라는 모두 다지마의 나라에 떨어졌다. 때문에 그는 다지마의 이즈시[*4]의 땅을 차지했다.(이상은 시사하의 고을)

*¹ 쯔즈라와 미가다란 땅을 차지하기 위한 주술적인 법수를 말한다고 한다.
*² 게다(氣多)는 효고현 기노사끼군 남부의 지명이다.
*³ 야부는 효고현 야부(養父)군의 땅으로서 시사하군의 북쪽에 접해있다.
*⁴ 다지마의 나라 이즈시는 현 효고현 이즈시군으로서 천일창의 후손이 산다고 하는 이즈시(出石)씨의 본거지이다.

△ 누가오까(粳岡)

이와신(시꼬오룰 의미함)과 천일창이 각기 군사를 일으켜 서로 싸웠다.

이때 신들의 군사가 모여서 쌀을 찧었는데 쌀겨가 모여 언덕이 되였다.

또 키(箕)에 까불린 겨가 모여 무덤같이 되였다고 하며 또 기무레산이라고도 하였다. 또한 말하기를 성을 파놓은것은 응신천황때 건너온 백제사람들이 저들의 풍속대로 성을 만들고 살던 곳이라고 한다.

△ 야찌구사(八千軍)

이렇게 부른 까닭은 천일창의 군대가 8 000명이나 있었기때문이다. (이상 가무사끼고을)

여기에서 보는바와 같이 천일창과 오나무찌는 나라를 차지하기 위해 군사를 일으켜 서로 싸움질을 한다. 나라란 곧 땅이며 땅은 곧 농토이다. 여기에서 우리는 이미 먼저 땅을 차지한 세력과 새롭게 진출한 세력사이의 비평화적관계와 조선이주민집단의 정착방식의 한 측면을 보게 된다.

이상에서 조선이주민들의 정착방식을 몇개 측면에서 살펴보았다. 조선이주민들의 일본렬도에로의 진출은 죠몽문화시기 말기, 야요이문화시기 초기와 야요이문화시기 말기의 정세가 다르고 또 고분문화시기초와 중기의 형편이 달랐을것이다.

조선이주민들은 시기별로 다르게 일본의 원주민들과 각이한 관계를 맺으면서 섬나라에 진출, 정착하였으며 또 먼저 일본에 간 조선이주민세력과도 관계를 맺으면서 정착하였다. 그러나 조선이주민 집단의 기본정착방식은 신, 구세력을 막론하고 황무지를 개간하는 것이였다. 비평화적인 방식은 부득이한 경우에 있은것이라고 본다. 황무지개간에서는 비교적 큰 저항을 받을 대상이 없기때문이다. 그러는 과정에 서부일본은 점차 개간되여갔다. 고대일본의 개척은 바로 조선이주민들의 그와 같은 진출, 정착과 창조적인 로력투쟁에 의하여 이루어져갔다.

제2장. 조선이주민들의 정착지분포

　야요이문화시기와 고분문화시기의 장구한 기간 조선이주민들은 일본렬도에 여러차례에 걸쳐 집단적으로 진출, 정착하였고 소규모적인 진출도 잦았다. 농경문화를 가지고있던 조선이주민들은 흔히 진출지에 정착하였고 진출지에서 또다시 이동하는 경우에는 그곳에 정착하였다. 이리하여 여러 세기에 걸친 진출과정에서 일본렬도에는 수많은 조선이주민들의 정착지가 생겨났다. 그러나 야요이문화시기의 그들의 정착지들은 기록을 통해서는 거의 알길이 없으므로 다만 야요이문화시기 초기의 농경유적과 청동기가 나온 곳들을 통하여 더듬어낼수밖에 없다.
　고분문화시기의 그들의 정착지들은 기록과 조선계통의 지명들, 고고학적인 유적유물 특히 초기 무덤떼들과 조선식산성들 그리고 인류학적으로 조선적특징을 가진 주민들의 렬도내 분포정형 등을 통하여 알수 있다.

제1절. 야요이문화시기 조선이주민들의 정착지분포

1. 일본고문헌을 통하여 본 조선이주민들의 정착지분포정형

《일본서기》(권1 신대 상, 제3단의 제1서 제1)의 기사에 이른바 일본《천황》의 시조신에 속하는 이자나미노미꼬도와 이자나기노미꼬도의 남녀신이 낳았다는 《아들》이라고 하는 지명이 몇개 적혀있다. 그 《아들》이라고 하는것들을 보면 다음과 같다.

아와지섬, 이요섬, 쯔꾸시섬, 오끼섬, 사도섬, 고시(섬), 오섬, 기비 고지마섬 등이다.

이자나미와 이자나기는 우의 8개 섬을 낳았는데 쯔시마와 이끼섬 및 곳곳에 있는 작은 섬들은 그들이 낳은것이 아니라 바다물의 거품이 응결해서 만들어진것이라고 한다.

이 8개 섬의 순서는 두 신이 그것들을 낳은 순서라고 하지만 쯔시마섬, 이끼섬을 포함시켜 조선과의 거리순으로 배렬해보면 다음과 같다.

조선→(쯔시마섬→이끼섬)→쯔꾸시섬→이요섬→오섬→기비 고지마섬→아와지섬─────────→야마또
조선→오끼섬→사도섬→고시(섬)

이렇게 놓고보면 이 지점들은 조선이주민들의 초기 진출로정 및 정착지와 대체로 일치한다고 볼수 있다.

남녀 두 신이 낳았다는 곳은 기본적으로 섬이며 고시와 같이 섬이 아닌 곳도 있다. 이 신화의 내용에서 이자나미, 이자나기라는 환상적인 너울을 벗기면 《아들》이라는 실체가 남고 그 《아들》이라는 곳들이 고대일본에서 아주 중요한 역할을 한 땅이였다는것을 알수 있을것이다.

첫째로, 이 10개의 섬(쯔시마, 이끼 포함)이 조선과 가까운 지리적위치에 있으면서 조선으로부터 일본으로 건너가는 배길우에 널려져있는 섬이라는 사실이다. 두 신이 낳은 땅가운데는 일본렬도

중부 동쪽지역에 속하는 섬은 하나도 없다.

둘째로, 이 8개(10개) 섬은 그 시기의 동검, 동탁, 동경, 동과, 동창의 분포지역이라는 사실이다.

우의 10개 지점은 한결같이 조선에 기원을 둔 좁은놋단검관계 문화유물 및 동탁관계 문화유물분포권에 속하는 곳들이다.

한마디로 말하여 《일본서기》 신대에 두 신이 낳았다고 하는 8개 섬(10개 섬)이란 주로 야요이문화시기에 조선적문화가 집중적으로 전파되여있던 조선이주민집단의 정착지였다고 볼수 있다.

그러면 이 10개 지점이 어떻게 야요이문화시기의 조선문화집중분포권과 일치하는가를 보기로 하자.

2. 고고학적유적유물을 통하여 본 조선이주민들의 정착지분포정형

일본 죠몽문화시기 유적의 분포정형을 살펴보면 그것은 동부일본일대에 치우쳐있다고 말할수 있다. 죠몽문화유적은 주로 동부일본에 수많이 분포되여있을뿐아니라 시나노지방과 같이 내륙의 고산지대에도 집중적으로 분포되여있다. 이것은 죠몽문화시기 사람들이 바다가나 강하천의 낮은 습지대에서 생활한것이 아니라 건조한 산간오지에서 살았다는것을 말해준다.

그와는 달리 야요이문화시기의 유적과 그 분포정형을 보면 그것이 조선과 가까운 서쪽에 치우쳐있으며 서쪽일수록 초기의것이 많고 동쪽으로 갈수록 후기의것이 많다는것이 일반적법칙처럼 되여있다. 중부동쪽의 야요이문화유적은 전기의것은 거의 없고 중기이후 특히 후기의것이 압도적으로 많다.

이상과 같은 사실은 우리들에게 죠몽문화와 야요이문화의 **발생**과 **파급방향**이 다르다는것을 말하여주고있다.

그러면 야요이문화시기 조선이주민들의 정착형편을 B.C. 3세기경(전기)과 B.C. 1세기경(전기말~중기초)의 두단계로 나누어보기로 한다.

1) 전기 야요이문화유적의 분포

 일본에서의 조선적농경문화의 보급에 대해서는 제1장에서 비교적 상세히 언급하였기때문에 여기서는 야요이문화시기 초기의 분포정형만을 렬거하기로 한다.
 대표적인 야요이문화시기 전기유적의 분포를 지구별로 보면 다음과 같다.

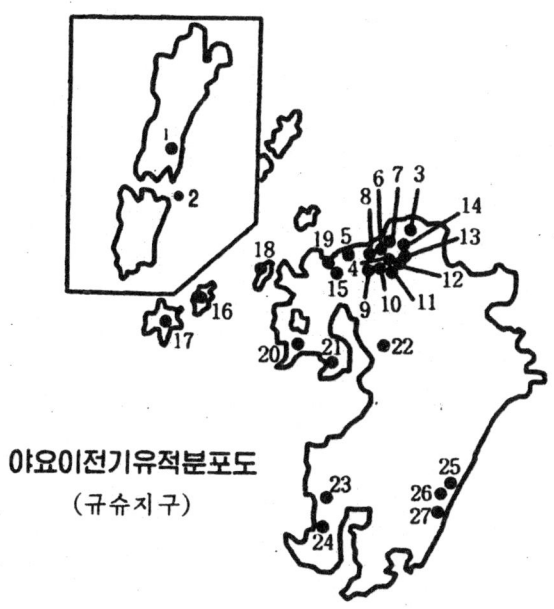

야요이전기유적분포도
(규슈지구)

① 규슈지구(쯔꾸시섬)

지구별 전기유적의 분포일람표

지도 번호	유 적 명
1	요시다(吉田)유적(나가사끼현 쯔시마)
2	유우스(夜臼)유적(후꾸오까현)
3	다데야시끼(立屋敷)유적(후꾸오까현)
4	이따쯔께(板付)유적(후꾸오까현)

표계속

지도번호	유 적 명
5	시또(志登)유적(후꾸오까현)
6	아리따 시찌덴마에(有田 七田前)유적(후꾸오까현)
7	후꾸오까시 이시마루 후루가와(福岡市石丸古川)유적(후꾸오까현)
8	후꾸오까시 쥬로가와(十郞川)유적(후꾸오까현)
9	후꾸오까시 아리따(有田)유적(후꾸오까현)
10	후꾸오까시 쥬로꾸정(拾六町)유적(후꾸오까현)
11	후꾸오까시 시꼬(四箇)유적(후꾸오까현)
12	후꾸오까시 후지사끼(藤崎)유적(후꾸오까현)
13	후꾸오까시 죠난구 다지마(城南区田島)유적(후꾸오까현)
14	후꾸오까시 죠난구 죠센지(淨泉寺)유적(후꾸오까현)
15	우끼군덴(宇木汲田)유적(사가현)
16	아리가와(有川)유적(나가사끼현)
17	기슈꾸(岐宿)유적(나가사끼현)
18	네시시(根獅子)유적(나가사끼현)
19	나하다께(菜畑)유적(사가현)
20	후까보리(深堀)유적(나가사끼현)
21	하라야마(原山)유적(나가사끼현)
22	사이또산(齊藤山)유적(구마모도현)
23	구로가와(黑川)유적(가고시마현)
24	다까하시(高橋)유적(가고시마현)
25	데라바라(寺原)유적(미야자끼현)
26	아오끼(樟)유적(미야자끼현)
27	에다바라(江田原)유적(미야자끼현)

※ 유적의 시기는 죠몽문화시기 말기와 야요이문화시기 초기를 가르지 않고 야요이문화시기 전기의것으로 일괄하였다. 자료는 기본적으로 1986년현재의것이다.

② 세또나이해연안 및 상잉지구(오사까만연안은 제외)

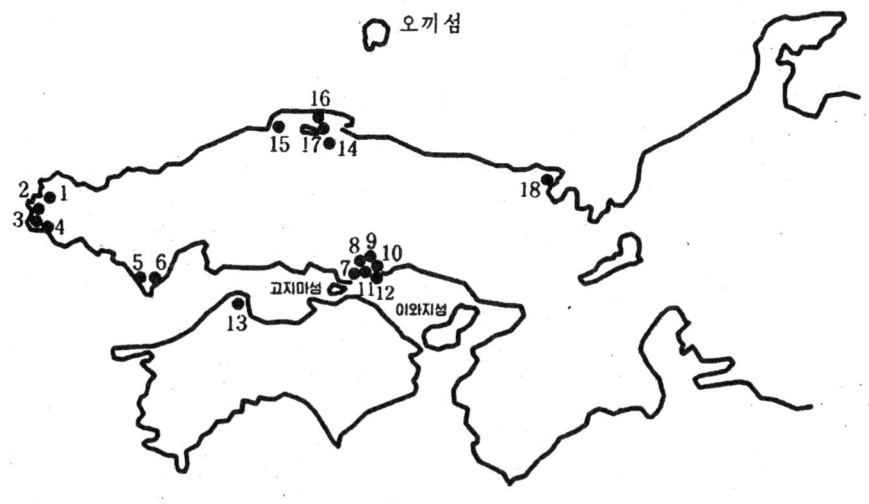

야요이전기유적분포도

(조선동해 및 세또나이해연안지구)

지구별 전기유적의 분포일람표

지도 번호	유 적 명
1	도이가하마(土井浜)유적(야마구찌현)
2	우에노바라(上原)유적(야마구찌현)
3	나까노하마(中之浜)유적(야마구찌현)
4	아야라기(綾羅木)유적(야마구찌현)
5	이와다(岩田)유적(야마구찌현)
6	도리고시(鳥越)유적(야마구찌현)
7	쯔시마(津島)유적(오까야마현)
8	쯔시마 에도(津島 江道)유적(오까야마현)
9	오마찌(雄町)유적(오까야마현)
10	핫겐가와(百間川)유적(오까야마현)
11	미나미가다(南方)유적(오까야마현)

표계속

지도번호	유 적 명
12	가도다(門田)유적(오까야마현)
13	아가다 가따야마(阿方 片山)유적(에히메현)
14	후시끼(大敷)유적(시마네현)
15	하라야마(原山)유적(시마네현)
16	고우라(古浦)유적(시마네현)
17	니시가와즈 가이자끼지구(西川津 海崎地区)유적(시마네현)
18	하꼬이시하마(函石浜)유적(교도부)

③ 오사까만 연안지구

지구별 유적유물의 분포일람표

지도번호	유 적 명
1	가미노시마(上之島)유적(효고현)
2	다노(田能)유적(효고현)
3	구보지(久寶寺)유적(오사까부)
4	야마가(山賀)유적(오사까부)
5	우류도(瓜生堂)유적(오사까부)
6	모리모도(森本)유적(오사까부)
7	와까에 기다(若江 北)유적(오사까부)
8	신께(新家)유적(오사까부)
9	모리노미야(森之宮)유적(오사까부)
10	가라고(唐古)유적(나라현)
11	아마(安滿)유적(오사까부)
12	요쯔이께(四池)유적(오사까부)
13	이께가미(池上)유적(오사까부)

최근에 진행된 조사발굴 및 연구결과에 의하면 오사까지구에

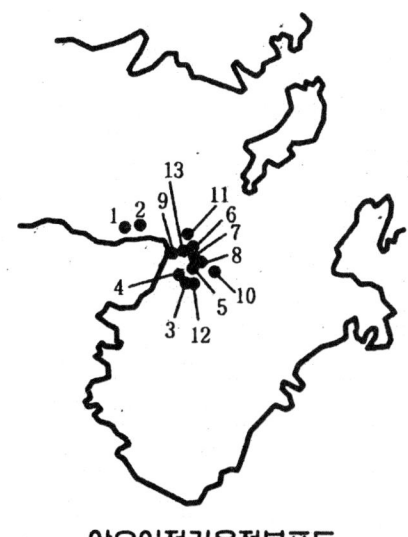

야요이전기유적분포도
(오사까만연안지구)

예상외로 일찌기 조선이주민들이 진출하였다는것이 알려졌다. 오사까시 히라노구와 야오시(八尾市)에 걸친 가메이(龜井)유적에서 나온 사람뼈를 조사한데 의하면 야요이문화시기 중기의 질그릇이 널려있는 지층의 우물에서 나온 오른팔둑뼈(길이 30.3cm)를 감정한 결과 전체 크기와 근육의 발달정도 등으로 보아 키가 약 164cm인 남자뼈로 추정되였다고 한다.〔《마이니찌신붕》(오사까) 1986년 11월 16일〕 그밖에도 오사까 후지이데라시의 고우(國府)유적에서는 키가 큰 사람뼈가 발견되였다. 이와 같은 사실들로 미루어보아 조선이주민들이 아주 이른 시기부터 오사까만연안지대에 진출, 정착하였음을 알수 있다.

2) 동탁, 동검관계 문화유물과 잔줄무늬거울의 분포

이미 본바와 같이 조선이주민들의 일본렬도에 대한 제1기 진출이 있은 다음 B.C. 1세기(야요이문화시기 전기말~중기초)경에 또 한차례의 대규모진출이 있었다. 그것은 크게 조선동해에 면한 이즈모(시마네현과 돗도리현의 일부)지대와 북규슈 및 세또나이해연안의 두 지대였다.

동탁, 동검관계 문화유물분포정형을 지도로 표시하면 다음과 같다.

좁은놋단검의 분포정형은 지방별로 이미 표로 제시하였기때문에 여기서는 그 시기 권력의 상징이라고 할수 있는 잔줄무늬거울의 분포표만을 제시한다.

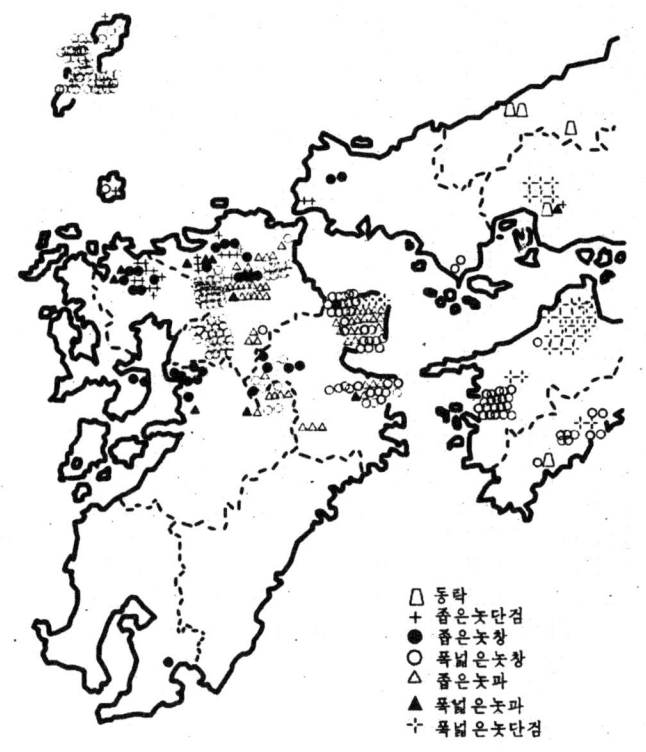

△ 동탁
+ 좁은놋단검
● 좁은놋창
○ 폭넓은놋창
△ 좁은놋과
▲ 폭넓은놋과
⊹ 폭넓은놋단검

　우에서 제시한 분포도를 통하여 다음과 같은 몇가지 사실을 말할수 있다.
　첫째로, 고대조선의 대표적문화유물인 잔줄무늬거울은 조선반도를 중심으로 하여 집중적으로 분포되여있으며 그것은 옛 고대조선의 령역전반에 미치고있다.
　둘째로, 잔줄무늬거울은 많은 경우 좁은놋단검과 동반하여나온다.
　셋째로, 잔줄무늬거울은 동해안쪽보다 서해안쪽에 치우쳐 많이 분포되여있다. 일본에 분포되여있는 잔줄무늬거울은 비록 수적으로는 많지 않으나 그것은 다같이 조선이주민집단의 우두머리들이 쓰던 물건들이였다. 바로 잔줄무늬거울의 분포지는 곧 B.C. 1세기경의 강력한 조선이주민집단의 정착지였던것이다.

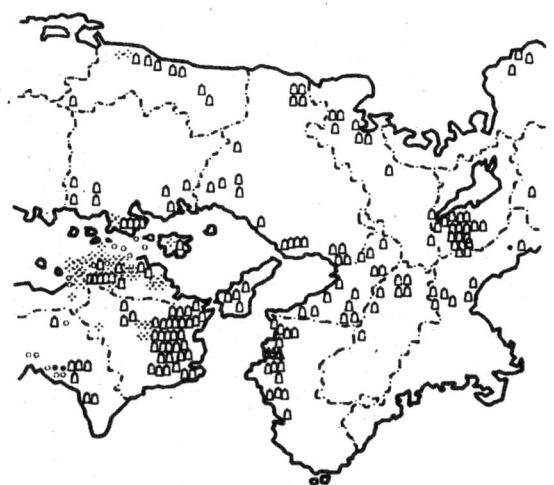

좁은 놋단검관계 문화유물과 동탁분포도
(1963년 현재)

잔줄무늬거울분포도

잔줄무늬거울 출토분포지일람표

지도 번호	잔줄무늬거울 분포지	좁은놋단검 동반관계	크기단위 (cm)
1	평양시		9.4
2	충청남도		11.2
3	평안남도 성천군		11.5
4	충청남도 부여군 초촌면 련화리	좁은놋단검 4	
5	황해북도 중화군		13
6	평안남도 맹산군(2중거푸집 1개)		1 - 17.15 2 - 12.8
7	전라남도 고흥군 금산면 소록도	고식의 좁은놋단검	14.45
8	대전시 피정동(2면)		
9	전라북도 익산시 다송리		
10	전라북도 익산시 오금산	좁은놋단검파편	
11	평양시(추정)		13
12	평안남도 대동군 반천리	좁은놋단검	1 - 13.5 2 - 10.5
13	황해북도 봉산군 송산리	좁은놋단검	13.8
14	전라남도 화순군 대곡리 비봉산		
15	전라남도 령암군		
16	남조선출토경(숭전대학장)	좁은놋단검	
17	강원도(남) 양양군 토성리		
18	경상북도 경주시 입실리	좁은놋단검	13.3
19	경상남도		

표계속

지도번호	잔줄무늬거울 분포지	좁은놋단검 동반관계	크기단위 (cm)
20	함경남도 함흥시 리화동	좁은놋단검	
21	조양 십이대영자제3호무덤 (번개무늬?)	여러개의 비파형단검과 같이 나옴	
22	심양 정가와자 제6512호무덤		
23	심양출토		
24	조양 십이대영자제1호무덤	좁은놋단검 2	
25	조양 십이대영자제2호무덤		
26	길림성 집안시 대평향오도령구문		
27	이즈베스뜨 출토	좁은놋단검 2	12.5
28	슈고트우와		
29	후꾸오까현 요시다께 다까기유적	여러개의 좁은놋단검	15.2
30	사가현 우끼군덴유적	좁은놋단검	10.3
31	야마구찌현 가지꾸리하마유적	좁은놋단검 2	8.8
32	나가노현 사구시 노자와지구하라		
33	오사까부 가시하라시 오아가다		
34	나라현 고세시 나가라		21.6
35	함경남도 금야군 룡산리		15.6
36	충청남도 부여군 합송리		
37	전라남도 함평군 초포리		
38	충청남도 부여군 구봉리		
39	경상북도 경주시 조양동		
40	황해남도 신천군 룡산리	좁은놋단검 3	9.7

제2절. 고분문화시기 조선이주민 정착지의 분포정형

1. 무덤떼를 통하여 본 조선이주민 정착지의 분포정형

일본 고분문화시기(4~7세기)에 형성된 크고작은 10만개 무덤들의 분포정형은 일련의 특성을 가지고있다.

무엇보다먼저 일본 고분떼형성의 특성들을 정확히 알아야 할 필요가 있다.

그 특성은 첫째로, 고분의 발생이 내륙지대가 아니라 바다가연안에 치우쳐있다는 사실이다. 다시말하여 고분떼의 위치가 특수한 경우(례하면 시나노지방)를 내놓고는 바다가의 평야지대에 있는것이 보편적현상이라는것이다.

우리 나라를 비롯한 여러 나라들에서의 문화(정치)발생은 대부분 강하천을 끼고있으나 그것은 바다가연안은 아니였다. 실례로 고구려의 초기 정치적중심지는 압록강중류였으며 신라의 경우도 마찬가지였다. 하지만 일본의 고분떼는 주로 바다가의 하천하류류역의 낮고 습한 평야지대에 이루어져있는것이 보통이다. 그리고 북규슈와 기비지방 또는 단고(丹後)지방처럼 바다가에 있는 무덤들이 적지 않다. 그것은 고분 또는 고분떼를 이루어놓은 집단들이 바다쪽에서 왔다는 사실을 말해준다.

둘째로, 무덤떼의 립지와 양상은 그곳에 진출해온 집단의 출신 나라에 따라 서로 각이하다는 사실이다. 잘 아는바와 같이 일본고분의 시원은 조선에 있으며 일본고분문화의 발전은 조선과 떼여놓고 생각할수 없다. 하지만 삼국시기의 고구려, 백제, 신라, 가야는 동족의 나라이나 그 나라 주민들이 각각 일본에 진출하여 이루어놓은 고분문화의 양상은 지역적특성에서 오는 차이점이 있었다. 나라마다 고분떼의 립지조건이 다르며 무덤무지의 형태와 재료, 매장품습 등에서 서로 차이가 있었다. 그리하여 일본고분의 립지와 양상 및 매장품습은 어느 나라의 어떠한 집단이 어디에 진출, 정착하였는가에 따라 각이한 양상을 띠게 되였다. 실례로 북규슈와 세또나이해연안에 주로 백제, 가야, 신라적요소를 띤 고분떼가 많았다면 조선동해안을 면한 여러곳에는 고구려적, 신라적요소가 강한 고분문화가 발전하였다. 그리고 시나노지방처럼 고원지대에는 고구려적 돌각담무덤의 분포를 보게 된다.

셋째로, 일본고분의 발생발전은 지역에 따라 빠르고 늦은 시간적차이가 있다는 사실이다. 일본의 고분은 우리 나라와 같이 하나의 국가적중심에서 동시에 또는 파장식으로 발전한것이 아니라 중심이 없이 제각기 발생, 발전하였다. 그것은 조선의 어느 집단이 어디에 먼저 진출, 정착하였는가에 따라 규정된것으로서 후세의 일본력사발전의 특수성(분권의 존재)을 초래케 하였다.

일본은 고분문화시기 중기에 들어와서도 일정한 지역적통일은 있어도 전 렬도적인 중심은 없었다. 일본학자들이 떠드는것처럼 4세기의 야마또국가는 지역적련합정권에 지나지 않을뿐 그 권력집중수준은 전국적통일을 이룩할 정치, 경제적단계에 이르지 못하였다. 일본전국은 제각기 지역적중심에 근거하여 《군웅할거》식으로 되여있었다. 어느 지역의 어느 고분떼가 먼저 발생하고 발전하였는가 하는것은 곧 어느 지역이 먼저 발전하였는가를 의미하였다. 서부일본에 큰 규모의 무덤떼의 분포권이 많이 집중되여있고 동부일본에는 그런것이 얼마 없는것은 그만큼 조선이주민집단이 동부일본에 적게 정착한 사정과 관련된다. 일본의 고분떼가 분산적으로 발전하고 그리고 발전된 곳과 덜 발전된 곳이 생긴것은 바로 고분문화시기에 들어와 조선의 각이한 진출집단이 임의의 여러곳에 정착하여 세력을 부식한 사정과 관련된다.

야요이문화시기의 무덤구조도 그렇거니와 고분문화시기의 무덤구조 역시 모든 양상(외형과 내부구조 및 껴묻거리)이 다 조선에 연원을 두고있다. 다른것이 있다면 그것이 일본에 건너가서 그곳 풍토에 맞게 변형되였다는 차이가 있을뿐이다.

력대 일본학자들은 고분문화시기의 문화양상이 조선적성격을 띠고있으므로 그것들을 감히 일본고유의것이라고는 말하지 못하였다. 유독 전방후원무덤(앞이 모나고 뒤가 둥글게 생긴 무덤), 전방후방무덤(앞도 모나고 뒤도 모나게 생긴 무덤)만은 조선에 얼마 없는것이라고 하여 일본고유의것이라고 떠들어왔다. 그들은 그것을 절대화하던 나머지 조선에 있는것까지도 무조건 일본의것이며 야마또정권의 군사적진출의 《증거》라고 하였다. 실례로 일제강점시기 라주 반남면에서 야쯔이(谷井濟一)라는 사람에 의하여 주위에 도랑을 친 전방후원무덤 1기가 조사발굴된적이 있었다. 그 발굴자는 그것을 제꺽 《왜인의것》으로 단정하고 이른바 발굴보고서라는것을 작성, 발행하였다. 화차 몇차량분의 유물이 나온 창녕 교동무덤떼의 가야무덤을 도굴, 란굴해놓고도 글 한편 발표하지 않던 사람이 전방후원무덤 1기를 보고 큰 감동을 느낀것은 어리석게도 바로 그것이 일본 야마또정권의 《진출》을 담보할수 있다고 보았기때문이다.

전방후원무덤, 전방후방무덤이란 본래 조선의 고유한 무덤형식이다. 조선무덤의 외형에서 기본은 원형과 방형이다. 조선의 아류인 일본의것 역시 원형과 방형이다. 우두머리급의 큰 무덤들앞에 네모난 제단이 붙은것이 전방후원무덤, 전방후방무덤인것이다.

조선의 무덤에는 크건작건 다 제단이 붙어있다. 일본에 간 조선이주민집단의 우두머리들은 자기 권력의 정치적시위로 될 큰 종교행사를 거행하기 위해 제단을 크게 만들어서 원주민들에게 위압감을 주었던것으로 생각된다. 이리하여 전방후원무덤과 전방후방무덤이 일본에서 류행된것 같다.

최근시기 여러기의 전방후원무덤이 남부조선일대에서 확인되였다. 그것을 보면 다음과 같다.

전라남도 영상강류역의 전방후원분일람표*

번호	고분소재지	고분이름	전체 길이 (m)	후원부 직경 / 높이	전방부 너비 / 높이
1	광주시 광산구 월계동	장고촌 1호무덤	45.3	25.8 / 6.1	31.4 / 5.2
2	광주시 광산구 월계동	장고촌 2호무덤	34.5	20.5 / 3.5	22 / 3
3	광주시 광산구 명화동	화동고분	33	18 / 3.23	24 / 2.73

표계속

번호	고분소재지	고분이름	전체 길이 (m)	후원부 직경 높이	전방부 너비 높이
4	담양군 고서면 성월리	월전고분	38	18 2.5~3	15 2.5~3
5	령광군 법성면 월산리	월계고분	39	21 3.5	15 2
6	함평군 월야면 례덕리	신덕1호무덤	51	30 5	25 4
7	함평군 월야면 장년리	장고산고분	66	36 5	36 5
8	함평군 학교면 마산리	작산1호무덤	46	25 5	26 4
9	령암군 시종면 태간리	자라봉고분	35.6	23.3 5	7.4 2.25
10	해남군 삼산면 창리	룡두고분	40	23 5	17 3.8
11	해남군 북일면 방산리	신방고분	77	44 10	38 9

* 《조선학보》 2001년 4호, 179집

상기 11기의 전방후원무덤은 2000년 10월(현재) 확인된 무덤들이고 그중 6기가 발굴조사되여 확인되였다. 번호 1의 장고촌1호 무덤(1993년 발굴)과 번호 3의 화동고분에도 주호(周濠)와 원통하니와가 검출되였다. 특히 화동고분에서는 무덤무지우에 세워져있은 채의 원통하니와의 줄이 검출(1994년)되였다. 주호와 원통하니와는 서부규슈섬과 가와찌(오사까)의 다이센고분을 비롯한 일련의 고분들에 있다는것은 알려진 사실이다. 일본렬도의 고분들이 조선에 연원을 두고있다는것은 이로써도 잘 알수 있다. 전라남도 영산강류역의 전방후원분에 대하여서는 《백제사연구》[과학백과사전출판사, 주체91(2002)년, 330~338페지]에서 일정하게 언급하였다.

표에는 올라있지 않았으나 라주시 덕산리 2호, 3호무덤도 전방후원분으로 이야기되고있다.

여기에 경상남도 고성군 송학동1호무덤(무기산고분)과 라주 반남면의 일련의 무덤까지 합하면 모두 10여기의 전방후원무덤이 확인된셈이다.

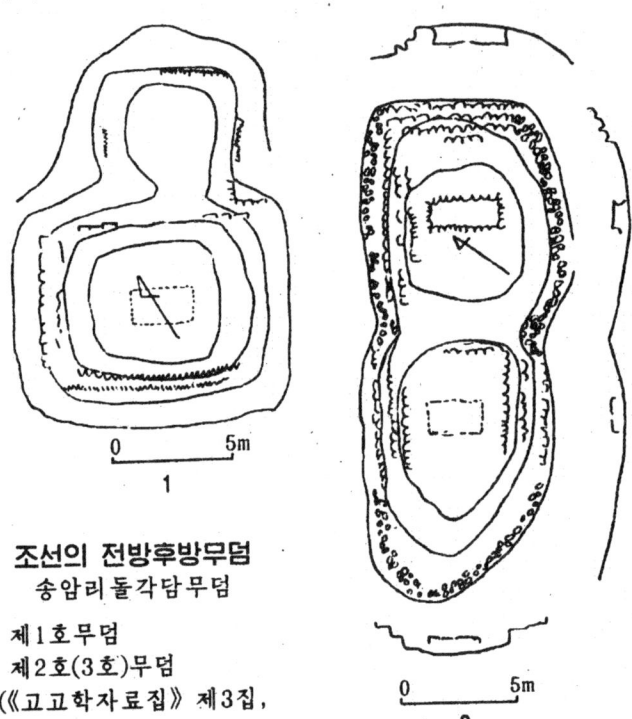

조선의 전방후방무덤
송암리돌각담무덤

1. 제1호무덤
2. 제2호(3호)무덤
(《고고학자료집》제3집, 131페지)

이에 앞서 어떤 사람은 공주 송산리제1호무덤을 비롯한 여러 무덤과 제단과의 관계가 다이센무덤을 비롯한 일본의 전방후원무덤과 매우 흡사하다는데 대하여 주의를 돌린 다음 다음과 같이 말하였다.

《…일본섬들에 있는 전방후원무덤이 이 백제에 있어서의 제단 달린 무덤과 밀접한 관계가 있다고 하는것은 단언할수는 없으나 여기에는 적어도 이 량자를 비교연구할 근거가 충분히 있다.》〔《공주에 있어서의 백제고분》(1)《고고학져날》제23권 7호〕

조선동해 연안지대에 있는 일본의 방형무덤과 전방후방무덤은 고구려의 직접, 간접으로 되는 영향의 결과이다. 고구려에는 방형무덤뿐아니라 거기에 달린 네모난 제단이 붙은 전방후방무덤도 있었다.
　지금까지 우리 고고학계의 무덤연구방향을 보면 주로 내부구조와 유물에 중점이 두어졌으며 무덤의 외형에는 그리 큰 주목을 돌리지 않았다. 초기조일관계사연구를 심화시키는 과정에 고구려에도 전방후방무덤이 있었다는것을 확신하게 되였다.
　고구려 전방후방무덤의 대표적실례는 자강도 자성군 송암리무덤떼이다.

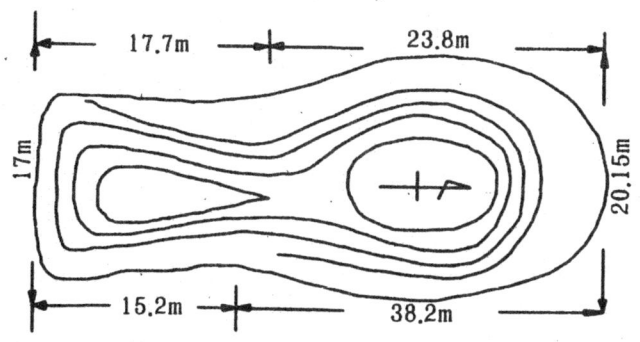

해남군 룡두리의 전방후원무덤실측도

　송암리무덤떼는 고구려 초기의것인데 제1호무덤은 크기가 9×7.5m이며 무덤북쪽에 6×5m의 부대시설 즉 길죽한 제단(전방부)을 달았다. 그리고 제3호무덤은 크기가 10×9m로서 기단은 4단까지 보인다. 실측도에 명백한바와 같이 제3호무덤은 제2호무덤과 합쳐져 한쌍을 이루며 그것은 틀림없는 전방후방무덤이다.[1]
　조사발굴자들과 담화해본데 의하면 발굴자들은 또 하나의 방형무덤을 한결같이 제단일것이라고 한다. 그리고 그와 같은 합장형의 전방후방무덤은 송암리를 비롯하여 압록강, 장자강주변의 고구려유적지들에 적지 않게 분포되여있다고 한다. 그리고 심귀리제99호무덤은 전방후방무덤이라기보다 방형무덤의 밥조개식무덤에 더 가깝다. 심귀리무덤떼의 제20호무덤과 제21호무덤은 《돌이 놓인 상태를 보면 두 무덤이 일종의 합장무덤이 아니겠는가 하는것을 생각하게 하》[2]는 무덤이며 《고구려돌각담무덤의 경우 2개이상의 돌각담무덤을 서로 잇대여서 마련하는 경우도 있지만 제76호무덤처럼 네모난 변두리의 한쪽면을 거의 딱 붙여 주먹 하나정도의 사이를 두고 무덤을 마련하는 수도 있으며 이 두 무덤처럼 1m도 못되는 거리를 두고 나란히 놓기도 하》*³는것도 있다.

*¹ 《고고학자료집》 제3집 과학원출판사, 주체52(1963)년, 129~131페지. 여기에는 전방후방무덤이라고 찍어말하지 않고있으나 제시된 도면을 보면 틀림없이 전방후방무덤이라고 생각된다.
《압록강, 장자강류역 고구려유적발굴보고》 과학, 백과사전출판사, 주체72(1983)년, 30페지에서 전재

*², *³ 《압록강, 장자강류역 고구려유적발굴보고》 과학, 백과사전출판사, 주체72(1983)년, 31페지

이 보고서는 1963년에 집필한것이다. 따라서 그 당시의 견해가 그대로 반영되고있다.

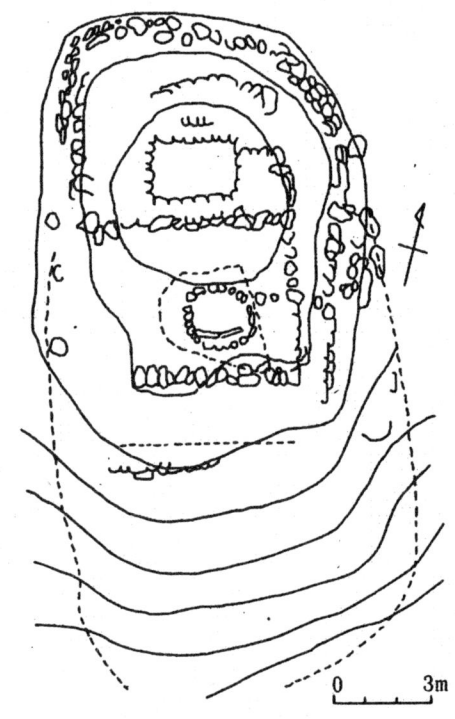

조선의 전방후방무덤
심귀리99호무덤

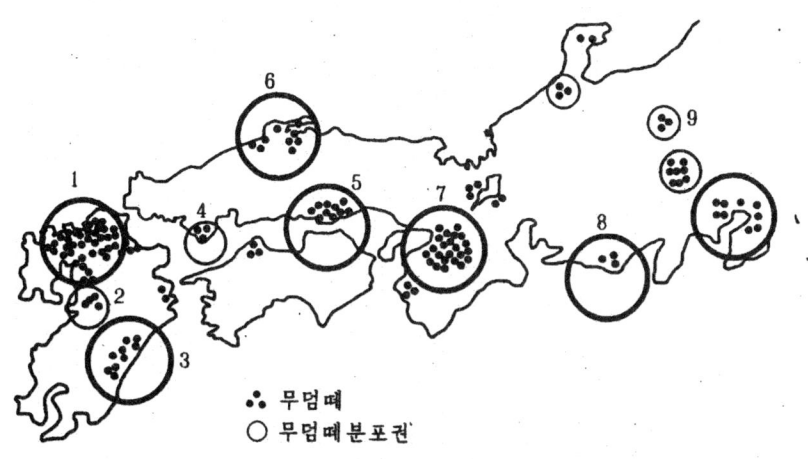

일본고분문화시기 무덤떼분포도

2개의 방형무덤을 한 변두리에 붙여 구성한 무덤은 전방후방무덤이 분명하다. 하나는 먼저 제단으로 쓰고 그다음 그 제단을 무덤으로 쓰면 되는것이다. 일본에서도 전방부는 무덤으로 쓰는것이 보통이다. 이처럼 20여년전 합장무덤으로 본것은 틀림없이 전방후방무덤이였던것이다.*

* 최근(1988년이후 계속)《조선유적유물도감》편찬위원회는 자강도 초산군과 자성군일대 무덤들에 대한 발굴조사를 진행하였다. 그 결과 압록강중류일대에서 돌각담무덤(적석총)으로 된 전방후원무덤, 전방후방무덤, 쌍곽무덤, 봉석묘(돌칸돌무덤) 등의 여러 형의 무덤들이 확인되였다. 그리고 1963년에 진행하였던 자성군 송암리무덤떼에 대하여 재조사를 진행한 결과 2호와 3호는 틀림없이 전방후방무덤이며 앞부분이 단처럼 낮게 축조되였다는것이 확인되였다.(《조선유적유물도감》4권)

일본고분문화시기에 존재한 무덤떼의 분포를 제시하면 다음과 같다.

일본고분문화시기 무덤떼의 분포일람표

지도번호	지구별 고분떼분포권	대표적무덤떼와 무덤명
1	북규슈, 후꾸오까지구	히노오까(日之岡)무덤, 스끼사끼무덤, 쯔끼노오까무덤, 로오지무덤, 오즈까(王塚) 등
2	기꾸찌강류역지구	지부산무덤, 에다 후나야마무덤 등
3	휴가, 미야자끼지구	센남무덤떼, 모찌다무덤떼, 사이또바루무덤떼, 뉴따바루무덤떼 등
4	스와, 구마께지구	시라도리진쟈무덤, 챠우스야마무덤 등
5	기비, 오까야마지구	쯔꾸리야마무덤 등의 소쟈무덤떼, 미스무덤떼 센조꾸무덤, 료구야마무덤 등
6	이즈모, 시마네지구	오까다야마무덤, 다이센지무덤, 야마시로후 따고야마무덤 등
7	깅끼(가와찌, 야마또)지구	후루이찌무덤떼, 모즈무덤떼, 다마데야마무덤떼, 도오끼센즈까, 구메다무덤떼, 니이쟈와센즈까 이시노부타이무덤 등
8	시즈오까지구	쇼린잔무덤, 죠시즈까무덤 등
9	시나노지구	오무로무덤떼 등

고분떼의 분포를 통하여 알수 있는것처럼 고분문화시기 일본에서 그것은 주로 서부일본을 중심으로 하여 크고작은 10개정도의 집중분포권을 형성하고있었다. 그것은 바로 일본렬도에 10개정도의 나라가 있었다는것을 말해주는것이다. 당시 가장 일찌기 개척되고 정치, 문화수준이 높았던 세또나이해연안지대에는 3～4개정도의 고분집중분포권이 있었다. 그 지대에는 3～4국이 있었다고 본다. 전일본적으로는 10개국일수 있다. 이와 같은 3～4국이 깅끼 야마또 국가를 중심으로 통합되였기때문에 세또나이해연안의 기비 가야국을 비롯한 여러 조선계통소국이 야마또국가와의 관계속에서 《일본서기》에 반영되였던것이다.

물론 그렇다고 하여 10만개도 넘는다는 일본고분들모두가 조선이주민들이나 그의 후손들의것은 아닐것이다. 고분의 많은 몫을 원주민들이 차지했을것이다. 그러나 고분들가운데서도 문제삼을만 한것들 즉 력사의 수평선상에 오를만 한것들은 조선이주민이나 그의 후손들의것이였다고 말해도 결코 과언이 아니다. 야요이문화의 유적유물에 대하여서도 같은것을 말할수 있다고 생각한다.

2. 조선식산성을 통하여 본 조선이주민 정착지의 분포정형

일본 특히 서부일본의 여러곳에는 《조선식산성》으로 불리우는 옛 산성이 있다. 그리고 산성이 위치한 앞벌 구릉지대에는 에누리 없이 큰 무덤떼가 널려져있다. 산성과 무덤떼는 항상 병존하며 따라서 산성의 분포는 기본적으로 무덤떼의 분포와 일치한다. 다시말하여 조선식산성은 조선이주민들의 정착지들에만 존재하는것이다. 조선이주민집단의 자취가 드문 동부일본에는 조선식산성이 없다.

서부일본에 있는 옛 산성을 《조선식》이라고 부르는것은 그 산성의 립지선택과 성벽축조법 및 수문구조가 조선에 고유한 방법으로 이룩되였기때문이다. 이렇게 《조선식산성》이라고 이름지은것은 일본학자들이며 그것은 조선사람이외는 쌓지 않은 성새시설이였기때문이다.

조선식산성의 분포형편을 더 잘 리해하기 위하여서는 일본에서 산성출현의 력사적배경(산성발생의 시기)과 산성축조의 주재자에 대하여 알아야 할것이다.

서부일본 특히 북규슈지대의 조선식산성들인 라이산(雷山), 가게노마(鹿毛之馬), 오쯔보야마 그리고 혼슈섬 뒤끝의 스와 이와끼야마(周防 岩城山)는 근대까지 고고이시(신롱석)유적으로 알려져있었다. 일본학계는 그 여러 산성을 둘러싸고 오래동안(20세기초~1960년대초) 산성으로 또는 령역으로 보는 두파로 나뉘여 옥신각신 하였다.

령역설을 주장하는 사람들의 견해는 ① 신롱석(神籠石)은 령와(靈蛙), 반경(盤境), 시끼(磯城), 감나비(神奈備)와 같은것인데 그것을 다르게 부른것이라는것, ② 신롱석은 신령진혼의 울타리라는 것, ③ 신롱석이 위치한 곳이 깅끼 야마또국가가 위치한 곳보다 변경에 위치해있어 성곽시설이 아니라는것 등이였다. 이와는 달리 산성설을 주장하는 견해는 ① 일본의 옛 성의 립지가 조선의 산성의 립지와 같다는것, ② 일본 옛 성이 조선에 있는 옛 산성과 지리리용에 있어서 아주 흡사하다는것, ③ 렬석우에 목책 또는 흙담 시설이 있었다는것 등 세가지로 요약할수 있다.

우리의 견해에 의하면 산성설이 보다 설득력이 있어보이지만 두 주장들은 서로 옛 기록과 답사, 추측에 불과할뿐 어느것이 옳다는 결론을 보지 못하고있었다. 그러던중 1960년대 전반기에 들어와서 진행된 이와끼산, 오쯔보산, 오부구마산의 여러 신롱석식산성에 대한 발굴조사에 의하여 흙담, 목책, 해자, 수문, 성문, 렬석 등이 확인되였다. 그리하여 오래동안 계속된 신롱석론쟁의 결과 그것은 군사적방어요새로서의 조선식산성이라는 결론을 짓게 되였다고 한다.

그런데 산성의 축조시기는 일본학계의 일치한 견해로 7세기이후로 몰밀어버리고있다. 그러면 왜 신롱석론쟁이 그토록 오래 끌었으며 또 산성축조시기를 늦잡고있는것인가.

그것은 일본사람들이 서부일본에 존재하는 조선식산성의 본질을 바로 보지 못하고있는것과 관련된다. 다시말하여 조선식산성이 무엇때문에 일본에서 축조되게 되였으며 그 축조자 및 리용자가 누구인가 하는 산성축조의 진의도를 규명하지 못한데 있다. 그뿐아니라 령역설과 산성설이 각각 자기의 론거를 일면적으로 고집하면서 상대방을 배척하고 야마또중심사관의 립장에서 문제를 고찰하기때문에 설득력을 가진 립론으로 되지 못하고있다고 본다.

조선식산성은 말그대로 조선과 조선사람을 떠나서는 생각할수 없다. 조선식산성이 있는 곳에는 반드시 조선이주민집단(무덤떼)이 살던 곳이 존재한다. 결론부터 먼저 말한다면 조선식산성이란 우선 조선이주민집단이 축조한 군사방어시설이였던것이다.

1) 조선식산성의 축조시기

현재 일본학계에서는 고대일본의 군사방어시설로서 고지성집락과 조선식산성 그리고 8세기이후 도호꾸지방에 설치된 성책유적을 들고있다. 일본학자들은 고지성집락을 1～3세기경에 존재한것으로 보며 조선식산성은 기껏 올려야 6세기 중엽이후로 본다. 그리하여 일본에는 고분문화시기 전기와 중기에 걸치는 200～300년동안 아무런 방어시설이 없는 공백시기가 지배하였다고 한다. 하지만 일본땅에 있는 조선식산성은 그 대부분이 그 전시기의 방어시설인 고지성집락의 계승으로 축조된것이라고 보아야 옳다. 왜냐하면 량자사이에는 그 어떠한 다른 방어시설도 없기때문이다.

원래 죠몽문화시기의 일본에는 그 어떠한 성새시설도 없었다. 계급사회이전의 사회단계에 처하고있던 일본은 계급대립의 산물인 고정된 방어시설을 가지는 사회경제적단계에 이르지 못하였다. 그러한 일본렬도에 진출한 초기 조선이주민집단은 맨 처음 작은 마을(취락)단위의 방어시설인 도랑을 팠다. 이미 본바와 같이 이다쯔께, 아리다유적 등 야요이문화시기 전기의 집주변에 굴설된 도랑이 바로 그것이다. 이와 같은 도랑시설을 저지성유적으로 부를수 있을것이다. 그후 작은 마을들은 보다 큰 마을로 합쳐지면서 도랑은 저지성으로부터 고지성으로 옮겨갔던것이다. 그것이 야요이문화의 후시기(1～3세기) 세또나이해연안지대에 광범히 출현하는 고지성집락이다.

고지성집락은 산성으로 넘어가는 전단계의 과도적성새시설이다. 고지성집락은 작은것도 있고 큰것도 있다. 시설의 크기는 시설앞벌에 전개한 마을유적의 규모와 밀접하게 관계된다. 사실 규모가 큰 고지성집락은 산성 못지 않다. 그러한 실례로 교또부의 오우기다니(扇谷)유적을 들수 있다.

그 유적은 1974년에 발굴, 조사된 일본에서 가장 오래된 고지성집락이다. B.C. 1세기경부터 굴설이 시작되였을것이라고 한다. 오우기다니유적은 표고 56～66m의 두 구릉에 걸쳐있으며 평지와의 비교차는 30～40m정도라고 한다. 구릉꼭대기에서는 다께노강(竹野川)류역을 한눈에 바라볼수 있다고 한다. 안쪽 도랑(內濠)은 연장길이가 근 1km에 이르고 최대너비는 6m, 깊이는 4m이며 경사도가

50~60°에 이를 정도로 경사가 급한 V자형의 도랑이다.* 도랑굴설에는 막대한 로력이 든것으로 추측할수 있으며 상당히 큰 집단이 만든것으로 보인다.

* 《일본의 고대유적》27 교또 Ⅰ, 보육사, 1986년, 55~56페지
일본학계가 일반적으로 쓰고있는 고지성집락이란 해발고 200m정도의 앞이 확 트인 산등성이나 산허리의 길이 100~200m쯤 되는 V자형도랑을 하나 또는 아래우 2개정도 굴설한 방어시설을 말한다. 오우기다니유적은 일본에서 가장 오래된 그리고 최대의 고지성집락이라고 할수 있을것이다.

일본에 있는 고지성집락은 조선이주민집단이 고국의것을 그대로 본따서 만든것이다. 조선에는 고조선령역인 중국동북지방과 서남해안일대에 고지성집락이 수많이 분포되여있다. 남해안과 서해안일대의 유적으로는 서울 왕십리 옹봉유적, 구선리 태봉유적, 량산조개무지(표고 100m), 웅천조개무지(표고 200m) 그리고 성산과 고성의 조개무지 등을 들수 있다.

고지성집락분포도

고지성집락은 계급분화가 급격히 진행되던 시기의 세또나이해 연안지역들에서 집중적으로 나타난다. 그러나 그것은 고분문화시기에 들어오면서 《이상할 정도》로 일제히 그 축조가 멎는다. 다만 일부 남규슈일대와 동북지방 등 당시의 미개척지대들에서 산발적으로

나타나는데 지나지 않는다.

그러면 고지성집락대신 고분문화시기에 나타난 군사방어시설은 무엇이였던가. 그것은 두말할것없이 서부일본 각지에 그 유적이 남아있는 거대한 조선식산성이다. 물론 산성축조의 초시기부터 그 규모가 컸던것은 아니였다. 처음의것은 규모가 작은 토성이거나 흙과 돌을 섞어 만든 성일수 있다. 그러다가 점차 집단(소국)의 힘이 커짐에 따라 산성규모도 확대되였을것이다. 한마디로 말하여 고지성집락이 마을단위의 방어시설이였다면 조선식산성은 소국규모의 군사방어시설이라고 말할수 있다. 야요이문화시기 말기에 활발하게 축조되던 고지성집락이 고분문화시기에 들어서면서 다 없어지는것은 별로 이상하게 여길것이 없다. 왜냐하면 고분문화시기란 소국들의 형성, 발전으로 특징지어지는 시기이며 소국들의 방어시설로서 고지성집락대신 산성이 축조되던 시기이기때문이다. 그럼에도 불구하고 어떤 일본학자는 고분문화시기에는 아무런 성새유적도 없었다고 하면서 이것을 증명하기 위해 그것은 《외적에 대한 방어가 불필요》하며 《큰 무덤이 만들어지는 평화적시기》였기때문이라고 하였다.*

 * 《고지성집락론》 가꾸세이사, 1984년, 201~202페지. 이 책의 저자를 포함하여 대다수 일본학자들은 마치도 고분문화시기에는 성책없이 싸움을 한것으로 잘못 알고있다. 임신란(672년)에서 보는것처럼 두 무력이 싸우는데서도 미오성, 다까야스성 그리고 아스까사 등 여러 군사적거점들에 옮겨가면서 싸움을 벌렸다. 하물며 상대로 올라갈수록 더 많은 갈래의 무력들이 엇갈려 싸웠을텐데 군사방어적지탱점없이 싸움을 하였다고는 볼수 없다. 고분문화시기를 평화적으로 묘사하려는 시도와 론리는 현실성없는 목가적공상이라고 할수 있겠다.

사실상 큰 무덤의 출현은 그 시기 계급분화가 보다 더 촉진되고 강한 세력에 의하여 약한 세력이 통합되여나간 과정을 보여주는것이다. 또한 고분문화시기가 소국들의 격렬한 통합전쟁이 벌어지던 《군웅이 할거》한 《영웅시대》였다는것은 《송서》(권97 렬전 이만전 왜국조)에 나타난 5세기 왜 5왕의 상표문에서도 찾아볼수 있다.

거기에서는 수십개의 소국들의 통합전쟁에 대하여 말하고있는것이다. 이와 함께 그 시기 살상무기들이 급속히 발전한다. 제반 사실은 5~6세기를 포함한 고분문화시기가 평화적시기가 아니였다는것을 명백히 보여준다. 상식적으로 생각해도 큰 무덤 즉 직경이 100m가 넘는 봉분을 가진 무덤들의 축조는 통합에 의한 큰 소국들의 형성을 보여주며 그러한 소국들에 방위시설이 없었다고 생각할수는 없다.

일본의 성새시설은 사회발전단계의 합법칙성에 따라 다음과 같은 시기별 순서로 발전하였다고 보아야 할것이다.

작은 마을단위의 저지성도랑→큰 마을단위의 고지성집락→소국단위의 조선식산성(고분문화시기의 소국형성)

다음으로 조선식산성이 고지성집락의 계승이라고 보는 중요한 근거를 보기로 한다.

그것은 고지성집락의 분포지역*이 조선식산성의 그것과 일치한다는데 있다. 고지성집락의 분포는 동탁, 동검, 동과문화의 분포범위와 거의 일치하며 또 일본고분문화시기의 대표적고분의 분포범위와도 일치한다. 그 동검, 동과, 동탁들의 원형이 조선에 있다는것은 널리 알려져있다. 말하자면 고지성집락의 분포지역과 조선식산성의 분포는 조선이주민집단의 정착지들과 일치한다는것이다. 바로 조선적문화유적유물의 분포지역은 곧 조선이주민집단의 진출, 정착, 분포지이며 그 배후에 조선식산성이 있다. 그림에서 보는바와 같이 고지성집락분포지의 중심에 조선식산성이 있다.

* 고지성집락의 분포정형은 《고지성집락론》(가꾸세이사, 1984년)과 《3세기의 고고학》(하권 가꾸세이사, 1983년) 등을 참고하였다.

그런데 문제는 세또나이해연안인 야마구찌현, 히로시마현, 오까야마현, 에히메현, 가가와현, 오사까부 등지의 고지성집락의 분포지역중심부에 조선식산성이 출현하지만 북규슈와 이즈모, 야마또 및 히와호를 둘러싼 지대에서는 고지성집락유적이 보이지 않고 이른 시기의 조선식산성이 출현한다는 사실이다. 말하자면 고지성집락과의 계승성이 없이 출현한 산성들이 있다는것이 문제이다.

그 원인을 알기 위해서는 이른바 신롱석식산성에 대하여 알 필요가 있다.

신롱석은 네모난 성돌을 한두겹 포개놓은 긴 줄(렬석선)로 이루어진다. 그 렬석으로 둘러친 산은 신령이 깃든 장소(산 또는 숲)라고 한다. 이런 장소를 감나비라고 하며 그러한 산을 감나비산이라고 한다. 그것은 신이 있는 산이란 뜻으로서 《神奈備, 廿南備, 神名樋, 神名備, 神南, 神奈比》 등으로 표기하였다.

신롱석을 령역의 표시로 보는 주장이 있는데 그 주장자들은 다음과 같이 말한다.

- 《일본서기》에 의하면 미와산에 오나무찌의 넋이 살아있는데 그 집 둘레에 울타리를 쳤다. 울타리는 아마도 흙이나 돌로 둘렀을 것이다. 그것은 신롱석과 같은것이다.

- 감나비의 경계는 그 울타리(신롱석)이며 그것을 히모로기(神籬)라고 하였다.

- 《일본서기》 제명 2년(656)조에 나오는 다무령(田身嶺)이 돌담을 치고 그안에 천궁을 지었는데 돌담쌓기에 7만공수가 들었다고 한다. 이것도 궁성울타리의 일종의 경계표식이다.

- 히모로기는 《일본서기》 신대권에 나오는 반경(磐境, 바위의 지경)이다. 반경은 돌로 만든 울타리 즉 신롱석이다.

신롱석을 령역의 경계표식으로 주장하는 사람들의 견해에는 일리가 있다. 신령이 깃든 산을 돌담으로 에워싸고 그것을 감나비 즉 신령이 깃든 산이라고 부른것은 그럴듯 하다. 그런데 문제는 그러한 신령이 도대체 무엇인가 하는데 있다.

바위를 까내여 그것을 네모나게 다듬어 그 돌을 줄지어 포개놓고 그우에 관축한 흙담을 구성한다던가 하는것은 그리 쉬운 일이 아니다. 그러한 로역을 진짜 신령이 해낼수는 없다. 산성을 쌓고 그안에 사는 사람(집단)들을 신령이라고 원주민들이 불렀을수 있는데 그것은 신비로운 재간, 기술을 가진 이주민이라는 뜻에서 나왔다고 볼수 있다. 실례로 부젠(오이다현) 가하루신을 일명 신라신이라고 해오는데 이것 역시 신 즉 이주민을 가리킨것이라고 볼수 있다.

이미 본바와 같이 일본렬도에 진출한 조선이주민들은 원주민들에게 벼생산기술을 비롯한 문명사회의 모든 우수한것을 전하였다. 그리하여 원주민들은 조선사람을 바다에서 온 신이라 하여 아마히도(天人, 海人)라고 하였다. 이미 보았지만 일본말 《아마》는 하늘(天) 또는 바다(海)란 뜻이며 하늘에서 내리는 비(雨)를 아메(아마)라고 하였다. 다른 한편 조선사람들 역시 오래동안 아마히도 즉 신령의 후예로 자처하였다. 일본이 후세에 조선사람의 자손들을 신의 후예로 자처하지 못하게 통제하였다는 사실*은 그것을 잘 말해주고있다.

* 교본《국사안》(도꾜제국대학장판, 사학회간생, 1902년, 93페지)에는 다음과 같이 적혀있다.《헤이죠(平城)의 조정때 삼한제국의 귀화인이 신의 후손(神孫)으로 모칭하는것을 금하였다.》

감나비산이란 신령, 하느님이 틀고앉아 살고있는 산을 가리켰다. 어떠한 신령, 하느님인가? 그것은 조선이주민집단 또는 그 우두머리를 가리켰다. 조선식산성에는 후세에 이러저러한 구비전설들과 그와 관련한 지명, 산성이름들이 전하는데 그것은 대개 《신》, 《무서운 산귀신, 도깨비》, 《오로찌(큰뱀)》, 《말목장》 등이다. 이러한 구비전설에는 산성의 주인을 두려워하고 존경하는 순박한 마음들이 그대로 반영되여있다.

현재 고고학적발굴조사에 의하여 확인된 모든 조선식산성은 에누리없이 이른바 감나비산이다. 감나비산은 크건작건 한때 조선이주민집단이 흙이나 돌로 저들이 거처하는 둘레를 성벽으로 둘러쳐 외부로부터의 침습을 막게 한것이였다. 서부일본 여러곳에 있는 감나비산은 앞이 탁 트이고 그 앞벌에 평야지대가 펼쳐져있다. 따라서 감나비산 앞벌 또는 그 가까이에는 반드시 무덤떼를 비롯한 여러가지 조선적인 문화유적이 존재한다.

실례를 들어보자. 노리또(祝詞)의 하나인 《이즈모노구니노 미야쯔꼬가무요가》(出雲國造神賀詞)에는 《오나무찌의 넋은 오미와의 감나비에 틀고앉고 아지스가다까소네의 넋은 가쯔라기의 가모의 감나비에 틀고앉고 가야나루미노 미꼬도의 넋은 아스까의 감나비에 틀고앉는다.》라고 하였다. 여기서 말하는 아스까의 감나비란 야마또아스까(나라현)의 아마가시노언덕을 말한다. 아마가시노언덕은 전형적인 감나비산이라고 한다. 아마가시노언덕에는 소가 에미시와 이루까의 궁전이 있었으며 또 조선식산성이 있었다.

오나무찌의 넋이 틀고앉은 미와(三輪)산(나라현)의 감나비에 궁실을 지었다는것*도 거기에 반드시 울타리(瑞籬)가 설치되였을것을 생각하게 한다. 거기에도 조선계통이주민이 살았고 산성이 있었다고 보아 틀림이 없을것이다. 미와산의 가까운 곳에 하시하까(箸墓)라는 큰 규모의 전방후원무덤이 있다.

　　* 《일본서기》 권1 신대 상 제8(1서 6)

가쯔라기(나라현)의 감나비에도 이주민계통인 가쯔라기세력이 있었던것으로 추측되므로 거기에도 또 산성이 있었을수 있다. 가쯔라기는 백제계통인 소가씨가 야마또남부지대에 진출하기 전 그들의 본거지였다. 그리고 가쯔라기(葛城, 葛木)라는 말자체가 가라기(韓城)(조선산성)라는 말에서 전화된것으로 리해된다.

이처럼 고대로부터 감나비산으로 불러온 산들에는 대체로 조선식산성이 있었을수 있다. 그러므로 감나비산으로 불리우는 산은 조선식산성존재의 후보지로 볼수 있다.*¹ 쯔꾸시 이와이가 도망쳐 들어갔다는 보리산(후꾸오까현) 역시 감나비산이다. 이즈모(시마네현)지방에는 《이즈모풍토기》에 의하면 감나비산이 오우 아이까, 다떼누이, 이즈모 등의 고을들에 있다. 그곳 역시 옛적에는 조선식산성이 있었던것으로 보인다. 그 감나비산의 앞벌에는 야요이문화시기의 여러 유적을 비롯하여 조선적문화유적*²이 수많이 전개되여있는것도 그런 가능성을 말해준다.

　　*¹ 확정되지는 않았지만 조선식산성이 있는것으로 알려진 빙고(備後)의 감베정(神邊町. 감나비)에는 이바라기(茨城)산성이 있으며 오까야마현 쯔야마(津山)에 있는 감나비산도 그앞에 전개되는 사라야마무덤떼의 존재로 보아 조선식산성일수 있는 가능성이 크다.

*² 이즈모군의 감나비산(불경산·366m) 동쪽에는 1984년에 358자루의 놋단검이 발견되여 유명해진 고진다니(荒神谷)유적이 있다. 이 유적이 불경산과 어떠한 관계에 있는가는 앞으로 연구해야 할 문제이다.

기본적으로 고지성집락이 집중적으로 분포되여있지 않은 북규슈나 이즈모, 이나바(돗도리현), 히와호(시가현)주변 및 야마또지방에는 이미 야요이문화시기 말기에는 조선식산성이 축성되였을것이다. 그것을 증명해주는것이 《고사기》나 《일본서기》, 《이즈모풍토기》 등의 옛 기록들에 전하는 산성관계 기사이다.

스사노오노미꼬도가 이즈모지방에서 여덟머리의 여덟꼬리 오로찌(큰뱀)를 퇴치했다는것은 그 오로찌의 길이 즉 조선식산성벽이 여덟개 계곡에 걸쳤고 거기에 8명의 우두머리가 있었다는것을 보여주는것이다.* 이와 류사한것을 야마또다께루설화에서도 찾아볼수 있을것이다.

* 《고대일한교섭사단편고》창문사, 1956년, 89~90페지

《일본서기》에 의하면 소국들을 통합하기 위하여 야마또 다께루라는 용감한 무사를 싸움에 내보냈다고 한다. 야마또다께루는 오미 즉 시가현 이부끼산에 있던 오로찌와 대격전을 벌렸는데 그때 입은 상처로 하여 결국 죽고만다.*

* 《일본서기》권7 경행기 40년, 이해는 《일본서기》기년에 의하면 110년에 해당하고 그 년대는 믿을수 없고 인물 역시 실재한 인물이 아니다.

여기서 야마또 다께루와 싸웠다는 이부끼산의 사나운 귀신이 오로찌로 변신하여 싸웠다는것은 매우 시사적이다. 오로찌란 조선말 《어른치》로서 큰 사람, 우두머리란 뜻이라고 한다. 산의 릉선을 따라 축조한 성벽이 멀리서 보면 꿈틀거리는 뱀모양과 같다는데로부터 이 말이 유래하였다는것은 일본학자가 이미 말한바 있다. 물론 야마또 다께루란 실재하지 않았던 인물이기는 하지만 이 설화는

그와 비슷한 장수격의 어떤 인물이 기내 야마또정권의 통합정책에 따라 오미지방에 가서 야마또정권에 복종하지 않은 오로찌로 대변되는 지방호족 즉 소국의 세력과 싸웠다는 력사적사실을 반영하고있는것으로 볼수 있다. 그것을 뒤받침해주는 자료로써 그 부근에도 조선식산성이 실지로 존재하였다는것을 들수 있다. 즉 야마또 다께루가 이부끼산에 돌격해들어갔다가 오로찌의 타격을 받고 정신이 혼미해졌다가 이부끼산아래의 《사메가이》라는 곳에서 샘물을 마시고 깨여났다고 한다. 현재 시가현 사까다군 요네하라정 사메가이촌 부근, 가부또산〔일명 무까이야마(向山)〕에 실지로 조선식산성유적이 있다.*

* 《시가현 사적천연물조사회보고서》1934년, 《력사지리》16권, 3호 《오미국 사메이가촌에서 발견된 신롱석모양의 렬석》

산은 표고 308m로서 남, 북 그리고 가운데의 세 봉우리로 구성되여있다. 꼭대기부근에 산을 에둘러 30cm정도로 깬 석회암을 높이 1m, 너비 1.5m정도 되게 쌓아올린 렬석이 있다. 그가운데서 가장 큰 렬석은 길이 150m, 너비 55m의 타원형렬석이다. 렬석은 산꼭대기를 에워싸듯이 계속되여있다. 아마도 사메가이 가부또산에서 싸운것이 어느덧 세월이 지남에 따라 이부끼산으로 와전되고 또 사메가이가 중요한 장소였다는데로부터 다께루가 거기서 깨여났다고 한것 같다.

이밖에도 이즈모지방에서는 오래전에 산성이 축조된 사실을 전한다. 《이즈모풍토기》에는 오하라고을에 기나비산(城名樋山) 즉 성의 감나비산이 있는데 이렇게 이름짓게 된것은 오나무찌가 야소신(八十神)을 치기 위해 성을 쌓았기때문이라고 하였다.* 오나무찌는 오래된 조선이주민집단이다. 그리고 야소신이란 원주민계통의 뭇신들을 형상적으로 부른것이다. 오나무찌는 대체로 야요이문화시기 중말엽에 활동한것으로 되여있다. 바로 《이즈모풍토기》에는 고분문화시기이전의 아주 이른 시기에 이즈모지방에 성이 축조된 사실을 전하고있는것이다. 또 그것은 끼(城)라는 고대조선말로 불리운데서 알수 있는바와 같이 조선적인 성이였음은 쉽게 추측할수 있다.

* 《풍토기》 이와나미서점 1976년, 243페지

 이처럼 서부일본에 있는 조선식산성의 축조시기는 지역마다 다르다. 조선과의 지리 및 해류관계로 조선이주민집단이 보다 많이 진출, 정착한 곳에서는 벌써 야요이문화시기에 조선계통소국이 형성되고 그 방어시설로서 조선식산성이 축성되였으며 좀 뒤늦게 소국이 형성된 곳에서는 고분문화시기에 들어와서 조선식산성이 축조되게 되였다. 따라서 야요이문화시기 중, 말엽이나 고분문화시기초에 축성된 성들은 규모도 작았을것이고 재료도 **흙**이나 **흙과 돌**을 섞은 **흙담**일수 있다. 산성의 규모와 공고성은 소국이 강화됨에 따라 끊임없이 수축되여 확장, 보강되였을것이다.
 조선식산성과 결부하여 이야기할것은 산성축조자에 대한 문제이다. 산성축조자문제는 산성축조의 시기문제와 밀접하게 관계된다. 일본에 있는 조선식산성은 말그대로 조선사람의 산성이다. 그런데 일본학자들은 이것을 부인하면서 축조시기를 6세기 중엽이후로 끌어내려 야마또정권시기의 축조로 묘사하려고 시도하고있다. 이런 조건에서 명백한 사실이지만 다시한번 조선식산성은 조선사람이 쌓은것이라는것을 자료적으로 론증, 강조하고 넘어가려 한다.

2) 조선식산성의 축조자

 일본학자들이 서부일본 여러곳에 있는 조선식산성의 존재를 묵살하고 잘 조사해보지도 않으면서 산성축조자를 일본사람으로 묘사하려는 까닭은 서부일본에 존재한 조선소국을 부인, 말살하려는데 있다. 또한 그것은 일본이 태고로부터 통일국가였다는 《황실》사관에 기초하고있는데 있다.
 일본사람들이 조선식산성을 6세기 중엽이후 또는 7세기 후반으로 보는 근거는 그때가 야마또정권에 의하여 서부일본지역의 통일이 기본적으로 실현된 때이며 또한 《일본서기》에 다음과 같은 기사가 있기때문이다.
 즉 백제가 멸망한지 4년이 지난 664년(천지 3년)에 쯔시마섬, 이끼섬, 쯔꾸시(규슈) 등지에 변방방위병과 봉수를 배치하고 쯔꾸시에 큰뚝을 쌓았다는것, 그 이듬해에 백제로부터 온지 얼마 안되는 달솔 억례복류, 사비복부 등의 지휘밑에 쯔꾸시에 오노성과 기성을 쌓았고 달솔 탑본춘초는 나가또(야마구찌현)에 성을 쌓았다는것, 667년(천지 6년)에는 쯔시마에 가나다성, 사누끼(가가와현)에 야시마성, 야마또(나라현)에 다까야스성을 쌓았으며 670년에는 다까야스성을 수축하고 거기에 량곡과 소금을 저장하였다는것, 나가도에 1개 성과 쯔꾸시에 2개 성을 쌓았다는것, 698년에 오노, 기이, 기꾸찌의 3개 성을 보수하고 699년에는 미누, 이나끼의 2개 성을 수축하였다는것이다.

　　일본학자들은 이 축성기사 몇가지를 절대화하여 서부일본의 모든 조선식산성의 축성년대를 처음에는 7세기 후반기라고 하다가 그후 야마또정권에 의한 서부일본통합시기가 점차 4세기말로부터 6세기 중엽으로 내려가자 산성축성시기도 그에 맞게 끌어내리였다. 그러나《일본서기》의 필법을 참작할 필요가 있다.

　　《일본서기》는 산성축조를 그때가 처음인듯이 써놓았지만 사실은 그렇지 않고 이미 있던 산성을 수축한것도 있었다는것을 말할수 있다.

　　백촌강싸움에서 패한 달솔 억례복류 등 백제의 여러 장수들은 일본에 가자마자 시급히 산성축조에 달라붙는다. 그리고 목전정세의 긴박성으로 하여 빠른 기간안에 산성을 완공했던것이다. 산성축조를 몇해 끌었다는 말이 없는것으로 보아 그들은 짧은 기간에 산성을 쌓았을것이다. 그러자면 이미 있는 산성들을 증축, 보축하였을 가능성이 많다. 그러한것을《일본서기》편찬자들은 처음으로 되는 축조인것처럼 써놓았을수 있다. 그러한 실례로 요사미못(池)수축공사이야기를 들수 있을것이다.

　　《일본서기》숭신기[권5 62년(B.C. 36년) 10월]에는《겨울 10월에 요사미못(오사까부)을 만들다.》라고 씌여있는데 퍽 후세의 기록인《추고기》[권22 15년(607년) 기해]에 역시《가와찌국에 도까리못, 요사미못을 만들다.》라고 하였다. 같은 못에 대하여 두번씩이나 만든것처럼 써놓았다.《추고기》의 기사는《일본서기》숭신기의 기사에 나오는 오랜 못을 수축한것으로 리해된다. 조선에서도 그런 실례들이 적지 않다. 따라서 조선식산성기사가 천지통치시기에 처음 나왔다고 하여 그때가 곧 첫 축조였다고 단정할 근거는 없다. 사실 《일본서기》에도 이때 처음 쌓았다고 찍어말하지는 않고있는것이다. 그리고 《일본서기》의 기록에 없는 이와끼산산성, 기노죠산성, 에이노산산성, 라이산산성, 오부구마산성, 죠야마산성 등의 조선식산성은 축성시기가 밝혀져있지 않다. 더 말할것도 없이 이런 산성들은 천지통치시기(7세기)보다 앞서 축조된것이다. 《일본서기》에 천지통치시기에 축성하였다고 한 가나다성, 오노성 등도 야마또정권이 쌓은것이지만 따져보면 그것도 백제장수들이 지휘하여 쌓은것이다.

당시 야마또정권은 백제의 영향을 크게 받으면서 백제를 고국으로 받들던 존재였다는것도 참작할 필요가 있다.

백제가 망한 다음 귀족들과 인민들은 일본으로 피신하여 국권회복을 기도한다. 그러다가 백제유민들과 그들을 적극 지원하는 일본에 대한 신라, 당의 있을수 있는 침공을 막기 위해 야마또정권은 백제의 망명장수들과 힘을 합하여 서부일본의 배길의 요소마다에 산성을 수축하였다. 그때 서부일본에 널려있던 조선계통소국들의 산성이 아주 시기적절하게 리용되였을것은 사실이다.

그러나 서부일본에 있는 여러 산성들의 립지조건은 조선에 오는 라당련합정벌군을 막기 위한것으로 보기는 힘들다. 서부일본에 있는 조선식산성은 례외없이 평야를 그러안을듯 평야를 굽어보는 위치에 쌓았다. 그 작은 평야에는 무덤떼들이 있다. 이것은 그 평야에 사람들의 집단인 정치세력이 있었다는것을 의미한다. 그리고 산성의 위치는 그 평야의 주민집단을 보호하기 편리한 곳에 있다. 그것은 일본학자들이 말하는것처럼 7~8세기에 이르러 《대륙으로부터의 침공에 대한 방어를 위해 만들어졌다.》고 하기에는 너무나도 엉뚱한 위치와 방향에 놓여있는것이다. 다시말하여 총체적으로 북규슈와 세또나이해에 림한 산성들은 제가끔 해당 지방을 방위하기 위해 축성되였지 바다건너로부터 오는 침공을 막기 위하여 쌓은 요새는 아니였다.

물론 《일본서기》에 7세기 중엽 백제사람들이 쌓았다고 하는 몇 개의 산성들은 이미 본바와 같이 조선남해쪽으로부터 쳐들어오는 세력을 막는데서 일정하게 군사적의의를 가지는 요충지들에 있는것으로 볼수 있다. 실례로 북규슈의 가나다성(쯔시마), 오노성, 기이성은 당시 북규슈의 정치군사적중심지였던 태재부를 지키기 위한 일직방어선을 형성하고있다고도 볼수 있다. 그것은 세부리산지와 삼군산지사이에 있는 평야(통로)를 차단하고 지키기 위한 방어선으로 될수 있었을것이다. 또한 나가도성, 야시마성, 다까야스성은 세또나이해의 물목을 지키고있다. 아마도 백제사람들은 7세기 60년대~70년대에 조성된 군사정세에 맞게 이미 그곳에 있던 그 산성들가운데서 효과적인것들을 골라 수축했던것으로 보인다. 그러나 여러 지방의 조선계통소국들을 방위하던 산성들은 그들의 선택대상으로 되지 않는다. 대표적인 실례로 조선반도에서 야마또로 가는 길목을 피해 앉아있는 구마모또현의 기꾸찌성을 들수 있다. 그 산성은 《일본서기》의 기록에는 안 보이지만 거기서 나온 백제양식의 기와막새는 아주 오래된것에 속하며 같은 백제양식이지만 오노성, 기이성의 기와무늬와는 계보를 달리한다.*

　　* 《기꾸찌성터》(鞠智城址) 구마모또현 문화재조사보고 제59집, 구마모또현 교육위원회편, 1983년, 92페지. 기꾸찌성은 오래동안 구꾸찌 즉《국지》라는 조선식발음으로 불러오던 성이다.

기노죠산성 역시 마찬가지이다. 만일 기노죠산성이 세또나이해를 통과하는 당, 신라원정군을 방어, 저지할 목적으로 쌓은것이라면 당시 섬이였던 고지마섬쯤에 자리잡아야 할것이다. 그러나 기노죠산성은 고지마섬앞바다에서 훨씬 내륙으로 들어간데 자리잡고있는것이다. 기노죠산성은 《일본서기》에 아무런 기록이 없다. 그리고 축성방식도 요소마다 각이하다. 이것은 그 산성이 여러 세기에 걸쳐 여러번 수축, 보강되였다는것을 말해준다.

계속하여 조선식산성의 축조자에 대하여 보기로 한다.

8세기에 편찬된 《하리마(효고현)풍토기》 가미사끼군 기무레산조에는 《전해내려오는 말에 의하면 〈호리끼〉란 곳이 있는데 호무다 《천황》(응신천황)때 건너온 백제사람들이 그 풍속을 따라 성을 만들고 살았다.》고 밝혀 씌여있다. 그리고 《일본서기》에서는 응신 《천황》이란 재위기간이 270~310년이며 《고사기》에서는 394년에 죽었다고 하였다. 당시 하리마지방은 야마또정권의 지배하에 있지 않았다. 《풍토기》에 명백히 밝혀져있듯이 아주 이른 시기에 조선에서 일본렬도로 건너간 이주민집단은 본국에서 하던 관습대로 성을 쌓고 살았던것이다. 또한 《고사기》와 《일본서기》에 의하면 일본에 건너간 조선사람들이 《쯔즈끼》라는 조선식산성을 쌓고 살았다는것을 전하고있다. 《일본서기》(권11 인덕기 30년 9월)에는 인덕의 처가 야마시로에 가서 쯔즈끼노오까의 남쪽에 궁실을 짓고 살았다고 하였다. 그런데 같은 기사를 적은 《고사기》에는 인덕의 처가 누리오미라는 쯔즈끼의 가라히도(韓人) 즉 조선사람의 집에 들어가 살았던것으로 되여있다.(하권 해당조) 《신찬성씨록》(가와찌 제번)에 의하면 누리오미의 출신은 백제국이며 그는 아마노 무라지의 조상 되는자라고 한다.

《쯔즈》란 고대조선말 《두두》로서 그것은 언덕, 산, 둑을 가리키는 말이며 《끼》란 조선의 세나라시기에 성을 이르던 말이였다. 따라서 《쯔즈끼》는 산성을 의미하는것이다. 지금도 라이산산성은 《쯔즈끼》로 부른다고 한다.

이밖에도 산성의 주인을 명백히 조선사람으로 규정한 《정사》의 기록도 있다. 《일본서기》(권4 웅략즉위전기, 권15 현종 원년 5월)와 《고사기》(하권 안강왕)에는 《오미국(시가현)의 사사끼의 산의 임금인 가라부꾸로》이야기가 자주 나온다. 그는 오미지방의 일정한 세력가였다. 그는 사사끼산의 임금이며 사사끼산은 곧 사사라는 끼(城, 木) 즉 산성이였다. 따라서 그의 이름을 통하여 알수 있는것은 사사라는 산성이 있어 거기에서 임금노릇을 하는 가라부꾸로라는 뜻이다. 그의 성을 가라(韓)라고 한데서도 알수 있는바와 같이 그는 조선계통이주민집단의 우두머리였다. 그렇기때문에 사사끼산이라는 산성의 임금(君)으로 될수 있었던것이다.*

* 사사끼씨는 후세에도 오미국 가모오군의 장관(大領) 등 지방토호로 세력을 떨치였다.

사사끼산은 가모오군 아즈찌정일대에 있는 오늘의 간논지산(觀音寺山)이다. 거기에는 지금도 조선식산성유적이 있다. 산성에는 계곡을 안은 수문이 있어 물원천이 많다고 한다. 산을 둘러싼 흙담이 있으며 산기슭에는 효탄야마무덤을 비롯하여 수십기로 이루어진 무덤떼가 있다. 그리고 주변에는 사사끼(沙沙貴)의 이름을 단 신사와 마을이 있으며 계곡줄기에는 조선의 아라(安羅)에 유래한 《아라시가》라는 곳이 있다.

이렇게 일본에 있는 조선식산성은 말그대로 조선사람이 쌓고 조선사람이 그안에서 살았으며 주인노릇을 했던 곳이다.

조선식산성은 일찌기 우리 학계가 제기한바와 같이 일본렬도내 조선소국의 상징이였다. 그것은 그와 같이 거대한 산성을 쌓는다는 것자체가 일정한 지역의 토지와 인민을 지배, 통제한 국가권력의 존재를 보여주기때문이다. 실례로 비교적 작은 규모의 가게노마산성을 쌓는데 가령 1간(약 1.8 m)당 평균 40공수가 필요하다면 1 440간을 쌓는데는 5만 7 600공수가 든다. 또 오비구마산성인 경우 2 500m의 렬석을 두르는데 적게 보아도 4만 1 000공수가 드는것으로 된다.* 물론 산성이 자기 면모를 갖추려면 추산된 공수의 10~20배가 들어야 할것은 더 말할것 없다.

* 《고대일한교섭사단편고》 창문사, 1956년, 89~90페지

기비 기노죠산성과 오메구리산성을 답사한 일본의 대표적고고학자들은 한결같이 《이만한 산성을 축성할수 있다면 고분 같은것을 만드는것은 아무렇지도 않았을것이다.》라고 느꼈다 한다.*

* 《서일본 고대산성의 연구》 1985년, 명저출판, 288~289페지

일본학계는 오래동안 가와찌에 있는 다이센무덤, 곤다야마무덤의 규모와 축조에 든 연 인원을 두고 《이만한 크기의 무덤을 축조할수 있는 정치군사적권력으로 보아 인덕, 웅신시기에는 전국을 통일했을것》이라는 억지론리를 내돌리였다. 하지만 인덕릉, 웅신릉이

라는 다이센무덤, 곤다야마무덤은 5세기말~6세기초의것이다. 그와 같은 큰 무덤은 사실상 아무리 크다 해도 평지대에 흙을 쌓아올릴뿐 산지에 바위돌을 올려쌓은 기노죠산성의 축성에 비해볼 때 그리 큰 문제가 될수 없다. 바로 기노죠산성과 같은 대규모산성을 쌓은 것이야말로 기비 가야지방을 지배한 조선계통소국의 상징이라고 말할수 있을것이다.

3) 조선식산성의 분포정형

서부일본의 여러곳 특히 조선이주민정착분포지에는 조선식산성이 있었을수 있다고 생각되는 유적과 지명들이 적지 않게 남아있다. 그리고 기록에도 산성이 있었다고 인정되는 기사들이 많이 보인다. 실례로 《일본서기》(권16 무렬 3년)에 《시나노국이 남정들을 징발하여 끼(城)를 미마다옵에 만들라고 하였다. 인하여 기노혜(城上)라고 하였다.》라고 한것이 그것이다. 미마다옵은 야마또국 히로세군(현재 기다가쯔라기)이다. 옛날에 거기에도 일정한 규모의 성이 있었던것이다. 그밖에도 끼가 붙은 지명들이 기록들에 자주 나오는데 그것은 산성과 밀접히 련계되였던 곳이다. 실례로 《일본서기》에 나오는 《磯城, 磐城》 등이 그것이다. 그밖에도 앞에서 본바와 같이 감나비산들이 도처에 있다. 모든 감나비산이 다 그럴수는 없지만 적지 않은 감나비산에는 한때 조선식산성이 있었을것이다. 그리고 기비지방에는 기노죠산성, 오메구리산성 등 큰 산성을 중심으로 여러개의 작은 규모의 산성들도 있었다.*

* 《성》 사회사상사, 1984년, 95페지

아래에 제시하는 산성분포는 현재 확인된 조선식산성과 그 후보지로 지목된 산성을 우에서 말한 유적과 지명, 기록에 기초하여 작성하였다.

조선식산성의 분포정형을 더 명백히 하기 위하여 산성의 립지조건과 무덤떼와의 관계를 보기로 한다.

서부일본 여러곳에 있는 조선식산성의 위치는 조선에 있는 삼국시기의 산성위치와 꼭 같다. 조선산성의 립지와 산성의 특성을 보면 다음과 같다.

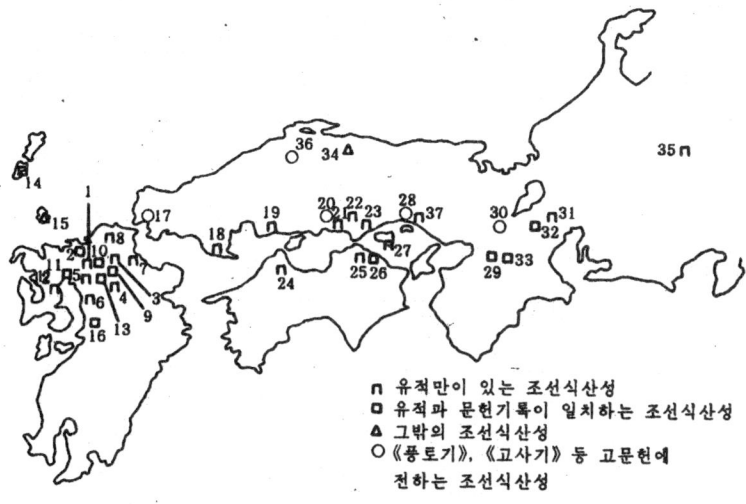

조선식산성분포도

조선식산성분포일람

지도번호	산성이름	현소재지	옛 국명	표고 (m)	성벽 길이(km)	수문 (개)	성문 (개)
1	라이산산성 (雷山)	후꾸오까현 이또지마군	찌꾸젠	400	2.3	2	
2	이도성 (怡土)	후꾸오까현 이또지마군	찌꾸젠		4.5	4	3
3	가게노마산성 (鹿毛之馬)	후꾸오까현 가호군	찌꾸젠	50～80	2.2	1	
4	하기산성 (杷木)	후꾸오까현 아사구라군	찌꾸젠	150～245	2.25	2	
5	고라산성 (高良)	후꾸오까현 구루메시	찌꾸고	312	2.8	2	
6	죠야마산성 (女山)	후꾸오까현 야마도군	찌꾸고	200	3.0	4	1
7	고쇼가다니 산성(御所谷)	후꾸오까현 유구하시시	부젠	250	2.6～3.0	1	5

표계속

지도번호	산성이름	현소재지	옛국명	표고(m)	성벽길이(km)	수문(개)	성문(개)
8	유가와산성 (湯川)	후꾸오까현 무나가다군	찌꾸젠	400		추정수 6 현존 2	
9	오노산성 (大野)	후꾸오까현 오노시	찌꾸젠	400	8.6	1	3
10	미즈끼 (제방둑) (水城)	후꾸오까현 쯔꾸시군	찌꾸젠		1.0		2
11	오부구마산성 (帶隈)	사가현 사가시	히젠	178	2.4	3	1
12	오쯔보산성	사가현 다께오시	히젠	66.1	1.87	4	2
13	기이산성 (基肄)	사가현 미야끼군	히젠	415	3.9	2	4
14	가네다성 (金田)	나가사끼현 시모아가다군	쯔시마	275	2.2	3	3
15	쯔즈끼 (筒城)	나가사끼현 이끼군	쯔시마				
16	기꾸찌성 (鞠智)	구마모도현 가모도군	히고	160	5.0	1	2
17	나가도성 (長門)	야마구찌현 시모노세끼시	나가도				
18	이와끼산성 (石城)	야마구찌현 구마게군	수와	359.7	2.53	4	2
19	아끼성 (安藝)	히로시마현 도요다군	아끼	500		1	
20	쯔네끼 (常城)	히로시마현 아시시나군	빙고	500	3.0		
21	이바라기성 (茨城)	히로시마현 후꾸야마시	빙고				
22	기노죠산성 (鬼城)	오까야마현 소쟈시	빗쮸	400	2.8	5	3
23	오메구리 산성(大廻)	오까야마현 오까야마시	비젠	200	3.5	3	3

표계속

지도번호	산성이름	현소재지	옛국명	표고(m)	성벽길이(km)	수문(개)	성문(개)
24	에이노산성 (永納)	에히메현 도요시	이요	132.4	2.55	2	3
25	기야마산성 (城山)	가까와현 사까데시	사누끼	462	4.0	1	1
26	야시마성 (屋島)	가까와현 다까미쯔시	사누끼	280			
27	호시가끼 산성(星城)	가까와현 쇼도군	비젠	817			
28	기무레산성 (城牟礼)	효고현 가무사끼군	하리마				
29	다까야스성 (高安)	오사까부 야오시	가와찌	488			
30	쯔즈끼 (筒城)	교또부	야마시로				
31	가부도산성	시가현 사까다군	오오미	308			
32	간논지산성 (觀音寺)	시가현 가모오군	오오미				
33	가라야마 고레이산성 (孝靈山, 高麗)	돗또리현 사이하꾸군	호끼				
34	아마가시 언덕	나라현 다까이찌군	아스까 시나노				
35	가스미가죠 산성(霞城)	나가노현 나가노시	이즈모				
36	기나비산성 (城名樋)	시마네현 오하라	이즈모				
37	기노야마 산성(城山)	효고현 이히보군 신구정	하리마				

① 산성은 평야가 내려다보이는 산릉선 또는 산꼭대기에 축성한다. 주변일대에서 제일가는 방어적요충지이면서 전망이 좋은 위치에 자리잡는다.

② 산성은 반드시 하나이상의 계곡을 싸며 주변봉우리의 꼭대기아래부분의 바깥쪽을 성벽으로 둘러친다. 계곡을 안는다는것은 물부족을 느끼지 않고 그안에 거처할 집과 창고를 지을수 있다는것을 의미하며 따라서 많은 군사를 수용할수 있게 한다. 또 성안에서는 바깥형세를 감시할수 있으나 바깥에서는 성안의 동정을 엿볼수 없다.

가야의 목마(牧馬)산성은 작은 산성으로서 하나의 계곡만을 안고있지만 신라의 남산성이나 고구려의 대성산성과 같은 큰 산성들은 여러개의 계곡을 안고있다.

③ 조선사람의 창조성이 전형적으로 구현되여있는 성의 수문돌담구조는 장마철에 갑자기 물이 불어나도 허물어지지 않게 재치있는 돌쌓기법으로 견고하게 쌓아져있다. 말하자면 수문구조에 조선고유의 석축법이 표현되여있다. 라이산성에서 특히 수문부분을 오래동안 쯔즈끼라는 조선말로 불러온것도 그와 같은 사정에 유래한다.

이처럼 조선식산성은 물원천이 풍부한것이 특징적이다. 따라서 산성의 형태가 어떻든지간에 조선의 산성은 하나이상의 계곡을 안고있다. 산성을 크게 쌓으면 여러개의 계곡을 포괄하게 되는것이요 작게 쌓으면 한둘의 계곡밖에 포괄하지 못한다. 이러나저러나간에 일본에 있는 모든 조선식산성은 시내 또는 계곡을 포함한것임에는 틀림없다.

조선의 산성은 산성앞벌에 무덤떼가 있는것이 또 하나의 특징이다. 모든 산성이 그렇지는 않지만 나라의 도읍지로 정한 뒤산에 위치한 무덤과 산기슭의 무덤떼는 불가분리의 관계에 있어 유기적 일체를 이룬다. 그러한 실례로서 고구려의 대성산성과 산기슭의 무덤떼, 재령의 장수산성과 산기슭의 무덤떼, 전라북도 익산에 있는 백제의 미륵산성과 무덤떼, 고령에 있는 대가야의 주산(主山)산성과 지산동무덤떼, 목마산성과 창녕 교동무덤떼 및 송현동무덤떼, 아라가야의 함안성산(城山)산성과 말이산무덤떼, 성주성산(星山)산성과 선산동무덤떼 등을 들수 있을것이다. 그리고 산성과 무덤떼 주변에는 기본적으로 소국의 왕이 살던 집 즉 왕궁이 있었다.(고구려는 제외)

　이와 같은 일체를 이룬 조선의 산성과 무덤떼, 평야, 왕궁자리는 그냥 그대로 일본에 옮겨졌다. 그것은 조선이주민들이 서부일본에 진출하여 고국과 꼭 같은 생활방식으로 도읍지를 형성하였기때문이다. 일본에서는 많은 경우 산성앞벌에 7세기이후의 고꾸후(國府)라는 지방소국의 정치행정중심지가 자리잡게 되는데 그것은 그 지대가 옛날부터 지방소국의 정치, 문화의 중심지였기때문이다. 야마또국가는 대체로 지난날의 소국도읍지를 답습하여 7세기이후의 지방소국의 행정기관으로 들어앉게 된것이라고 볼수 있다.

　서부일본에 있는 조선식산성과 무덤떼와의 관계를 표로 제시하면 다음과 같다.

　산성의 위치와 무덤떼와의 긴밀한 관계는 37개가 대체로 비슷하다고 생각되지만 다음 10개의 례는 그가운데서도 전형적인것이라고 할수 있을것이다.

조선식산성과 무덤떼분포일람표

번호	산성이름	산성위치	무덤떼	국부관계	비고
1	라이산성	세부리산맥 남쪽 봉우리에 자리잡고있으면서 북으로 펼쳐진 이도지마평야를 부감하는 군사적요충지로 자리잡음	이끼산죠시즈까무덤, 스끼사끼무덤을 비롯한 여러 무덤떼가 집결됨		

표계속

번호	산성이름	산 성 위 치	무 덤 떼	국부관계	비 고
2	고라 산성	동서로 련결된 미노산맥의 서쪽 끝에 위치해 있으면서 히젠, 지꾸고, 부젠의 요충지를 끼며 북으로 지꾸고 강과 평야를 부감하는 위치에 있음	우라야마무덤과 기온야마무덤을 비롯한 무덤떼들이 산성주위에 집결됨	지꾸고국국부	고라산성과 조야마산성은 같은 지꾸고평야의 모서리에 자리잡고 있는데 한결같이 동쪽으로부터 서쪽에 경사지게 산성을 구축하였다. 남북에 대치한 두 산성사이에 야메무덤떼가 있음
3	조야마 산성	고라산성과 야메군의 평야를 사이에 두고 대치하며 동쪽의 평야를 부감하는 위치에 있음	산성앞벌의 시라기(신라)마을에 전방후원무덤을 비롯한 무덤떼가 집결. 멀지 않은 곳에 이와또야마무덤을 비롯한 야메고분떼가 집결		
4	가게 노마 산성	옹가강의 중가운데류역의 소분지를 부감하는 75m 높이에 위치해있으면서 옹가, 가호의 두 평야를 부감함	다께하라장식벽화무덤과 야마노가미무덤 및 다다구마무덤 등이 산성 앞벌의 구릉 등지에 집결		
5	고쇼 가다니 산성	부젠 미야꼬평야를 부감하는 250m 높이의 산에 위치해있음	비와노구마무덤, 다찌바나무덤, 아야즈까무덤을 비롯한 무덤떼들이 집결	부젠국국분사	
6	기노죠 산성	기비고원의 남단에 위치해있으면서 남부의 소쟈분지를 부감하는 위치에 자리잡음	일본에서 네번째로 크다고 하는 쯔꾸리야마무덤(350m) 등 크고 작은 수백기의 무덤떼가 산성앞벌에 밀집해있음	빗쮸국국부	

표계속

번호	산성이름	산성위치	무덤떼	국부관계	비고
7	오메구리고메구리산성	요시이강과 아사히강이 흐르는 오까야마평야를 부감하는 위치에 있음	료구야마무덤과 모사 오즈까무덤을 비롯한 크고 작은 여러 무덤떼가 산성주위의 벌과 구릉들에 집결됨	비젠국국부	
8	오부구마산성	세부리산지의 남쪽 끝머리에 위치해있으면서 사가평야를 부감하는 위치에 있음	세끼교마루무덤, 이마야 마후나즈까무덤, 히젠 죠시즈까무덤, 니시노구마무덤 등 수많은 무덤떼가 집결됨	히젠국국부	
9	다까야스성	가와찌충적평야를 부감하는 위치에 자리잡음	모즈무덤떼와 곤다무덤떼가 산성 앞벌에 전개됨	가와찌국국부	
10	아마가시노오까	나라분지를 부감하는 위치에 자리잡음	이시부따이무덤을 비롯한 무수한 무덤들이 있음	아스까사와 력대 여러 왕궁이 있음	

우에 든 10개의 례만 보아도 산성과 무덤, 평야가 일체를 이루고있었음을 알수 있을것이다. 그럴수밖에 없는것이 일본에 있는 조선식산성이란 조선이주민집단이 진출, 정착한 충적평야배후에 비상시에 들어가 방위하기 위하여 쌓은 소국의 군사방어시설이기때문이다.

그리고 일본에서 중세 전국시기(1467~1568년)말이전의 성곽시설이 거의나 다 산성으로 된것은 바로 고대 일본도처에 조선이주민집단이 지은 산성이 존재하였고 그것이 방어시설로서 지배적지위를 차지하고있었기때문이다.

제3절. 인류학적징표와 언어학적구성을 통하여 본 조선이주민들의 정착지분포

지난날 일본제국주의자들은 조선과 일본의 조상이 같다는 이른바 《동조동근》, 《내선일체》론을 고창함으로써 조선민족이 야마또(일본)민족의 곁다리인것처럼 묘사하였다.

제국주의어용사가들이 제창한 반동적《동조동근》론은 조선사람과 일본사람들이 같은 조상, 같은 뿌리에서 나온 서로 매우 가까운 민족이라는것이며 더 나아가서는 일본민족은 밑줄기를 이루고 조선민족은 옆으로 뻗어나간 가지라는것이였다. 이것은 어처구니없는 거꾸로 본 반동적인 론리였다.

원래 조선민족은 단일민족으로서 오래동안 조선땅에서 살았고 조선에서 동방문화를 꽃피워왔다.

조선민족은 인류학적징표에 있어서 일본민족과 다른 고유한 특성을 가지고있다. 조선사람은 일본사람과는 구별되는 인류학적징표를 가지고있다.

사실 일본사람들속에는 적지 않은 조선사람의 인류학적징표를 확인할수 있는것이 있다. 그것은 오랜 옛날에 조선사람들의 일본렬도에로의 대량적이며 계통적인 진출, 정착활동의 결과이다.

1. 인류학적징표를 통하여 본 조선이주민들의 정착지분포상태

조선이주민들의 진출, 정착이전에 일본의 죠몽문화시기의 사회는 인류문명과 격폐된 상태에 놓여있었다. 인류학적으로 볼 때 지역적인 소소한 진화는 있었으나 전반적규모에서는 큰 차이가 없었다. 그러면 일본렬도의 토착원주민(죠몽인)들의 인류학적특징이란 어떤것이였는가.

첫째로, 머리가 앞뒤방향으로 길고(장두) 얼굴은 아래우가 짧고 폭이 넓다.

둘째로, 눈두덩과 미간이 불쑥 나오고 코가 옆으로 퍼졌다.

셋째로, 사지골이 짧고 키가 작다. 남자의 평균키는 157~158cm이다.*

> * 《일본민족의 기원》(일본법정대학출판국, 1984년, 189페지), 《일본인의 뼈》(이와나미서점, 1978년, 65~75페지), 《일본의 고대》(제5권 중앙공론사, 1986년, 127페지) 등을 참고하였다. 죠몽말기의 남자 평균치는 지방마다 약간씩의 차이가 있다. 하지만 남자 평균 157~158cm에 이르지 못한것만은 확실하다.

한마디로 말하여 일본렬도의 토착원주민의 인류학적특징은 까무잡잡하게 생긴것으로서 남양군도나 동남아시아사람들과 매우 흡사하다는 사실이다. 그런데 조선사람은 일본의 원주민과는 달리 조선민족의 고유한 특징을 가지고있다. 그러면 조선사람의 인류학적 표징은 어떤것이겠는가.

첫째로, 머리가 짧고(머리가 둥글다.) 얼굴이 길다.

둘째로, 눈두덩이 낮고 코가 길며 눈초가 높은 평평한 얼굴이다.

셋째로, 사지골이 길며 키가 크다. 남자는 평균 163cm이다.*

> * 1976년에 진행된 김해시 례안리유적(1~6세기에 걸치는 유적)에 대한 조사의 결과 일본학자들이 밝힌데 의하면 대퇴골의 길이로부터 추정한 남자의 평균키는 163.1cm였다고 한다. 이 키는 현대조선사람의것과도 통한다.

이처럼 일본의 토착원주민(죠몽인)들과 조선반도주민들은 인류학적징표면에서 볼 때 큰 차이가 있었다. 문제는 일본렬도의 여러 지역에 조선적인종특징을 가진 주민들이 수많이 분포되여있었다는데 있다. 다시말하여 지금까지 보아온 조선식산성, 고분을 비롯한 조선적유적과 유물의 집중분포지역과 조선적인 인류학적징표를 가진 주민분포가 겹놓이면서 완전히 일치한다는 사실이다.

먼저 일본렬도에서의 조선적특징을 가진 주민분포를 보기로 하자.

일반적으로 주민(옛사람뼈와 현대주민)을 연구한데 의하면 일본에서 야요이문화시기이후의 조선적인종특징을 가진 주민들은 주로 조선에 가까운 서부일본에 많다.* 동부일본에 사는 주민들은 토착원주민(죠몽인)의 특징을 농후하게 가지고있다고 한다.

> * 남규슈지방의 주민들에게서는 조선적특징은 볼수 없고 죠몽인들의 특징이 강하다고 한다.

그러면 더 구체적으로 어떠한 지역들에 조선적인종특징을 가진 주민들이 분포되여있는가.

그것은 먼저 조선과 가장 가까운 북부규슈와 그 주변일대이다. 이 일대는 일찍부터 조선의 농경문화가 전파된 곳이였고 따라서 조선이주민집단의 무덤들이 많은 곳이다.

북규슈 사가현 감자끼군 미쯔 나가다(三津永田)유적과 조선에 면한 야마구찌현 도이가하마(土井浜)유적을 조사*[1]한데 의하면 이 무덤들에 묻힌자들이 한결같이 남자 평균키 163cm로서 현대조선사람의 평균키 163cm와 통한다는것이 확인되였다고 한다. 그리고 최근에는 현해탄에 면한 후꾸오까시 하까따구의 가네노구마(金隈)유적을 조사한 결과 그것은 조선적특징을 가진 이주민집단의 무덤이라는것이 확인되였다. 독무덤에서 136개체분의 인골을 발굴조사한 이 유적에서는 최근에 보존상태가 좋은 성인 남녀 각각 20여개체분이 검출되였고 자세하게 조사되였다고 한다. 그에 의하면 남자 평균키 162.7cm, 녀자 평균키 151.3cm로서 죠몽문화시기 사람들보다 2~3cm 더 크다는것이 확인되였다고 한다.*[2] 그후 일본의 인류학연구자들에 의하여 야요이문화시기의 여러 무덤이 발굴조사된 결과 일본 각지 특히 조선과 가까운 북규슈와 세또나이해연안지역들에 조선적특징을 가진 주민들이 수많이 정착하였다는것이 알려졌다.

> *[1] 도이가하마유적은 야요이문화시기 전기말부터 중기초에 걸친 공동묘지이다. 1931년에 발견된이래 1953년부터 8차례에 걸쳐 학술조사가 진행되여 707개체분의 사람뼈와 껴묻거리가 출토되였다고 한다. 출토된 사람뼈는 조선이주민집단의 일본렬도에 대

한 진출, 정착을 과학적으로 근거짓는 선구적위치를 차지한 획기적인것이였다. 그 조사에 의하여 조선이주민들은 남자 평균키 163cm로서 일본토착원주민들보다도 3cm나 더 높다는것이 확인되였다.

*[2] 니시닛뽕신붕(西日本新聞) 1986년 1월 6일부(석간), 가네노구마유적은 1968년이후부터 조사되였다. 거기에서 나온 사람뼈는 얼굴이 길고 전체적으로 얼굴이 편평하다고 한다. 이것은 조선적특징을 가졌다는것을 말해준다. 이 유적이 조선이주민집단이 남긴것이라는것은 비단 사람뼈의 인류학적징표뿐아니라 동경과 좁은놋단검 등 수많은 조선적문화유물이 나온데서도 잘 알수 있다.

일본렬도의 주민구성상특징을 지구별로 보면 다음과 같다.

규슈지구는 남규슈사람들이 토착원주민들의 특징을 농후하게 가지고있을뿐아니라 멀리 떨어진 간또사람들과의 류사성을 강하게 가지고있다고 한다. 다른 한편 북규슈인 부젠 및 찌꾸젠은 도이가하마유적과 비슷한 조선적특징을 많이 가지고있다고 하며 이러한 특징은 지리적으로 남쪽으로 갈수록 즉 남규슈쪽으로 갈수록 약해진다고 한다.*

　　* 《일본의 고대》제5권 《전방후원분의 세기》 중앙공론사, 1986년, 136～137페지

깅끼지구는 조선척주민들이 그 어느 지방보다도 가장 많이 정착한 지역이였다. 특히 가와찌(오사까부)와 야마또(나라현)지방이 현저하다. 최근 일본의 어떠한 연구집단이 연구한데 의하면 현재의 일본렬도주민들을 크게 깅끼떼, 주변떼(즉 깅끼지방이외의 혼슈와 규슈) 그리고 아이누 및 류뀨(오끼나와)떼로 크게 나눌수 있다고 한다. 여기서 특히 주목할 문제는《주변떼…와 깅끼떼와의 차이가 주변떼와 아이누 및 류뀨떼와의 차이정도 혹은 계측항목에 따라서는 오히려 후자보다도 크다.》*[1]고 하는 점이다. 말하자면 깅끼떼에 속하는 깅끼지방 사람들과 토착원주민들인 그 주변떼의 주민들과의 차이가 아이누, 류뀨사람들과의 차이보다도 크다는 사실이다. 즉

《기내인(깅끼주민)은 오히려 〈특수한〉 일본사람으로서 주변떼야말로 평균적인 일본인이라고 생각하지 않을수 없게 된 정보(자료)가 얻어지게 된것이다.》[2]고 하는 점이다.

[1], [2] 《일본인의 기원》 아사히신붕사, 1984년, 206~207페지

이제까지 일본의 인류학계는 야마또중심사관에 기초하여 야마또(나라현)를 중심으로 한 일본주민들이야말로 일본고유의 주민들이였다고 말해왔다. 하지만 치밀한 과학적연구의 결과는 가와찌(오사까부)와 야마또(나라현)를 중심으로 한 주민들 즉 깅끼주민들의 인류학적징표가 일본고유의 특징을 가진것이 아니라 오히려 토착원주민의 립장에서 보면 《이방사람》들이라는것이 확정되였다. 바로 《깅끼인》이야말로 머리와 얼굴의 길이, 너비 그리고 키에 있어서 일본토착원주민들과는 현저한 차이가 나고 그것은 조선 특히 남부조선의 주민들과 꼭 같다는 사실이다.

이것을 방증하는 옛 기록들의 자료가 있다.

기록에 의하면 조선의 유즈끼노기미(궁월군)는 120개 현의 백성을 거느리고 조선에서 일본 기내지방으로 갔다고 하며[1] 또 《일본서기》 웅략기를 비롯한 여러 기록에는 조선의 백제에서 숱한 사람들이 건너갔다는것이 적혀있다. 6~7세기 일본의 수도인 야마또, 아스까가 있던 다까이찌(高市)고을은 전체 주민의 80%이상이 야마또노 아야씨라고 하는 조선계통씨족들로 꽉 차있었다고 한다.[2] 그리고 8세기 깅끼지방의 전체 귀족층의 족보를 적은 《신찬성씨록》에 의하더라도 깅끼지방에는 숱한 조선이주민들(후손 포함)이 정착하였음을 알수 있다.

[1] 《일본서기》 권10 응신기 14년 야마또정부의 그후의 조사에 의하면 하다씨는 전체 호수 7 053호였다고 한다.(《일본서기》 권19 흠명기 원년 8월) 이로부터 180년후인 양로 5년의 조사에 의하면 일본전국은 모두 4 012향이며 이것을 가령 전국 호수 20만으로 계산한다고 하면 하다씨의 수는 실로 전국 호수의 28분의 1로 된다. 즉 일본렬도에 사는 전체 주민 28명중 한사람이 신라계

통의 하다씨였다는 결과가 나온다.

*² 《속일본기》 권32 보구 3년(772년) 4월. 사까노우에(坂上)씨가 자기의 상소문에서 10개 고을가운데서 8~9개가 자기 족속들인 야마또노아야씨이라고 한것은 좀 과장이 있겠으나 백제, 가야계통의 주민들이 큰 비중을 차지했던것이 틀림없다.

《신찬성씨록》에 의하면 1 182개 성씨의 전체 귀족가문가운데 조선계통을 약 30%로 보는것 같다. 그러나 제번계통의 대부분은 조선이주민계통이며 신별, 황별가운데도 많은 사람들이 조선계통이라는것을 념두에 둘 필요가 있다. 《나라유문》(도쿄당출판, 1965년, 상, 중, 하)에도 적지 않은 고문서에 조선계통인명들이 올라있고 바로 기내지방에 수많은 조선이주민들이 살았음을 보여준다.

서부일본 여러곳에 정착한 조선계통이주민들과 그 후손들의 분포를 인류학적징표를 가지고 보면 다음과 같다.

길이와 너비의 치수 82.0이상의 머리치수분포지역은 야마구찌현 동쪽 (구마게군일대), 히로시마현 동쪽, 오까야마현(옛 기비지방), 효고현, 오사까부, 와까야마현, 미에현, 교또부, 구마모또현 서쪽 등이다.(시수분포도 참고) 이 지역들은 조선이주민집단이 집중적으로 진출, 정착하던 곳이였고 나아가서 조선계통소국이 성립된 곳이였다. 이와 반면에 조선본토의 주민들에게서는 《일본》적인 흔적을 전혀 찾아볼수 없다.

그러면 조선이주민집단은 얼마만큼 건너갔겠는가 하는것이 문제이다. 다음으로 조선이주민집단의 인원수에 대하여 보기로 하자.

일본고고학자들의 견해에 의하면 야요이문화의 구성요소가운데서 대부분은 남자와 관련된것이고 녀자와 관련해서는 방적기술정도밖에는 없다고 한다. 이것에 주목한 학자들은 야요이문화시기 초기 일본에 건너간것은 대다수가 남자들이였으며 녀자는 매우 적은 비중을 차지했을것이라고 한다.* 조선이주민집단은 초기에 많은 경우 원주민녀성을 일부다처제의 풍습으로 맞이했을것이고 그 자손들은 부계를 중심으로 늘어났을것이다. 그리하여 야요이농경문화의 초시기 생산은 조선식으로 하지만 생산물을 담는 그릇인 질그릇은 의연

히 죠몽식으로 만드는 현상이 나타난것이다. 야마노데라식(山之寺
式), 유우스식(夜臼式)과 같은 질그릇들에 벼알이 붙어있는것은 이
때문이다. 바로 질그릇빚기는 주로 녀성들이 하는 일이였다. 일본에
서 생산된 질그릇에 남은 지문감정에 의하면 그것은 대부분 녀성의
지문이였다. 물론 이와 같은 론리가 절대적이라고 말할수는 없으나
그러한 가능성은 충분히 있었을것이라고 생각된다.

* 《일본인의 기원》 아사히신붕사, 1984년, 170페지. 예로부터
  녀성은 남자들에 비하여 보수적이고 집울타리로부터 멀리 떠나기
  를 좋아하지 않았다. 바다를 건너가는데 대하여서도 짐작이 간다.

얼마만 한 조선사람들이 건너갔는가를 일본사람들의 견해*에
기초하여 보면 다음과 같다.

* 《일본의 고대》 제5권 《전방후원무덤의 세기》 중앙공론사,
  1986년, 131~134페지

일본학자들의 세밀한 연구에 의하면 죠몽문화시기 말기의 전체
인구는 약 7만 6 000명이라고 하며 야요이문화시기에는 약 60만명,
고분문화시기에는 약 540만명의 사람들이 일본렬도에서 살았다고
한다. 이것은 야요이문화시기의 인구가 죠몽말기의 인구에 비하여
약 8배, 고분문화시기의 인구는 야요이문화시기의 그것의 약 9배
로 늘어난것으로 된다. 그와 같은 기하급수적인 증가는 벼생산에
의한 식량증가라는 력사적배경과 밀접하게 련관되여있던것도 사실
이지만 또 한 측면에서는 외부(조선)로부터의 이주라는 《인구투입》이
있은것도 계산되여야 할것이다.

어떤 일본사람의 연구에 의하면 야요이문화시기로부터 고분문
화시기에 걸쳐 상당한 수의 조선사람이 일본땅으로 건너간것으로
추측된다고 한다.

B.C. 3세기~A.D. 7세기까지의 일본렬도안에서의 폭발적인 인구
증가현상은 조선이주민들의 집단적진출과 정착이라는 력사적사회현
상에 의해 산생되였던것이다. 그와 같은 사실에 기초하여 《야요이
시기 및 고분시기의 도래자(이주자-인용자)는 예상이상으로 많아

서 아무리 적게 보아도 10만단위로 셀 정도에 이르렀을것이다. 따라서 이주자의 수가 적었다고 하는 종래의 정설은 크게 변경될 필요가 있지 않겠는가.》라고 한것은(《일본의 고대》 5권 중앙공론사, 1986년) 결코 우연하지 않다. 1 000년동안에 걸친 조선이주민들의 오래고도 지속적인 진출은 그들의 자연인구증가까지 합친다면 일본의 인구를 수십, 수백만에 이르게 하였던것이다.

조선의 정치, 문화적영향이 지속된 B.C. 4세기~B.C. 3세기경부터 A.D. 7세기까지의 일본의 모든 문물은 조선문물 그대로였다. 그 시기 일본은 조선문화의 범위안에 있었으며 일본에서 숭배하는 신도 조선신이였다. 그것은 조선사람의 대량적진출과 그들의 정착활동과 크게 관계된다. 실례로 6~7세기의 법륭사 백제관음보살상이나 광륭사 미륵보살상 등 그 시기에 조각된 부처들의 키와 얼굴은 조선녀성의 모습 그대로이다. 그것은 당시의 야마또국가의 귀족들 전체가 거의 조선사람으로 이루어졌기때문일것이다. 일본의 부처가 8등신으로부터 보기 흉한 6등신으로 변해가는것은 8세기이후에는 이미 조선사람들의 일본에로의 진출이 끊어졌고 따라서 조선의 정치, 문화적영향이 일본땅에서 없어지고말았다는것을 말해준다.

이상에서 본것처럼 조선이주민집단의 일본렬도에로의 대대적인 진출은 인류학적으로 증명이 된다고 생각한다. 그것은 많은 일본학자들이 말하는것처럼 매우 적은 수의 사람들이 일본땅에 건너가서 일본원주민들에게 동화된것이거나 또는 일본의 식민지가 조선남부에 있어서* 조선사람들이 《포로노예》로 일본에 끌려가거나 귀화한것이 아니였다. 력사적사실은 그와는 반대로 발전된 문화를 가진 조선사람들이 주동적으로 일본땅에 건너가 그곳 일대를 개척하면서 원주민들을 무마, 복속시켜 그들을 조선문화화하였던것이다.

* 일본의 식민지가 조선남부에 없다는것은 《임나일본부》가 있었다고 하는 경상남도 김해에서 아무런 일본적유물도 나오지 않았다는 사실 하나만으로도 잘 알수 있다. 그리고 거듭 말하지만 인류학적으로 볼 때에도 남부조선에 일본토착원주민의 표징을 가진 후손은 없다. 일본렬도에 진출한 조선이주민들의 자손들(특히

깅끼지방의 주민들)은 오늘날에도 조선적특징을 그대로 지니고있는것이다.

2. 조선말이 일본말에 준 강한 영향

《일본서기》(권27 천지기 10년 정월)에는 백제의 망명귀족인 좌평여자신과 사택소명을 법관대보로, 귀실집사를 학직두로 삼은데 대하여 기록하고있다. 법관대보, 학직두라는것은 오늘날로 말하면 사법부의 장관(차관), 교육부의 장관과 국립대학의 총장을 겸한 직위에 해당한다. 백제가 망하자마자 일본에 건너간 백제의 망명귀족들이 일본으로 가자마자 곧 일본국가의 사법과 교육의 책임적인 자리에 임명된것이다. 여기서 주목되는것은 조선사람이 일본국가의 문화, 사법관계의 고관을 지냈다는데 있다. 그들 백제사람들은 조선말을 했을것이며 그의 지시를 집행하는 일본관리들이 또 그것을 알아들었다는 사실이다.* 그리고 백제왕족들도 수많이 일본에 건너갔는데 그들 역시 말이 어렵지 않게 일본사람들과 통하였다. 조선말과 일본말의 비교연구의 결과는 일본말이 조선말의 강한 영향에 의하여 조선화되였다는것을 보여준다.

> * 물론 야마또지방에는 통역집단으로 볼수 있는 오사(譯語)씨가 있었다는것이 지명과 그리고 견수(遺隋)류학생속에 그 이름이 보인다. 하지만 야마또왕정안의 적지 않은 귀족들이 조선말을 알아들을수 있었을것이라고 생각된다. 그것은 왕정안이 조선계통귀족판이라는 사정과도 관련될것이다.

그렇게 말할수 있는것은 다음과 같은 사실들에 근거한다.
첫째로, 그것은 1 000여년간에 걸친 조선사람들의 일본땅에로의 대량적이며 지속적인 이주, 진출과 정착활동에 있다.
이미 본바와 같이 야요이문화시기와 고분문화시기에 숱한 조선사람들이 서부일본 각지에 진출, 정착하여 퍼졌다. 그 결과 이주민들의 생활의 기초로 된 조선말이 토착일본말에 큰 영향을 주게 되였다. 알다싶이 조선이주민들은 고도의 높은 문화를 가지고 일본렬도에 정착하였다. 의식주의 모든것, 국가운영에 필요한 모든것 등 조선의 우수한 문화가 이주민을 따라 일본렬도에 흘러들어갔다. 그것이야말로 《석기사용의 낮은 문화단계에서 정체하던》*¹ 일본에 고도로 높은 조선의 문명이 《물이 낮은데로 흐르는것과 같이 저 땅(조선-인용자)의 문물(문화)은 속속 우리 나라(일본을 두고 말함-인용자)에 전해져 우리 나라의 고대문화의 급속한 개변을 재촉》*²하였던것이다. 조선에서 건너간 문화는 비단 청동기에 한하지 않았음은 물론이거니와 조선사람들의 진출이 계속된 1 000년동안이나 지속되였고 필연적으로 사회생활에서의 교제수단인 조선말도 함께 들어가 쓰이였다.

*¹, *² 《일본고고학개설》 도꾜창문사, 1971년, 157페지

가령 《일본서기》를 비롯한 일본의 옛 기록들은 글자의 전래와 불교문화, 문서작성, 외교사업, 축성사업, 국가행정통치방법 등 여러 분야에 걸쳐 조선사람이 관여하지 않은것이 없었다는데 대하여 기록하고있다. 그리고 고고학적자료를 통하여 의식주의 모든것이 조선에서 건너왔음을 보여주고있다. 이처럼 정치, 경제, 군사, 문화생활의 모든 면에 이르기까지 조선문화가 지배적인것처럼 조선말 역시 일본말속에서 지배적자리를 차지하고있었다고 보아 잘못이 없을것이다.

그 근거는 둘째로, 일본어의 문법구성이 조선어와 일련의 류사성이 있다는 사실이다.

고대일본말에는 조선말에 있었던것과 같은 모음조화가 있었으며 일본말어순은 조선말어순과 꼭 같다. 어떤 일본사람의 견해*¹에 의하면 일본에서는 죠몽문화시기에 남방 폴리네시아어족과 꼭 같은 음운조직을 가진 남방계의 언어가 쓰이고있었다고 한다. 그러다가 《야요이식문화의 전래와 더불어… 조선남부의 언어가 쓰이게 되면서 그것이 북규슈로부터 남쪽과 동쪽으로 퍼져 제1차적으로는 깅끼지방까지를 그 언어령역으로 했을것이다.》*²라고 한다.

계속하여 그는 조선으로부터의 언어의 전래는 압도적다수의

인간의 《도래》를 동반하지 않았기때문에 당시까지의 일본말의 문법체계를 변화시킬수는 있었으나 일정한 언어는 남기였다고 하였다. 그리고 거기에 남방계의 인체어(人體語)를 찾는 원인이 있다고 하였다.*3

  *1 《일본어의 기원》이와나미서점, 1957년
  *2, *3 우와 같은 책, 198~199페지

남방적인 토착일본말에 조선적문법구조를 가진 조선말이 덮쳤다는 그의 견해는 과학적타당성을 가지며 앞에서 본 모든 고고학적사실자료들과 맞아 떨어지는것으로서 상당한 가치가 있다고 할것이다. 그러나 그가 다수의 인간의 도래를 동반하지 않았다고 한것은 잘못이다. 많은 조선사람들이 일본으로 건너갔기때문에 일본에 이미 있던 언어의 문법구조까지 변경시킬수 있었던것이라고 보아야 할것이다.

그러면 일본말에는 어떠한 조선말이 어떻게 그리고 얼마나 들어있는가.

일본학자들의 견해에 의하면 고대일본어에는 조선말가운데서도 특히 《백제말이나 고구려말처럼 상당히 높은 문화를 쌓아올린 나라의 언어도 셀수 있다.》*1고 하며 더우기 백제말은 고대일본말에 큰 영향을 주었다고 추측된다고 하였다.*2 또《실지로〈일본서기〉등에 전해지는 약간의 어휘에는 백제말이 많을것 같다.》*3고 한다.

  *1, *2, *3 《일본어의 력사》제1권《민족의 말의 력사》헤이본사,
    1963년, 216페지

물론 여기서 일본사람들이 말하는 조선말을 백제말, 고구려말로 구분하는것은 잘못이다. 왜냐하면 고구려사람들이나 백제, 신라, 가야사람들은 다같이 같은 조선말을 썼지 따로 고구려말이나 백제말을 쓰지는 않았기때문이다.

조선말이 일본말에 준 영향은 비단 어순과 모음조화 등 문법구성에만 한하지 않는다. 개별적단어뿐아니라 일부 수자까지도 조선말 그대로이다.

신무라(新村出)라는 일본어학자의 견해에 의하면 그는 《삼국사기》 지리지의 지명에서 고구려때 쓰인 조선말로 추정되는 수사를 골라냈는데 그것이 지금껏 써오는 일본수자 3, 5, 7, 10과 같다고 한다. 그가 연구한 고구려수자를 일본어에서 보면 다음과 같다.*

* 우와 같은 책, 216페지

일본말	고구려말	중세기의 조선말	현대 조선말
3 mi-tu	密 mit-mil	세이	셋
5 itu-tu	于次 utsu	다섯	다섯
7 nana-tu	難隱 nanun	일급	일곱
10 töwo-tewu	德 tak	열	열

일본말속에 고구려의 수사가 들어가있다는것은 매우 흥미있는 일이며 거기에는 그럴만 한 력사적근거가 있다고 본다. 그것은 6세기이후 야마또왕정이 백제사람판이였으며 백제와 고구려는 또한 가장 가까운 친연관계에 있었다.

또한 그것은 7세기 야마또국가의 실권자였던 성덕태자가 고구려의 중 혜자와 박사 각가를 스승으로 삼고 유교와 불교를 배웠으며*1 특히는 고구려의 중 혜자를 스승으로 삼아 국가통치를 하였다는 사실이다.

604년 성덕태자는 17개 조에 이르는 헌법을 일본에서 처음으로 반포, 실시하였다.*2

성덕태자는 17개 조의 헌법을 작성, 반포하기에 앞서 대덕, 소덕, 대인, 소인, 대례, 조례, 대신, 소신, 대의, 소의, 대지, 소지의 12품계를 정하고*3 품계의 높고낮음에 따라 여러가지 색갈의 비단으로 관모를 만들어쓰게 하였다. 성덕태자가 작성한*4 이 12품계는 고구려의 12등급의 관등을 본딴것이다.

* [1] 《일본서기》 권22 추고 원년 4월, 3년 5월
* [2] 우와 같은 책 추고 12년 4월
* [3] 우와 같은 책 추고 11월 12일
* [4] 《일본서기》에는 12계 관위를 누가 만들었다고 한 기록은 없다. 하지만 당시 추고천황은 녀자인데다가 정치는 섭정이던 성덕태자가 하였고 또 몇달후에 작성된 헌법 17조도 그가 작성하였다고 밝혀진 조건에서 12품계 역시 성덕태자가 작성하였다고 보아 잘못이 없을것이다.

이에 대한 일본사람의 견해를 보기로 하자.

《…조선 삼국에는 우리 나라(일본을 가리킴-인용자) 관위와 류사한것이 있고 추고왕때의 관위 12계는 본질적으로 조선의 그것과 같은것이다. 따라서 일본의 관위가 중국의 관품이 아니고 조선 삼국의 관위를 따른것임은 이제는 움직일수 없는 사실로 간주된다. 그런데 그 삼국가운데 어느 나라의것이 일본말과 가장 가까운가 하면 계수는 고구려와 완전히 같으며 관을 색으로 나누는 점은 고구려, 신라와 통하고 관을 꾸미는데서는 고구려, 백제의것을 닮았다는것을 지적할수 있으며 특히 고구려와의 류사성이 제일 강하다. 추고왕조의 시점에서 보면 삼국과의 교섭에서는 백제를 제1로 하고 고구려는 제2이였으나 우리 나라 관위의 원류로서는 결국… 고구려를 제1로 해야 한다고 간주되는것이다.》*

* 《일본 고대국가의 연구》 이와나미서점, 1966년, 296~297페지

여기서도 알수 있는바와 같이 성덕태자 섭정시기에 작성, 실시되였다는 헌법과 관등급은 다같이 고구려식으로 작성되였다. 고구려의 수사말이 일본말에 들어간것은 우연치 않다.

다음으로 그밖에 조선말이 얼마나 일본말속에 들어있는가를 보기로 하자.

일본사람들의 견해에 의하면 현재 일본말가운데 조선말어근을

가려볼수 있는것이 약 200개가량 있다고 한다. 고구려, 백제, 가야 가 망한지 1 400년이 지났다. 그럼에도 불구하고 200개나 되는 단어를 찾아낼수 있다는것은 삼국시기 일본에 준 조선말의 영향이 그만큼 강렬하였다는것을 보여준다.

고구려와 백제 등이 망하였다 하여 곧 일본안의 조선문화 특히 조선말이 없어진것은 아니였다. 다른 문화적영향과 더불어 조선말도 오래동안 일본말에서 쓰이였으며 점차적으로 전화되여갔다. 그러한 실례를 《일본서기》에서 볼수 있을것이다.

《일본서기》(신대 상 제5단의 1서 제11)에 의하면 아마데라스 오미가미는 아시하라나까쯔구니에 우게모찌신이라는자가 있다는것을 듣고 사람을 보내여 살피게 하였다. …그런데 그는 사자인 쯔꾸요미노미꼬도의 칼에 맞아 죽고말았다. 아마데라스 오미가미가 다시금 사람을 보내여 우게모찌신을 보게 하였더니 그의 주검에서는 여러 생물들이 돋아났다. 머리꼭대기는 소와 말이 되고 이마우에서는 조(粟)가 생기고 눈섭우에서는 누에가 생겼다. 그리고 눈안에서는 피(稗)가 생기고 배안에서는 벼가 생겼으며 음부에서는 보리와 콩, 팥이 생겼다는것이다. 그런데 이와 같은 설화는 생겨난 장소와 생물이 조선말로 해석해야 비로소 풀리고 리해된다는 사실이다.

그것을 보면 다음과 같다.

머리꼭대기에서 나온것은 소와 말인데 頭(머리)와 馬(말)은 mara, mar이다. 顱(cha)와 粟(cho)는 서로 통한다. 眼(hun)과 稗(hui)도 서로 통한다. 腹(pai, pari)와 稻(pyö)도 같다. 女陰(pöti)와 小豆(pat)도 같다.

일본학자들은 이것은 《일본서기》편찬자가운데서 조선말을 아는 사람이 있어서 인체의 부위와 생물을 련결시킨것이라고 말하지만[1] 사실은 그런것이 아니다. 《일본서기》 편찬당시까지만 해도 적지 않은 지식인들과 귀족들이 조선말을 알고 조선말을 쓰고있었던데서 온 현상일것이다. 실례로 공문서의 초고작성, 호구와 공전(貢錢)의 출납관계 문서작성 등 문필을 전업으로 한 동서(야마또와 가와찌)

후히또베(史部)의 자손들은 원칙적으로 대학에 입학할수 있는 특권을 부여받는다고 대보양로(大寶養老)의 학령에 밝혀져있다. 그 후히또베들이 조선계통이주민들의 후손들이며 력대로 문필을 기본업으로 해왔다는것도 잘 알려져있다. 그들은 일상생활에서도 모국어를 썼을것은 분명하다. 《史官》을 후세에도 《사관》이란 조선말로 부른것[2]이나 제사(諸司)의 관리인 《主典》을 《주전》이라 하지 않고 《사관》이라고 발음한것도 바로 후히또베가 원어인 조선말의 사관을 그대로 발음해온데 가인된다.[3]

   [1] 《일본서기》 상 이와나미서점, 1982년, 102페지
   [2], [3] 《률령시대의 농민생활》 전원사, 1953년, 9페지, 11페지의 주석

1 500년동안의 시공간속에서 절반정도의 단어(200~300개)가 소멸되였다고 해도 고대일본어에서 차지하는 조선말계통어근(단어)의 비중은 압도적이며 자못 지배적이라고 말할수 있을것이다. 이와 같은 력사적사실에 기초하여 어떤 고대일본어전문학자는 다음과 같이 결론지었다. 《(조선말과 일본말이) 이제까지의 그 어떤 언어보다도 가깝고 밀접하다고 말할수 있을것이다. 문법적구조의 전체적인 일치, 모음조화의 공통된 존재, 문법적단어의 대응, 기본적단어의 매우 많은 대응 등 일본과 조선은 단지 공간적으로 가깝다고 할뿐 아니라 언어학적으로도 상당히 가깝다는것을 말할수 있을것이다. 이처럼 많은 언어학적자료를 들수 있고 같은 계렬로 측정할 언어는 이외(즉 조선과 일본-인용자)에는 존재하지 않는다.》*

   * 《일본어의 기원》 이와나미서점, 1957년, 181페지

국내외의 여러 학자들이 연구하고있는바와 같이 일본말안의 조선말은 무수하다고 할 정도로 많다. 일본말에 오래동안 받침이 없는것도 삼국시기 조선말에 받침이 없었던것과 관련되는것이며 또 일본한자음이 거의나 다 조선한자음과 류사한것도 천자문을 비롯한 글을 배워준것이 조선사람이였다는 사정과 관련될것이다. 앞으로

연구가 심화될수록 고대일본말에 준 조선말의 절대적영향관계는 더욱 두드러질것이다.

*　　*　　*

이상에서 조선이주민들의 왜땅에로의 진출과 그 정착형편을 야요이문화시기 초기유적의 분포, 잔줄무늬거울의 분포, 조선계통지명의 분포, 조선식산성의 분포, 인류학적징표에 의한 주민구분 등을 통하여 고찰하였다. 이와 같은 자료에 기초한 일본렬도내 조선이주민들의 분포정형에 대한 분석과 종합을 통하여 우리는 수많은 조선이주민들이 일본렬도에 건너갔고 정착한 곳들에서 고국과 꼭같은 마을과 고을을 이루고 살았으며 나아가서 제2의 조선을 형성하고 살았다는 결론을 얻게 되였다. 특히 조선계통지명과 조선적유물을 낸 무덤떼, 조선식산성, 조선적특징을 가진 주민구성 등은 거의나 완전히 일치하는것이였다.

제2편. 규슈섬에서의 조선소국의 형성

제1장. 야요이문화시기 규슈지방의 조선계통소국

일본은 오랜 옛날부터 조선과 깊은 관계속에서 그 영향하에 발전하여왔다. 고대일본의 문명개화는 조선의 정치, 경제, 문화적영향을 떠나서는 생각할수 없다. 조선문화의 일본땅에로의 전파는 일본땅 여러곳에 형성된 조선이주민집단의 소국을 매개로 하여 이루어졌다.

야요이문화시기가 시작될 때부터 일본렬도에는 조선사람들의 마을이 형성되여갔다. 마을을 일본말로 지금까지도 《무라》라고 하는데 그것은 조선말 《마을》이 전화된것이며 일본땅에서 마을의 력사가 조선사람에 의하여 시작되였다는것을 단적으로 말하여준다. 원주민들도 시간이 흐름에 따라 정착생활에로 넘어가 농사를 짓고 마을을 이루고 살게 되였을것이다.

마을이 모여 고을을 이룬다. 일본말의 고을이란 말 《고오리》도 조선말 《고을》에서 유래하였다. 고을도 조선이주민에 의하여 이루어지게 되였다고 말할수 있다. 원주민들도 뒤따라 고을을 이루었을것이다. 조선이주민과 원주민이 따로따로 마을과 고을을 이루고 살았겠는가 아니면 섞여 살았겠는가. 두 경우를 다같이 생각할수 있고 마을은 따로따로 이루고 살았겠으나 고을에서는 서로 섞여 살았울수도 있다.
　수많은 소국들의 구성에는 이도국처럼 조선이주민들이 형성한 나라들도 적지 않았으며 그것도 당시의 조건에서는 위력한 존재였을것이다. 대체로 고을이 몇개 합쳐서 소국을 형성하는 경우 그안에서 조선이주민은 어떤 역할을 하였겠는가. 소국의 우두머리급으로서 그 소국의 패권을 쥔자들도 있었다는것을 당연히 생각할수 있다. 그것은 조선이주민이 야요이문화시기이래 선진문화의 소유자이며 위력한 무기를 가지고있는 강자들이였기때문이다.
　기원전후시기부터 일본렬도에서 소국의 형성을 볼수 있다. 그러한 소국의 력사가 수백년 계속되였을 경우 과연 조선이주민들이 언제나 그러한 소국들안에서 패권을 쥐고 소국의 우두머리들로 존재하였겠는가? 수백년동안 내내 그러하였으리라고는 생각되지 않는다. 때로는 원주민집단도 대두하여 패권을 쥐였을수 있다.
　그러나 적어도 소국이 형성될 초기의 한때는 물론 그후 수백년동안의 적지 않은 기간에는 조선이주민들이 일본렬도안의 소국들에서 패권을 쥐고 원주민우에 서서 우세를 차지하고있었을것이다. 그와 같은 소국들을 조선계통소국이라고 부르기로 한다.

제1절. 일본최초의 조선계통소국

　이미 본바와 같이 야요이문화시기 전기말~중기초(B.C. 1세기) 현해탄에 면한 북규슈일대에 좁은놋단검관계 문화갖춤새를 갖춘 이주민집단들이 집중적으로 진출, 정착하였다. 그 일대의 독무덤이 다른 무덤형식을 누르고 갑자기 대형화되면서 보급되였다는것은 앞에서도 말하였다. 독무덤의 형태는 팽이그릇에 연원을 둔 이른바 김해식독무덤이다. 그와 같은 사실은 현해탄연안의 북규슈일대에 조선사람의 강력한 집단이 이주, 정착하였다는것을 말해준다. 그것을 증명하듯 1980년대 중엽에 이히모리 다까기(飯盛 高木) 유적이 드러났다.

이히모리 다까기유적은 현해탄에 면한 후꾸오까평야의 서쪽에 있는 무로 미천중류의 왼쪽 강기슭에 자리잡고있는 무덤떼이다. 전체 넓이는 약 1 500㎡정도이며 동서로 길게 뻗어있다.
　　이히모리 다까기유적은 야요이문화시기의 무덤들로서 크게 5개 지구로 나뉘여있는데 그곳에서는 독무덤이 많은 수를 차지하며 돌관무덤, 나무관무덤, 돌뚜껑움무덤 둥이 발굴되였다. 독무덤은 총 986기가 드러났다. 지구별로 되는 유물출토를 종합해보면 다음의 표와 같다.

지구별유물출토종합표

지구별 구분	무덤 형태	유 물				
		청동기	철 기	구슬류	석기	질그릇
제1지구	독무덤	좁은놋단검 1				
제2지구	독무덤	좁은놋단검 1	검 3 민고리자루칼 2	벽옥제관옥 14 수정구슬 2		
	나무관무덤	검자루맞추개 1 룡권문성운경 1	활촉 1	유리구슬 36		
제4지구	독무덤		민고리자루칼 1			
제5지구	독무덤	좁은놋단검 9 좁은놋창 1 놋 과 1 잔줄무늬거울 1		벽옥제관옥 469 굽은구슬 4	검자루달린돌단검 1 버들잎모양활촉 2	단지 11
	나무관무덤	팔찌 2				

《요시다께 다까기옹관유적의 발굴조사》(《월간문화재》 11호, 1985년, 번호 266)

　　표에서 보는바와 같이 한개 지구에 있는 수십개이상의 무덤(독무덤, 나무관무덤)가운데서 유물이 있는것은 아주 드물다. 그런데 유독 제5지구의 일부 무덤들에서는 권력과 재부를 상징하는 여러가지 유물들이 나왔다. 즉 제5지구의 야요이전기 말경으로 편년되는 김해식독무덤을 위주로 한 무덤과 나무관무덤 총 38기를 조사한데 의하면 그가운데서 11기의 매장시설에서 좁은놋단검 9개, 좁은놋창 1개, 놋과 1개, 구리팔찌 2개, 잔줄무늬거울 1개 그리고 굽은 구슬과 관옥류 473개가 나왔다.

거기서 드러난 잔줄무늬거울을 비롯한 모든 좁은놋단검관계 유물들은 완전히 조선제품들이다. A호나무관무덤에서 드러난 잔줄무늬거울(직경 약 12cm)은 일본에서 드러난 잔줄무늬거울치고는 가장 오래된것이다. 거울의 모양은 봉산군 송산리 솔뫼골무덤을 비롯하여 전라남도 대곡리유적, 전라남도 령암 등지에서 나온것과 같다.

좁은놋단검 역시 함경남도 금야군 련동리, 함흥시 리화동유적, 경주 입실리, 전라남도 령암, 김해조개무지의 독무덤들에서 나온것과 류사하다. 그가운데서도 좁은놋단검, 놋창, 놋과 등은 1985년에 발굴조사된 충청남도 구봉리유적의 그것들과 생김새가 신통히도 같다고 한다.*

* 《월간문화재발굴출토정보》 1987년 1월호, 153페지

제5지구의 독무덤에서는 일본에서 가장 오랜 초기의 좁은놋단검이 나왔다.

이히모리 다까기유적은 좁은놋단검관계 유물뿐아니라 매장시설도 조선것 그대로이다. 이 유적의 무덤은 독무덤이 기본이고 일부가 나무관무덤이다.

잔줄무늬거울 등이 나온 A호나무관무덤은 돌무지무덤으로서 우리 나라 황해북도 신계군 정봉리유적, 대전시 괴정동유적, 충청남도 례산군 동서리유적 등지의 돌무지무덤과 같으며 조선에서 그 연원을 찾을수 있는 조선식의 무덤형식이다.

독무덤 역시 조선의 김해식무덤으로서 조선것과 같다. 김해식독무덤은 아가리부분이 약간 좁아들고 거기에 덧띠를 돌렸으며 몸체가 둥실하게 불렀다. 이것은 조선 특히 서북부일대의 신흥동유적

이나 중부의 가락동유적의 팽이그릇에 그 연원을 두고있는 질그릇으로서 일본학자들이 말하는것처럼 북규슈의것이 조선에 건너온것이 아니라 조선것이 북규슈에 건너간것이다. 좁은놋단검과 구리, 팔찌, 관옥 등이 나온 독무덤은 생김새로 보아 전형적인 김해식독무덤이다.

이와 같은 사실들은 이히모리 다까기유적이 야요이문화시기 전기말부터 시작되는 좁은놋단검관계 유물을 가지고간 조선이주민의 첫 진출집단의 무덤유적이라는것을 보여준다. A호나무관무덤은 바로 그 집단의 우두머리의 무덤일것이라고 추측된다.

이히모리 다까기유적은 유적의 규모에서나 유물의 풍부성에 있어서나 같은 시기의 유적과 대비가 안되며 그것은 이도(伊都)국왕의 무덤으로 추측되고있는 미구모(三雲)유적보다도 150년이나 앞선다. 필자의 견해에 의하면 그보다도 더 앞서는 B.C. 2세기경일수 있다. 말하자면 이 유적은 현재로서는 일본최초의 초기소국이자 곧 첫 조선계통소국의 우두머리인 소국왕의 무덤유적인것이다.

제1편에서 본 기원전시기 조선이주민집단의 일본렬도에로의 진출은 계급사회에서 오래동안 살던 사람들의 이주, 정착이였다. 당시 조선은 북쪽에서는 고조선이 망하고 고구려봉건국가가 장성강화되고있었으며 남쪽에서는 마한과 변한, 진한 등이 쇠퇴몰락하면서 새로운 봉건적인 관계가 한창 자라던 시기였다. 바로 그러한 격동된 시기에 일본렬도에 건너간 이들이 계급사회, 계급국가에서 살던 본새대로 활동하였으리라는것은 짐작하기 어렵지 않다. 이미 야요이문화시기초부터 있던 독무덤이 B.C. 1세기경에 와서 현해탄에 면한 북규슈일대에서 갑자기 대형화되면서 장성하는것도 그와 같은 외부로부터의 강한 자극과 그로 말미암아 산생된 사회정치적변혁이 밑바닥에 깔려있다고 보아야 할것이다.

거울, 단검, 창, 과, 구슬 등의 좁은놋단검관계 유물이 드러난 이히모리 다까기유적은 일본최초의 국가유적이 아니라 하더라도 국가발생직전의것일수 있다는것이다. 그와 같은 유적을 남긴 지역이 국가로 발전하느냐 마느냐는 단지 시간상문제일뿐이다. 따라서 이히모리 다까기유적을 현재 일본렬도에서의 최초의 조선계통소국 또는 소국형성직전의 우두머리의 무덤유적이라고 주장한다 하더라도 결코 잘못이 없을것이다. 앞으로 이보다 더 오랜 국가가 형성되여 있던 시기의 유적이 나올수 있다.

이히모리 다까기유적이 조선이주민집단의 우두머리인 국왕의 무덤유적이라는것은 오이시(大石)유적을 두고도 말할수 있다.

오이시유적은 후꾸오까현 후꾸오까시의 이히모리 다까기유적에 린접해있다. 그 거리는 이히모리유적의 북서쪽 약 150m 지점이다. 이 유적에서 좁은놋단검, 창, 과 등의 청동기가 11개나 나왔다. 특히 단검과 창에는 각각 하나씩 나무로 된 검집과 창집이 붙어있었다.

오이시유적에서는 1986년 2월현재 이히모리 다까기유적과 같은 시기의 독무덤 약 200기와 나무관무덤 6기가 확인되였다고 한다. 그가운데서 10기의 독무덤과 나무관에서 껴묻거리인 청동기가 나왔는데 좁은놋단검(길이 31.5cm)은 6개, 놋과(길이 31.5cm)는 3개, 놋창(35cm)은 2개 계 11개이다.

제5호나무관무덤에서 나온 좁은놋단검에는 나무로 된 단검집(30cm)과 자루가 있었으며 제45호독무덤에서 나온 놋창에는 길이 약 9cm의 자루나무쪼각이 붙어있었다고 한다.*

* 《요미우리신붕》(서부) 1986년 2월 9일

발굴을 담당조사한 후꾸오까시《교육위원회》는 다음과 같은 몇가지 사실에 주목을 돌렸다.

① 이히모리 다까기유적에서는 정치적지위의 상징인 거울이나 장식품인 구슬류가 발견되였고 오이시유적에서는 조선반도에서 실전에 쓰이던 검, 창, 과 등의 무기만이 나왔다.

② 놋과가 나온 제53호독무덤에서는 실전용의 마제돌검의 칼날 4개가 발견되였고 전투에서 몸에 찔리워 죽은 인물이 매장되여 있었다.

이러한 두가지 측면에 류의하여 오이시유적은《이히모리 다까기유적에 매장된 〈왕〉직속의 군사집단의 무덤이 아니겠는가.》라는 견해가 있다. 이것은 기본적으로 옳다고 본다.

이히모리 다까기유적과 오이시유적은 야요이문화시기 전기말~중기 초경에 일본에 건너간 조선이주민집단이 남긴 유적이다. 이 유적이 위치한 곳은 북규슈 좁은놋단검관계 유물분포의 중심지의 하나로서 후에도 여기서 여러 조선계통소국들이 흥망하였다. 이히모리 다까기유적이 어떠한 나라의것이였는지 또 A호나무관무덤에 묻힌자가 조선의 어디에서 온 누구였는지 잘 알수 없다. 하지만 A호 나무관무덤에 묻힌자가 B.C. 1세기경에 조선에서 북규슈에 건너간 한 집단의 우두머리이며 그가 거느리는 집단이 장차 조선계통의 소국을 형성하였음은 의심할바 없다. 야요이문화시기 중기의 초중엽까지 계속되는 독무덤의 급속한 발전과 대형화는 이 사실을 안받침해준다고 생각한다.*

* 최근(1989년 초봄) 사가현 동부 요시노가리에서 조선적성격을 띠는 야요이시기의 고대마을유적인 요시노가리유적이 발굴조사되였다. 유적이 위치한 요시노가리구릉은 드넓은 사가평야가 바라다보이는 지역으로서 생산활동과 동서교통의 요충지였다고 짐작된다. 유적은 크게 2~3세기경(야요이문화시기 후기)의 환호집락자리와 B.C. 1세기경의 거대한 무덤무지(39×26m)로 나눌수 있다. 이 유적의 특징을 몇가지로 묶어보면 다음과 같다. 첫째로, 큰 규모의 도랑(환호)이 마을을 둘러싼 이른바 《환호집락》이라는 사실이다. 표고 15m에 위치한 요시노가리유적의 도랑은 바깥도랑과 안도랑의 두개인데 바깥도랑은 너비 6m, 깊이 3m로서 길이는 약 2.5km에 달하는 큰 규모의것이다. 안도랑은 웃너비가 3m, 밑너비가 2m, 깊이가 2m로서 남아있는 연장길이는 400m이다. 바깥도랑은 축조당시에는 너비가 8~10m, 깊이가 4~5m로 추측되며 그 범위는 대체로 25정보에 달한다고 한다. 안팎의 도랑단면은 다같이 기본적으로 V자모양을 하고있다. 도랑을 둘러친 마을은 이따쯔께유적을 비롯하여 벌써 야요이문화시기 전기(B.C. 3세기)에는 출현한다. 고대환호는 방어적성격을 띤다는 의미에서 저지성집락(환호)이라고 말할수 있을것이다. 방어적성격을 띤 도랑을 파는데는 상당한 정도의 로동력이 필요하였을것이다. 말하

자면 어지간히 강력한 권력의 존재를 전제로 한 굴착작업이였음
을 알수 있으며 당시의 조건에서는 발전된 철제도구와 토목기술
을 소유한 조선계통이주민들이 아니고서는 할수 없는 굴착작업
이였다는것이다. 둘째로, 독무덤(옹관묘)의 규모가 매우 크다는
사실이다. 일본땅에서는 1989년 4월현재 2 000기의 독무덤이 발
굴되였는데 발굴하지 않은것까지 합치면 모두 약 2만개에 이른
다고 한다. 독무덤은 조선에 고유한 무덤형식이다. 이번에 발굴
한 독무덤에서는 300개체분의 사람뼈가 드러났는데 다같이 키가
크고(160cm이상) 얼굴이 길죽한것으로서 인종적으로 볼 때 원주
민은 아니며 틀림없이 조선이주민이다. 가까이에 위치한 미쯔 나
가따유적과 후따즈까야마유적의 조선적사람뼈와 상통한다. 셋째
로, 요시노가리유적에서는 조선제유물들이 많이 나왔다는 사실
이다. 그러한 대표적유물로서는 무덤무지의 독무덤에서 드러난
자루장식달린 좁은놋단검(검몸부분 30cm, 자루부분 14.5cm, 검
몸최대너비 3.2cm, 두께 0.8cm, 자루대가리직경 18.5cm)과 무덤
무지 서쪽구획에서 드러난 소형좁은놋단검(길이 21.1cm, 너비
2.3cm)을 들수 있다. 이것들은 전형적인 조선제품으로서 조선이
주민집단이 쓰던것들이다. 즉 경상남도 의창군 다호리유적(1988
년 발굴)을 비롯한 여러곳에서 그와 류사한 자루장식달린 좁은놋
단검(주조품)이 나온바 있다. 요시노가리유적에서 드러난 자루장
식달린 좁은놋단검은 다호리유적에서 드러난 단검과 신통히도
톡같다. 자루장식달린 좁은놋단검과 함께 나온 70여점의 대롱구
슬(직경 0.8cm, 가장 긴 길이 6.6cm, 색갈은 하늘색) 역시 조선제
이다. 부여군 합송리무덤(B.C. 2세기 전반기경)에서 드러난 8점의
대롱구슬은 길이가 5~6.2cm, 직경이 0.7~0.8cm이다. 제작기법과
형태 등에서 량자는 비슷하나 조선땅의것이 더 잘되였음은 물론
이다. 그밖에도 유물로서는 쇠낫, 쇠도끼, 호미끝, 활촉, 반달
칼, 질그릇, 굽은구슬 등 많은 유물들이 나왔다. 이 유물들 역시
조선적색채를 띠고있었다. 넷째로, 요시노가리유적에서는 원주민
들의 습격을 받은 흔적이 보인다는 사실이다. 유적에서 나온 독

무덤의 사람뼈가운데는 목이 잘리운것, 대퇴골이 꺾인것, 돌활촉이 박힌것 등이 있었다. 일본학자들은 이와 같은 사람뼈를 놓고 《삼국지》 위서 왜인전에 나오는 《왜국이 어지러워져 서로 칠내기를 하였다.》라는 기록에 맞추어 해석하기도 한다. 물론 그러한 추측도 할수 있겠으나 그보다도 원주민들과의 알륵이 심해진 결과에 산생된 현상이라고 보인다. 특히 독무덤속의 어떤 사람뼈에는 10여개의 화살촉이 박힌 혼적도 보인다. 그런데 그 활촉은 삼각형의 돌활촉인데 죠몽시기이래 원주민들이 쓰던것이다. 원주민들의 기습은 모름지기 식량략취로 추측할수 있다. 이처럼 요시노가리유적의 몇가지 특징을 통하여 알수 있는것은 마을이 조선이주민집단의것이며 마을을 단위로 소국가를 형성하고있었다는것이다.

제2절. 이도지마반도 남쪽의 이도소국

야요이문화시기에 북규슈에는 이도(伊都)국이란 소국이 있었다.
《삼국지》(위서) 왜인전에는 이도국에 대하여 다음과 같이 전하고있다.
《…(조선에서) 또 하나의 바다를 건너 1 000여리를 가면 말로국에 이르는데 거기에는 4 000여호가 있다. 동남쪽으로 륙지로 500리 가면 이도국에 이른다. 벼슬('官)로는 이지, 세모고, 병거고가 있으며 (호수는) 1 000여호나 된다. 대대로 왕이 있어 모두 녀왕국에 종속되여있다.…》
이 기록은 2~3세기경의 사실을 전한것이다. 그런데 이 《삼국지》(위서)에 나오는 이도국은 4세기경의 사실을 전한것이라고 볼수 있는 《일본서기》(권8 중애기 8년 정월조)에도 나온다.*

* 중애《천황》, 신공황후 등을 실재한 인물로 믿는 사람은 아무도

없다. 하지만 《일본서기》 중애기에 실린 내용을 앞뒤의 기사들과 련관시켜볼 때 대체로 고분문화시기초 즉 4세기경의 사건, 사실들이 이러저러하게 굴절되면서 《일본서기》편찬당시까지 전해지지 않았겠는가고 추측된다. 그리고 《일본서기》에서 말하는 쯔꾸시가 북규슈일대라는것은 물론이다.

이도국에 대하여서는 《일본서기》외에 《풍토기》에도 실려있는데 《지꾸젠풍토기일문》(이도군)을 보면 다음과 같다.

《쯔꾸시의 이도의 아가다누시(縣主) 등의 조상인 이도데가 천황이 온다는것을 듣고 나무가지를 배머리에 세웠다. 그리고 웃가지에는 굽은구슬을 걸고 가운데가지에는 흰구리거울을 내걸었으며 아래가지에는 검을 걸어 아나도의 섬까지 마중나왔다.

천황이 묻기를 〈그대는 누구인가.〉라고 하니 이도데가 나서서 말하기를 〈나는 고려(高麗)국의 오로산(意呂山)에서 온 하늘에서 내려온 천일창의 후손인 이도데입니다.〉라고 하였다.》

우리는 비록 단편적이지만 이상의 몇가지 자료를 통하여 다음과 같은 사실을 확인할수 있다.

그것은 우선 이도의 아가다누시가 명백히 자기를 고려국의 오로산에서 온 그리고 하늘의 아들인 천일창의 후손이라고 하였다는 사실이다.

이도의 고을이란 《화명초》 지꾸젠국에 밝혀진 이도(怡土)군이다. 현재는 시마(志摩)군과 합쳐져 이도지마(糸島)군이 되였는데 이도지마반도 남부에 위치한 고을이 바로 옛 이도국이다.

천일창은 《고사기》, 《일본서기》에서 신라왕자라고 명문으로 밝혀진 신라계통이주민집단의 총칭 또는 그 우두머리이다.

고려국이란 조선을 총칭한 일반적말이기때문에 고구려에서 왔다고 보기는 힘들다. 따라서 《고려국의 오려(로)산》에서 온것으로 리해하는것이 좋을것이다. 그러면 조선의 오로산이란 어디였겠는가.

그것은 경상북도 청도군에 있는 오례산(烏禮山)일것이다.

《신증동국여지승람》(권26 청도군)에 의하면 청도는 본래 이서소국(伊西小國)이였는데 신라 유리왕(24-57)이 쳐서 신라땅으로 만들었다고 한다. 구도산, 오야산, 오례산 등 여러가지로 부르다가 지금은 오례산이라고 부른다. 오로산(意呂山)은 오례산(烏禮山)과 음이 통한다. 1세기경에 신라의 판도로 들어간 오례산일대에서 건너간 사람들이 이도국을 세운것 같다. 더우기 흥미있는것은 이도국의 아가다누시인 이도데가 본토의 나라이름을 달아서 이소(伊蘇)국이라고 하였다는것이며 이른바 천황이 이도데를 이소시(伊蘇志)라고 불렀다는 사실이다.*

> * 《일본서기》권8 중애기 8년 정월조.《풍토기》일문(찌꾸젠국)의 기사는 이와나미서점《일본고전문학대계》2,《풍토기》, 503페지에 실려있는것임.《풍토기》두주에 오려산이란《조선동남해안의 울산으로서 고려의 오려산》이라고 한것은 그곳이 신라와 고구려의 지경이였기에 그렇게 말하였다고 하지만 신빙성이 없다. 울산을 오려산이라고 불렀는지 아닌지 앞으로 더 따져보아야 한다.

이도데는 자기는 고려(조선)의 오례산(오로산)에서 온 신라 천일창의 후손이라고 하였는데 바로 오례산, 오로산인즉 신라의 판도가 되기 전에는 이 서소국이 있던 곳이라고 하였다.《이소시》는《이서소》와 음이 통하고《이소》는《이서》와 통한다. 말하자면 이도국이란 신라 유리왕에게 나라를 빼앗긴 유민들이 건너가 세웠을수 있는 나라였다. 이도데가《이소국》을 본래의 나라라고 한데는 이와 같은 력사적사실이 있었기때문이라고 본다.

또한 이도국이 신라계통(변진계통일수 있다.)의 소국가였다는것은 천일창의 후손이라는 이도데가《천황》을 마중했을 때의 행동을 놓고도 잘 알수 있다.

앞에서 본바와 같이 이도데는 굽은구슬과 구리거울 그리고 검을 내걸고《천황》을 맞이한다. 구슬, 거울, 검은《하늘》즉 조선이 일본에 사람을 보낼 때 갖추어보내던《삼종의 신기》이다. 또한 그것은 천일창이 일본에 건너갈 때 가져간 8가지의 물건가운데서 대표적인것들이다.

《삼종의 신기》는 일본의 야요이사회에서 나라를 다소리는데 필요한 정치적권력의 상징적물건들이였다. 즉《굽은구슬이 굽은것처럼 묘하게 천하를 다스리고 또 흰 구리거울처럼 산천과 바다나 벌을 환히 비쳐 밝힌 다음 검을 들고 천하를 평정》*한다는것이다.

* 우와 같은 책 같은 항목

야요이문화시기 나라를 다스릴 도구인 이른바《삼종의 신기》(거울, 구슬, 검)에 관한 사상은 원래 고대조선의 국가통치사상에서 유래하였다. 이미 본바와 같이 B.C. 1세기경에 북규슈일대에 진출한 조선이주민집단은 그 우두머리의 무덤에 거울과 검(단검), 구슬을 함께 묻었다. 그것은 권력과 재부를 과시하는 하나의 큰 정치적시위이기도 하였다. 그 이후 일본에서는 고분문화시기초 즉 4세기까지의 왕의 무덤들에는 에누리없이 다 검과 구슬, 거울이 묻히는것이 통례로 되다싶이 되였다. 신라 천일창의 자손이며 이도국의 아가다누시(지방호족)인 이도데는 바로 나라를 다스리는데 필요한 권력의《시위물》(오늘로 말하면 인장 비슷한것)을 바치겠다고 나선것이다.

이도국이 조선계통소국이였음은 고고학적자료를 통해서도 잘 알수 있다.

먼저 이도국왕의 무덤으로 추측되고있는 미구모유적을 보기로 하자.

후꾸오까현 이도지마군 마에바루정에 있는 미구모유적은 1822년에 드러나 세상에 널리 알려지게 되였다. 유적은 지표밑 약 1m 깊이에서 드러났는데 가로묻은 합구식독무덤에서 숱한 유물이 나왔다.

합구식독은 직경 60cm, 높이 90cm정도이고 무덤축조시기는 야요이문화시기 중기정도라고 한다. 독이 있는 웃쪽부분에서 자루달린 좁은놋단검과 놋과가 나오고 독널안에서 35면이나 되는 여러개의 거울 그리고 놋창, 굽은구슬, 관옥, 유리구슬 등이 나왔다.

당시 거울은 구하기가 매우 힘들고 일정한 계층의 우두머리들만이 소유할수 있는 물건들이였다. 그리고 유리구슬은 당시에는 구하기 힘든 수입품이였다. 이와 같은 물건 특히 거울을 35면이나 하나의 독무덤에 묻는다는것은 당시로서는 묻힌자가 보통사람이 아니였다는것을 말해준다. 그러한 구하기 힘들고 값비싼 물건을 소유할 수 있는 권력과 재부를 지닌자야말로 소국의 우두머리라고 해야 옳을것이다. 미구모유적에 묻힌자는 지리적위치로 보아도 《삼국지》(위서)에 《이도국에는 대대로 왕이 있다.》라고 한 그 력대 왕의 어느 한사람일것이다.

다음으로 이도국의 방어시설인 조선식산성에 대하여 보기로 하자.

신라계통소국의 상징인 《이도노끼》(이도산성)는 이도지마군 이도촌 다까스(高祖)산(415.5m)을 중심으로 하여 서쪽에 전개되는 산지와 산기슭 경사면을 포함한 약 1 635m의 길이를 가진 크지 않은 산성이다. 이도산성은 산성유적의 꼭대기에 서서 보면 이도지마고을이 한눈에 바라보이고 동쪽으로는 가라쯔만방면으로부터 이끼섬이 넘겨다보이며 지어 날씨가 좋을 때는 대마도(쯔시마)까지 볼수 있다. 하까다만과 태재부 역시 한눈에 안겨온다고 한다.

이도산성은 다까스산의 서쪽 경사면을 잘 리용하여 쌓았다. 즉 산의 가장 높은 지대의 분수령을 경계선으로 하여 동쪽에서 서쪽에로 봉우리를 따라 점차적으로 내려오면서 성벽을 형성하였다. 성벽의 바깥면은 될수록 험준한 자연지세의 가파로운 경사면을 골라 형성하였으며 또 곳곳에 인공적으로 깎아내여 절벽을 조성하였다. 서변쪽은 평탄한 평지로서 흙담을 쌓고 수문과 성문을 설치하여 정면으로부터 방위성벽을 구축하였다.

평야지대의 흙담은 일부 돌을 섞어 튼튼하게 다진데가 있고 또는 전혀 돌을 쓰지 않고 흙만으로 쌓은데도 있다. 흙담의 요소마다에는 밑부분 바깥면에 돌담을 쌓아 보강하였다.

이도산성에는 정면의 평야지대에 수문이 설치되였다. 수문은 성안의 시내물을 흙담밖으로 내보내기 위해 구축한것인데 여러곳에 설치되여있다. 수문의 구조는 큰 통수문을 이루지 않고 큰돌을 흙담의 밑바닥에 다져놓는 식으로 하였다. 물은 바로 돌과 돌짬사이를 빠져 성밖으로 흘러나가게끔 되여있다. 그와 같은 삼투식(滲透式)의 수문이 4개소에서 확인되였다고 한다.

흙담을 두른 곳에 3개이상의 성문이 있었는데 현재 확인할수 있는 성문 초석은 2개소만이라고 한다.

망루자리는 산성의 남쪽에 3곳, 서쪽 흙담옆에 한곳, 북쪽 산꼭대기부분에 5곳이 있고 거기에서 초석떼가 확인되였다고 한다.*

* 《이도성터의 조사》, 《북규슈 세도우찌의 고대산성》, 명저(名著) 출판, 1983년, 353~387페지

일본학자들은 당나라에 류학을 갔다온 태재부장관 기비노마끼비가 756년부터 13년동안에 걸쳐 쌓은것이 이 성의 첫 축조인것처럼 말하지만 그렇게 볼수 없다. 왜냐하면 이도산성은 중국식으로 쌓은것이 아니라 조선식으로 쌓은 산성이기때문이다.

앞에서 본바와 같이 이도산성은 다까스산의 경사면을 잘 리용하여 절벽을 성벽으로 삼았다. 산성벽을 자연지세와 인공을 배합하여 형성함으로써 산성을 난공불락의 요새로 되게 하였다. 그러한 성새구축수법은 조선에 고유한것으로서 중국에는 없다. 그리고 흙담과 수문축조 역시 조선사람이 즐겨 적용하는 산성구축방법에 의하여 쌓아졌다. 밑부분에 돌을 다져넣고 그우에 흙담을 쌓는것은 조선에 고유한 수법이며 삼투식의 수문구축 역시 삼국시기의 조선산성에 그 연원을 두고있는것으로서 백제사람들이 쌓은 태재부의 오오노끼성, 까네다성에서도 그러한 실례를 볼수 있다. 말하자면 신라계통이주민의 소국인 이도국이 그 방어적성새로서 고국에서와 마찬가지로 다까스산에 조선식산성을 축성하였다가 그후 8세기에 이르러 당나라 안록산과 신라 등의 이른바 《대륙으로부터의 위협》이 조성되자 성을 다시 고쳐쌓은것으로 보인다. 그런데 산성벽과 수문은 거의나 그대로 둬두고 보강, 수축한것으로 짐작된다. 산성은 조선에로의 직통길에 놓여있으며 그곳은 지리적요충지였던것이다.

이도산성이 신라소국의 산성이라는것은 력대로 산성의 수호신처럼 되여오던 산성안의 제사신이 바로 신라신이였다는 사실로써도 알수 있다.

이도산성안에는 《다까스신사》라는 신사가 있었다. 일본의 력사책인 《삼대실록》[원경 원년(887년) 9월조]에는 다까스히메신을 모신 다까스신사에 종5위 하의 신위를 수여하였다, 천일창의 처인 다까스히메가 고래로 이도산성의 수호신으로 받들려왔다고 한다.[1] 그리고 이도산성부근은 청동문화유적의 집중적인 분포지로 이름높던 곳이기도 하다.[2] 실례로 다까스신사의 성터부근 수문뒤에서 야요이문화시기의 쇠쪼각과 상감된 구멍뚫은 석기가 발견되였다고 한다.[3]

[1], [2], [3] 《일본지명대사전》 1권 일본서방, 1938년, 618페지

이도 아가다누시의 조상은 신라왕자 천일창이며 그의 처가 이도산성의 수호신인 다까스히메(히메고소)이다. 이 사실은 이도국의 조선적(신라적)성격을 잘 말해준다고 생각한다.

이도지마반도 남쪽에 조선계통소국인 이도국이 있었다는것은 고문헌과 고고학적유적유물의 자료뿐아니라 지명고증을 통해서도 잘 알수 있다. 《화명초》는 지꾸젠 이도고을이 아이다, 다꾸고소, 오노, 나가노, 구모스, 아라히도, 이시다, 아마베의 8개 향을 관할한다고 하였다. 그 8개 향가운데에는 다꾸고소, 아라히도(아야사람), 아마베 등 조선적인 이름이 있다. 아마베의 아마는 《天, 海》로서 조선으로부터 전해졌거나 조선과 관계되는 향명이다.[*]

[*] 《일선신화전설의 연구》 해이본사, 1972년, 36페지

그처럼 조선적인 지명이 붙은것은 그 일대에 신라계통주민들의 소국이 있었기때문이다. 또한 아라히도라는 지명이 있게 된것은 신라적인 소국에 가야(가라)세력이 덮치게 된데 기인한다.

우에서 야요이문화시기 북규슈 조선계통소국의 한두가지 실례를 들었다. 이밖에도 야요이문화시기에 존재한 조선계통소국이 더 있었을것이다. 34개의 거울과 6개의 좁은놋단검, 45개의 놋창과 77개의 놋과가 나온 스구(須久) 오까모도의 독무덤도 조선계통의 왕의 무덤일것이다.[*] 앞으로 연구가 심화될수록 야요이문화시기의

조선계통소국의 진면모는 더 잘 드러날것이다.

　　＊ 일본학계는 후꾸오까현의 스구 오까모도유적을 《삼국지》(위서)
　　에 나오는 노국(奴國)왕의 무덤으로 추측하는것 같다.

제2장. 북규슈의 가야(가라)계통소국

　광개토왕릉비는 고구려의 국강상광개토경평안호태왕의 공적비이다. 비석은 그가 죽은 다음 아들인 장수왕대에 건립되였다. 비문은 《령토를 넓힌 왕》이라고 한 시호에서도 명백한것처럼 광개토왕의 업적을 찬양하며 후세에 전하기 위해 씌여졌다. 비문의 《전투공적》부분은 고구려와 백제, 고구려와 왜, 고구려와 신라 및 가야(가라) 등 4세기말~5세기초의 그 나라들 호상간에 있은 중요한 력사사실을 알수 있게 한다. 여기서 가장 주목을 끄는것이 비문에 자주 나오는 《왜》관계 기사이다.

　근대에 와서 릉비가 발견된 이후 일본학자들은 누구나가 다 비문을 저들에게 유리하게 해독해왔다. 그들은 왜관계 부분의 글을 자의대로 읽어 주어를 고구려로 할것을 《왜》로 만들어놓음으로써 《광개토왕릉비》를 부당한 《임나일본부》설을 《근거》짓는 《일등사료》로 삼아 널리 퍼뜨리였다.

　광개토왕릉비의 비문에서 왜가 나오는것은 1면 9행과 2면 6행, 7행, 8행, 9행 그리고 3면 3행, 4행 등이다.

　1면으로부터 3면에 걸쳐오는 왜는 주로 고구려에 적대적으로 나오면서 당시 고구려와 종속적관계에 있던 신라땅에 침입했다가 고구려에 의하여 격파된 그러한 왜였다.

　그러면 광개토왕릉비에 나오는 왜는 어디에 위치한 어떠한 왜였겠는가.

　우리 학계는 이미 오래전에 광개토왕릉비에 나오는 왜란 북규슈에 있던 조선계통소국의 왜로서 그것은 친백제, 친가야적성격을 띤 소국이라는 문제를 제기한 일이 있다.*¹ 그리고 최근에 또다시 이에 대한 학계적합의를 본 다음 그에 기초하여 글이 발표되였다.*² 그러므로 앞으로는 북규슈에 있던 어떠한 세력이 광개토왕릉비에 반영된 《왜》였겠는가를 규명하여야 할것이다.

*¹ 《초기조일관계연구》 사회과학출판사, 주체55(1966)년, 297페지
*² 《력사과학》 주체75(1986)년 1호

제1절. 이도지마 가야(가라)소국

광개토왕릉비문에 보이는 왜는 고구려와 싸우고 신라땅을 침범하는 왜였다. 말하자면 고구려와 신라에 대해서는 적대적으로 나선 존재였다. 이것은 왜의 성격이 백제-가야적이라는것을 시사해준다.

우선 그러한 왜는 북규슈의 왜소국들에서 찾아야 하며 그가운데서 조선반도와 가장 가까운 거리에 있는 이도지마반도에서 찾아야 한다.

4세기말~5세기초 광개토왕릉비, 중원고구려비 등에서 보는바와 같이 복잡한 정치, 군사정세속에서 신라는 고구려와 종속적인 동맹을 맺었으며 백제와 가야 역시 고구려의 적극적인 남하에 위협을 느낀 나머지 량자는 급속히 접근하여 동맹을 맺었다. 백제와 가야의 동맹관계는 4세기까지만 해도 강대한 고구려와 당당히 맞서 싸우던 백제를 우위로 한 그러한 동맹관계였다.*

* 《삼국사기》(권14 백제본기 2 근초고왕 24년)에 의하면 고구려의 2만 대군을 치양성에서 크게 격파한 백제는 한수(한강) 남쪽에서 대열병식을 벌렸다. 그때 백제왕은 모두 누런 기발을 썼다고 하였다. 백제왕이 누런 기발을 썼다고 《삼국사기》에 특기한것은 그가 황제만이 쓰는 기발을 씀으로써 자신이 황제임을 온 세상에 과시한것이라고 말할수 있다.

이리하여 북규슈에 있던 가야의 소국은 이러한 주위의 복잡한 정세에 말려들어가면서 《대국》인 백제의 요구에 따라 고국 가야를 위하여 자기의 군대를 조선땅에로 출동시켰다. 따라서 《광개토왕릉비》에 나오는 《왜》*는 크게는 북규슈에 있던 조선의 백제-가야계통소국이지만 내용을 따져보면 그것은 가야계통의 조선소국이였다. 다시말하여 릉비에 나온 신묘년(391) 당시의 왜는 백제의 지시와 요구에 의하여 동원되였다 하더라도 그 정체는 일찍부터 왜땅에 건너가 거기에 독자적인 소국을 형성한 가야사람들의 나라였던 것이다.

* 지난날 광개토왕릉비에 나오는 왜와 《삼국사기》에 나오는 왜를 중세기의 왜와 같은 존재로 혼동하는 경향도 없지 않았다. 하지만 5세기까지의 일본렬도안의 여러 소국은 직접, 간접적으로 조선의 정치, 문화적영향을 받은 나라로서 일본의 독자적세력으로는 될수 없었다. 일본이 독자적세력으로 등장한것은 6~7세기 이후의 일이다. 《삼국지》(위서)에 나오는 비미호의 야마대국도 《친위왜왕》인 동시에 《친신라왜왕》이였다.

그것은 조선과 가장 가까운 거리에 있던 이도지마반도의 가야 소국이였다.

1. 지명과 고고학적자료를 통하여 본 가야(가라)소국

이도지마반도의 가야(가라)지명

현해탄에 면해있고 이끼섬을 앞에 둔 이도지마(糸島)반도의 이도지마군은 이도군과 시마군이 합쳐져서 생긴 고을이다. 반도 북쪽이 시마군이고 남쪽은 이도군이다. 시마군일대는 옛날부터 가야(可也)라고 불리워오던 곳이다. 즉 이도지마반도의 기다자끼촌일대는 고대로부터 가라도마리(韓泊)라고 불리운 곳으로서 조선에서 일본으로 건너가는 직통길에 있는 배의 정박지이다. 또한 그 일대는 중세기까지만 해도 《화명초》 등에 시마군 가야(가라)마을(加夜鄕, 韓良鄕)이라고 밝혀져있는*¹ 고장이였다. 《가라도마리라는것은 가라 즉 조선사람이 머무르는 곳이라는 뜻인데 〈속풍토기〉에도 그렇게 씌여있다.》*²라고 한다.

> *¹ 《일본지명대사전》 2권 일본서방, 1938년, 1803페지 가라. 그 내용을 그대로 인용하면 다음과 같다. 《지꾸젠국 시마군의 옛 지명. 〈화명초〉에 가라향의 이름을 본다. 지금 이도지마군의 북쪽 해상에 삐여져나오고 겐까이섬을 포함한 기다자끼마을의 땅이다. 옛 력사책에 가라도마리, 〈만엽집〉에 〈韓亭〉이라고 한것도 본 향내(鄕內)에 속한다.》
>
> *² 우와 같은 책 2권, 1811페지, 3권, 2035페지

지금의 이도지마군 마에바루정(前原町)일대에도 가야(가라)와 관계되는 지명이 많다. 《화명초》에 있는 《게에》(鷄永)향, 가야산*(可也山, 365m) 등이 그것이다. 가야산이 있는 일대가 게에향 즉 가야향이라고 불리운 곳이다. 그 가야산을 중심으로 현재까지도 가야촌(可也村)과 게야촌(芥屋村) 등이 있다. 마에바루정일대에는 또한 가야(가라)의 이름을 딴 가라(加羅)마을과 가후라(加布羅)해안 등이 있다. 가라도마리일대는 《화명초》에는 가라향(韓良鄕)으로 되여 있으나 《태재부관세음자재장》에는 가야(加夜)향으로 표기되여있다. 그리고 가라도마리와 가야산은 《만엽집》과 같은 오랜 일본고대 노래책에도 나오는 옛 지명들이다. 고장이름이 붙여지고 토착화된다는것은 그 지명의 유래가 아주 오래다는것을 말한다. 《만엽집》과 같은 오랜(8세기) 노래집에 가야산이 나온다는것은 가야국이 망한 6세기 이전시기에 벌써 그런 이름이 산이름과 향이름으로 지어져있었다는것을 보여준다. 그것은 이도지마반도가 가야(가라)사람에 의하여 개척되였기때문이다.

> * 가야산은 이도치마반도의 그 어디에서도 볼수 있다. 그래서 가야산을 이도지마의 후지산, 쯔꾸시의 후지산이라고 부른다. 이 산이 조선의 가야에 유래하였다는것자체가 주목을 끈다.

이도지마반도는 고대로부터 조선과 북규슈를 련결하는 요충지
였다. 조선-쯔시마-이끼-이도지마반도로 표시되는 길이 조선으
로부터 일본에로 가는 곧은 직통길이였다는것은 고대와 중세의 력
사가 잘 보여준다.*《만엽집》에 이도지마반도 최북단일대를《가라
도마리》라고 노래한것은 결코 우연치 않다.

> * 조선에서 일본으로 가는 로정으로 이 길을 택한 사실은 많다. 실
> 례로 1280년의 몽골의 일본출격당시 합포(마산)-이끼-이도지마
> 의 길이 택해졌다. 이 로정을 잘 알고있는 일본은 거기에 방어진
> 지를 구축하였다. 지금도 이도지마반도 최북단에《몽고산》이 있
> 는것은 그때문이다.

광개토왕릉비에 나오는 왜는 우선 이도지마반도일대에 있던 가
야소국의 왜였을것이다.

그러면 어째서 그들의 소국을 왜로 불렀는가. 그것은 우선 그
들이 왜땅의 사람들이며 또한 그 소국안에는 원주민화한 조선계통
이주민들이 다수를 차지하고있었을것이기때문이다. 그들은 조선측
에서 보면《왜》이지만 야마또측에서 보면 가라(가야)세력이였고 백
제(구다라)세력이였던것이다.

이도지마반도에 가야소국이 있었다는것은 비단 지명유적의 존
재만을 가지고 말하는것이 아니다. 이도지마반도에는 근 40기나 되
는 우두머리급의 무덤인 전방후원무덤이 밀집되여있어 그곳에서 소
국이 형성, 발전하였음을 잘 보여준다. 거기에는 이끼산 죠시즈까
무덤을 비롯하여 100m가 넘는 우두머리급의 무덤이 39기나 밀집되
여있다.* 이도지마와 같은 좁은 지역에 그처럼 많은 전방후원무덤
이 몰켜있는 사실은 북규슈의 다른 지방에서는 찾아보기 힘든 현상
이다. 이것은 거기에 일정한 규모의 계급국가가 발생, 발전하였다
는것을 말해준다.

> * 《기마민족이 온 길》마이니찌신붕사, 1985년, 83~84페지. 이
> 책의 저자는 작가출신의 학자로서 4~5세기의 고고학적자료를
> 적절하게 잘 묶었다. 필자는 북규슈일대의 무덤발굴보고서를 전

부 입수 못하는 조건에서 북규슈의 무덤을 개괄한 이 저서의 자료들을 일정하게 리용하였다.

이도지마반도의 북쪽부분에 소국을 형성한 가야소국은 점차 세력을 확대하여 남부지역에 있던 이도국을 자기의 세력밑에 두었다고 보인다. 그렇게 하여 이도지마일대에서는 전체적으로 가야국이 패권을 쥐게 된것 같다. 이에 대해서는 다음 항목에서 자세히 보게 될것이다.

이도지마반도일대에 조선계통소국이 있었다고 보는것은 거기에 조선소국의 상징인 조선식산성이 존재하기때문이기도 하다.

조선식산성유적이 있는 라이산

조선식산성은 조선사람만이 쌓는 산성이다. 조선식산성이 있는 곳에는 조선사람들이 권력을 가지고 많이 모여 살았다는것을 말한다.

라이산산성은 오래동안 신롱석(고가이시) 또는 쯔즈끼로 불리워왔다. 산성은 세부리산지의 라이산(955m)의 가운데허리쯤(400~450m)에 산허리를 감듯이 구축되였다.

산성은 이도지마평야와 가후리만, 후나고시만을 부감할수 있을뿐아니라 멀리에 이끼섬과 쯔시마섬을 바라볼수 있는 위치에 자리잡고있다.

산성은 라이산에서 나는 화강석을 네모나게 다듬어 쌓았다.

성벽은 네모난 돌의 웃면과 앞면 그리고 좌우면을 밋밋하게 잘 다듬어 돌과 돌사이가 버그러지지 않고 맞물리게 쌓았다. 돌의 웃면과 앞면은 울뚝불뚝 삐여져나오지 않게 직선으로 고르롭게 잘 놓았다. 그러면서 들쑹날쑹하게 된 돌 안쪽면에는 흙을 메웠다. 성돌의 크기는 높이 2자 5치(1자는 30.3cm, 1치는 3.03cm)이며 너비는 2자 9치로서 길이는 거의 같지만 길고 짧은것이 더러 있다고 한다.

성벽은 기본적으로 직선이지만 지세에 따라 방향을 바꿀 경우는 일정한 각도를 가지고 구부러져 곡선을 이루었다고 한다.

수문은 남북 두곳에 설치되였다.

북쪽수문의 동쪽으로는 21간(1간은 약 1.8m)의 돌담이 남아있고 서쪽에는 37간의 돌담이 있다. 남쪽수문으로부터는 27간이 평탄부이고 거기에 돌담이 드문히 보이지만 산에 오름에 따라 동쪽으로 73간, 서쪽으로 95간의 돌담(성벽)이 련결되여있다.
　산성안은 산꼭대기부분을 거쳐 점차 완만한 경사를 이루는 곳과 계곡쪽의 평탄한 곳으로 갈라진다. 평탄한 곳의 가운데부분에는 한줄기의 시내가 흐르며 그 류역부근에는 3정보가량의 개간된 논이 있다. 그리고 서남모퉁이쪽에는 길이 2간이나 되는 돌무지가 있다. 그밖에도 전부 잔디밭으로 뒤덮여있다.
　물원천은 라이산꼭대기가 시원지인데 우묵한 곬을 따라 두줄기의 시내물이 흐른다. 보통때의 물량은 그리 많지 않으며 평탄한 남쪽의 성벽을 통과해서 두줄기의 시내는 하나로 합쳐진다. 이어 북으로 흘러 북쪽수문을 거쳐서 폭포를 이루는데 이것을 두둑폭포라고 부른다. 강폭은 5~6자이며 평소의 강물깊이는 5치정도로 아주 얕다.
　두둑폭포가 있는 북쪽수문부분은 매우 견고하여 아직까지 그 형태를 그대로 보존하고있다. 수문의 웃부분에는 남북으로 7간, 동서로 4간이나 되는 다리가 걸려있다. 수문구조는 앞면을 가지런히 하고 돌을 차곡차곡 쌓아올려 만들었는데 바닥쪽에 2개의 수구문을 냈다. 하나는 높이 4자에 너비 3자 8치이며 다른 하나는 높이 3자 7치에 너비 2치 5분(1분은 0.303cm)이다. 수구문의 모양은 다같이 네모났다고 한다. 그런데 이 두 통수문 웃쪽에 또 하나의 통수문(높이는 2자, 너비는 3자)을 설치하였다. 그것은 수량이 많을 때 쓰는 예비보조용으로 설치된것으로 짐작된다. 다시말하여 평소에는 아래쪽에 있는 2개의 통수문에서 물이 빠지게 하였다가 물이 불어나는 경우에는 제때에 물을 뺄수 있게 기발한 착상에 의하여 설치된것이라고 보인다. 두 수구문에서 빠진 물은 다리아래를 지난 다음 물살이 급해져서 드디어 두둑폭포를 이룬다. 그러다가 100여간의 바위사이를 지나가면서 3계단으로 나뉘여 흘러가 마침내 나가노천(長野川)에 합류된다고 한다.
　산성에로 오르내리는 길은 이도지마평야쪽에 두가닥으로 뻗어있다.*

* 라이산산성에 관한 자료는 《일본지명대사전》(6권, 5753페지), 《고고학강좌》(6, 유잔가꾸, 1975년, 109～112페지), 《북규슈세 도우찌의 고대산성》(명저출판, 92～96페지) 등을 참고하였다. 그리고 라이산과 이도노끼(怡土城)가 조선식산성이고 그 주변일대가 조선계통소국의 판도였다는것은 센리(千里), 고라이(高氷, 高麗)라는 조선계통지명을 보아도 잘 알수 있다. 센리라는것은 땅에 박힌 큰돌(根深石, 높이 약 1.4m, 너비 1.6m, 두께 35cm)을 가리키는데 립석이라고도 하며 조선에서 날라갔다고 한다. 조선으로부터의 거리가 천리(센리)나 되였기때문에 그와 같은 이름이 붙었다고 한다.(《기꾸찌성터》 구마모또현 《교육위원회》, 1983년, 125페지의 주석)

라이산산성은 사방의 지세가 아주 험한 곳에 구축되여있어 일부당관 만부 막개(아군은 한명의 군사로도 막을수 있고 적은 만명의 군사로도 깨뜨릴수 없다는 뜻)의 난공불락의 요새로 되여있다. 남북수문사이가 400간이고 성안의 땅넓이가 약 13만 2 700여평이나 되는 이 큰 산성은 오직 조선이주민집단만이 쌓을수 있었다. 라이산산성은 이도지마평야를 개척하고 그곳에 고국을 본딴 소국가를 형성한 가야계통이주민집단이 자기들의 소국을 방어하기 위한 중요 요새로서 구축한 산성으로서 그것을 물질적으로 증명하는 력사사적이라고 말할수 있을것이다. 라이산에서 굽어보이는 이도지마평야에는 근 40기의 무덤들이 밀집되여있다.

라이산산성은 언제 쌓았는지 알수 없다고 한다. 여러모로 보아 그 오랜 산성은 가야소국의 주민들이 쌓은것이며 그 소국이 리용하던것이라고 생각한다. 그것은 다음의 몇가지 근거로써 그렇게 말할수 있기때문이다.

첫째로, 이 산성이 오래동안 쯔즈끼라는 조선말로 불리워왔다는 사실이다. 앞에서도 본바와 같이 쯔즈끼라는 말은 조선말의 언덕 또는 뚝이라는 뜻의 두둑과 성새라는 뜻인 끼가 합쳐져서 이룩되였다. 이 말은 오늘날 라이산성 그자체보다도 북쪽수문을 이르는 말로 전화되고말았으나 어쨌든 그것은 조선고유의 말임에는 틀림이 없다.

둘째로, 지금까지도 산성안에 있는 고소신사(層祖神社)는 옛적에 가라궁(加羅宮)으로 불리웠다는 사실이다. 이것은 가야(가라)에서 온 말이다. 가야(가라)사람이 지은 산성이기때문에 가라궁이라는 사당이 오래동안 전해오는것이라고 보인다.

셋째로, 산성이 아주 오래된 축조형식을 가지고있을뿐아니라 축성방식이 완전히 조선식이라는 사실이다. 앞에서 본것처럼 수문구조를 비롯한 여러 구조물의 축조방식과 산성의 위치선정, 저수능력을 가진 평탄부의 선택과 시내물을 재치있게 빠지게 한 능란한 수법, 견고한 수문돌담의 구축과 예비용수문의 설치 등은 당시 조선사람의 기술과 지혜로써만이 할수 있었다.

넷째로, 산성안에서 가야특유의 베천댄 기와가 나왔다는 사실이다.[1]

다섯째로, 라이산산성이 위치한 세부리산지자체가 조선말에 어근을 두고있는 가야 및 신라적인 말이라는 사실이다.[2]

[1] 《일본성곽사》 오루이(大類伸)저, 1936년, 49페지
[2] 세부리(脊振)라는 말은 서호리, 서부리라는 음에서 나온 조선말이라고 한다.(《일선동조론》 도에서원, 1929년, 220페지)

여섯째로, 산성에 가까운 곳에 있는 라이산무덤에서 가야의 록각제칼이 나왔다는 사실이다.

일곱째로, 이도지마가야국과 라이산산성이 깊은 련관을 가지고있다는 사실이다. 앞에서 말한바와 같이 산성은 북쪽으로 완만하게 경사진 이도지마반도(평야)를 부감하면서 그것을 곧 끌어안을듯 한 형세를 취하고있다. 그리고 여러 무덤들이 바로 산성의 시야안에 있다. 이것은 무덤이 있는 평야와 산성이 깊은 련관관계에 있음을 말해준다. 말하자면 평야배후에 자리잡은 산성의 안전여하에 따라 평야에 사는 주민(거기에 무덤을 쓴 사람)들의 안전도 담보되는것이다.

이상과 같은 몇가지 점들을 통하여 라이산산성은 이도지마평야(반도)에서 형성, 발전한 조선계통소국이 방어를 위한 성새로 구축한것이라고 본다. 그리고 이도지마반도에 형성된 조선계통소국은 지명고증을 통하여 본것처럼 가야소국이였다.

2. 이도지마 가야소국의 연혁

① 무덤유적을 통하여 본 4세기의 이도지마 가야소국

　이도지마반도일대에 있던 가야소국은 4세기에는 짙은 가야적색채를 띠고 모든것이 고국인 가야 그대로였던것을 알수 있다.
　이도지마지방의 이도지마평야는 크게 동쪽(이마쥬꾸, 수센지촌일대)지구와 북쪽(시마일대)지구, 중앙부(이도, 미구모, 소네)지구와 서쪽(니죠, 나가노)지구의 네 지구로 나눌수 있다. 그 각 지구에 100m정도의 4세기 전반기 전방후원무덤들이 전개되여있다. 즉 이끼산 죠시즈까(銚子塚)무덤, 하시야마(端山)무덤, 미도구야마(御道具山)무덤, 와까하찌마미야(若八幡宮)무덤 등이 그것이다. 동쪽지구에는 우두머리급의 무덤을 포함한 12기의 전방후원무덤이 있다.
　이도지마반도의 대표적무덤들을 보면 다음 표와 같다.

이도지마반도의 전방후원무덤일람표

지도번호	고분이름	내부시설	유물	비고
1	도비라제1호무덤		후한련고문경, 철기, 무덤무지에 원통하니와	무덤무지 절반 파괴
2	미도구야마무덤			
3	도마리오즈까무덤		원통하니와	
4	다찌노무덤			
5	도꾸쇼지무덤			
6	죠시즈까무덤	수혈식돌칸	각종 거울과 구슬, 고리자루큰칼, 직도, 단도, 철검, 검모양 창몸 14, 쇠활촉 14 등	길이 103m

표계속

지도번호	고분이름	내부시설	유물	비 고
7	나가이시후다쯔까무덤			길이 약 50m 후원직경 23m
8	이즈마후다즈까무덤			길이 약 40m
9	요꼬마꾸라무덤	횡혈식돌칸		길이 약 35m
10	히아께제3호무덤	횡혈식돌칸	원통하니와	길이 약 40m
11	히아께제11호무덤	횡혈식돌칸		길이 약 45m
12	히아께제13호무덤	수혈식돌칸		길이 약 25m
13	히아께제16호무덤	횡혈식돌칸		길이 약 30m
14	히아께제17호무덤			
15	아리따제1호무덤	수혈식돌칸		
16	사끼야마무덤	횡혈식돌칸		소멸
17	와레즈까무덤			길이 약 42m 밥조개식무덤
18	센베이즈까무덤		집모양하니와, 원통하니와	
19	다까우에오즈까무덤		각장도(직호문)	
20	미구모차우스즈까무덤		(철도, 철창)	소멸
21	하시야마무덤		하지끼	
22	쯔끼야마무덤		하지끼	
23	무꼬우에제4호무덤			
24	이바루제1호무덤	대형돌상자무덤		
25	이바루제2호무덤			소멸
26	야시끼제1호무덤	횡혈식돌칸		
27	다까소무덤			

표계속

지도번호	고분이름	내부시설	유물	비고
28	고스데즈까무덤	횡혈식돌칸		소멸
29	메시우지제1군 제1호	횡혈식돌칸		쌍원분
30	마루구마야마무덤	고식횡혈식 돌칸 돌상자 돌관	각종 거울과 구슬류, 철검, 철도, 쇠활촉	길이 약 80m
31	야마노하나제1호무덤	수혈식돌칸		
32	야마노하나제2호무덤			소멸
33	와까하찌마미야무덤	배모양 나무관	거울과 구슬류, 혁철단갑, 쇠활촉, 철검 등	길이 약 47m
34	시모다니무덤	횡혈식돌칸		소멸
35	고마쯔바라제1호무덤	횡혈식돌칸	스에끼	
36	다니우에무덤	횡혈식돌칸		
37	이마쥬꾸 오즈까무덤	횡혈식돌칸	하니와와 스에끼	
38	혼무라제5호무덤	횡혈식돌칸		
39	스끼사끼무덤		집모양하니와	

《기마민족이 온 길》 마이니찌신문사, 1985년, 87페지

이도지마반도의 주요원형무덤일람표

지도번호	무덤이름	내부시설	유물	비고
1	도마리시로사끼무덤		쇠도끼, 낫, 도질질그릇, 하지끼	직경 32m이상
2	나가스구마무덤	배모양돌관	거울	직경 약 30m

표계속

지도번호	무덤이름	내부시설	유물	비고
3	쯔까다무덤떼	수혈식돌칸	빗, 스에끼	직경 11~20m
4	가마즈까무덤	고식횡혈식돌칸	원통과 집모양의 하니와	직경 56m
5	나가다께야마 제1호무덤	고식횡혈식돌칸		직경 약 30m
6	쯔루가사까 무덤떼	고식횡혈식돌칸		직경 약 20m
7	히라바루무덤	활죽형나무관	거울과 막대한 구슬류, 쇠도끼, 질그릇 등	방형주구무덤
8	기쯔네즈까무덤	고식횡혈식돌칸 작은돌칸	쇠활촉, 칼, 철검, 쇠창	직경 32m
9	고가사끼무덤	횡혈식돌칸	마구류, 스에끼	
10	무꼬우에제2호무덤	고식횡혈식돌칸		직경 약 40m
11	가부또즈까무덤	고식횡혈식돌칸	원통하니와, 갑옷 부분품	직경 약 40m

《기마민족이 온 길》 마이니찌신붕사, 1985년, 89페지

4세기의 대표적무덤으로는 이끼산 죠시즈까무덤과 와까하찌마 미야무덤을 들수 있다.

죠시즈까무덤은 가라쯔만을 바라보는 언덕(홍적대지)우에 전방부를 북쪽으로, 다시말하여 조선쪽으로 향하게 축조한 전방후원무덤이다. 길이 103m, 후원부의 직경 61m, 높이 9m이며 전방부의 너비 31m, 높이 4m이다. 그 규모는 안길이 3.4m, 너비 1.4m, 길이 67cm(또는 80cm)이다. 껴묻거리로는 각종 거울 10면, 경옥제굽은구슬 2개, 벽옥제관옥 33개, 둥근자루큰칼 3개, 쇠칼 3개, 단도

1개, 검 6개(이상은 돌칸안에서 나옴) 그리고 검모양의 창끝 14개, 쇠활촉 14개(이상은 돌칸밖에서 나옴)가 발견되였다.*

> * 《고분사전》도꾜당출판, 1983년, 193페지. 이 론문에 인용된 무덤관계 자료는 기본적으로 해당 발굴자료(보고서)에 의거하면서도 입수 못한 자료에 대해서는 상기《고분사전》과 신판《고고학강좌》(유잔가꾸, 1975년) 11권 등에서 보충하였다.

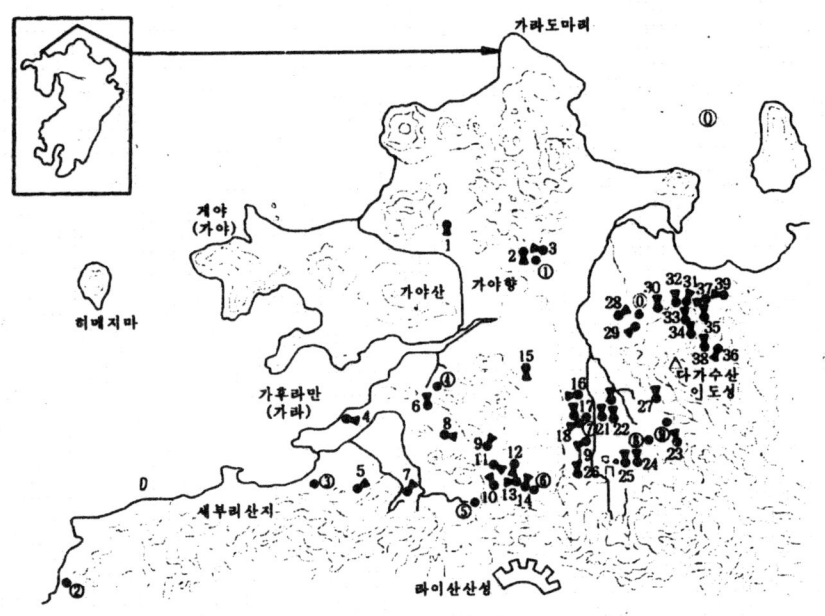

이도지마반도의 대표적무덤분포도

와까하찌마미야무덤의 껴묻거리로는 둥근자루큰칼 2개, 쇠검 1개, 쇠활촉 19개, 쇠도끼 1개, 창대패 1개, 가죽제방패 1개, 가죽엮음수신판단갑(竪矧板革綴短甲) 1령이 나왔다.

우에서 본 4세기 후반기의 죠시즈까무덤과 와까하찌마미야무덤의 껴묻거리는 각종 거울과 여러가지 구슬류 등으로서 주술적색채가 농후하고 무기, 무장에 있어서도 보병용칼과 창 그리고 쇠갑옷을 뚫지 못한 보병용화살촉과 가죽방패, 엷은 보병용단갑뿐이다.

그것들을 통하여 이도지마반도일대의 우두머리급무덤들인 이 무덤들이 4세기의것이였음을 알수 있다. 또 나아가서 그 무덤들이 조선의 가야적성격을 반영한 무덤이였음을 알수 있다.

일본학자들은 죠시즈까무덤을 《규슈에 있어서의 기내형고분》이라는 딱지를 붙이지만 그것은 기내적요소가 아니라 나무관을 두었을 매장시설인 수혈식돌칸으로 보아 그리고 출토된 유물들로 보아 가야의 무덤임이 틀림없다. 실례로 와까하찌마미야무덤에서 나온 혁철단갑은 함양 상백리, 부산 복천동제4호무덤 등에서 나온 수신판 및 삼각판의 가죽엮음단갑에 그 원형을 두고있는 갑옷이다.

일본사람들이 규슈의 최북단인 그곳에 기내형무덤이 있다는것을 말하기 좋아하는것은 4세기에 벌써 기내 야마또정권이 그 일대를 차지하고있었다고 말하고싶어하는 주관적희망일뿐 거기에 그 어떤 과학적(고고학적)근거가 있는것은 아니다. 다만 있다면 기내 특히 가와찌일대의 무덤이 가야적요소를 닮았을뿐이며 그것은 가야-규슈-가와찌에로의 로정을 거친 가야세력의 기내 가와찌일대에로의 진출로써 설명되여야 할것이다.

아무튼 그 무덤들을 통하여 이도지마가야국이 4세기에는 같은 가야(가라)적성격을 띠고있었다는것을 알수 있다.

4세기까지의 가야소국은 이도지마반도의 서부지구 즉 가야산을 중심으로 한 지대에 있던것으로 보인다. 왜냐하면 후에도 보겠지만 미도꼬, 마쯔바라(御床, 松原)유적들에서 가야적질그릇이 집중적으로 나오기때문이다. 그리고 이도지마남쪽인 오늘의 다까스산을 중심으로 한 지대에는 앞서 본바와 같이 이도국이 존재하였다. 그후 이도지마반도를 중심으로 한 일대는 완전히 가야적세력으로 뒤덮이게 되는것이다.

매장시설과 껴묻거리 등으로 보아 주술적색채가 매우 강한 무덤들이 있는 이도지마반도주변에 5세기에 들어서면서 여러 분야에서 고구려와 백제의 영향을 강하게 받은 가야적문화가 출현하였다. 그것은 4세기말~5세기초부터 백제와 가야사람들이 그 일대에 수많이 진출해간 결과로써 설명될것이다. 4세기말~5세기초의 백제, 가야사람들의 그 지역에로의 진출은 종래의 가야국으로 하여금 여러 측면에서 변화를 일으키게 하였다. 그것이 어떠한 변화였던가에 대하여 이도지마반도의 무덤유적과 유물을 통하여 보기로 한다.

② 무덤유적을 통하여 본 5세기초의 이도지마 가야소국

일본 고분문화시기에서 5세기에 해당되는 고분문화중기는 여러 가지 면에서 획기적시기라고 할수 있다. 그것은 여러 력사적사건들과 더불어 종래의 수혈식돌칸무덤이 횡혈식돌칸무덤으로 변천되여가는 과정을 그 시기에 보게 되기때문이다. 수혈식으로부터 횡혈식으로 넘어가는 매장시설에서의 큰 변화과정은 사람(고대 일본사람)들이 죽은 다음의 생활에 대한 환상적의식과 풍습의 변천과정이기도 하였다. 그리고 그러한 획기적변화는 고분문화시기 전기(4세기) 수혈식돌칸무덤의 도입이 가야로부터의 외래적영향에 의한것이였던것처럼 횡혈식돌칸무덤의 파급 역시 조선으로부터의 강한·문화적영향에 의한것이였고 그 문화적영향은 곧 가야일대 주민들의 일본에로의 대량적진출과 관련된것이였다.

매장시설의 획기적변화와 함께 5세기는 무기, 무장에 있어서도 질적변화가 일어난 시기였다. 보병의 근거리접근전대신 기병전을 기본으로 하는 새로운 전투방식의 발생, 발전은 그에 따르는 말의 사양, 칼과 활, 활촉의 개량과 함께 보병용단갑대신 쇠찰갑의 **출현** 등 무기, 무장에 있어서도 일련의 변화를 가져오게 하였다. 그밖에도 농구, 공구의 개량 등 여러 분야에서 획기적전진이 이룩되였다. 그와 같은 여러 분야에서의 변화를 조선반도와 가장 가까운 거리에 있던 이도지마반도를 중심으로 한 지역에서 보게 된다.

이도지마반도는 5세기에 무덤형식과 무기, 무장, 농구, 공구 등 일련의 생산 및 사회생활과 군사분야에서 전 일본적으로 제일먼저 급속한 변화를 일으킨 곳으로 되였다.

무덤형식의 변천

일본에서 수혈식무덤을 대신하여 출현한 횡혈식무덤은 6세기에 와서야 완전한 자기 형태를 갖추고 일본전국을 휩쓴다. 그러나 그 첫시작은 5세기초이며 5세기 중엽경부터 서서히 규슈 전 지역에 퍼지면서 세또나이해를 거쳐 기내일대에까지 이른다.

- 194 -

횡혈식돌칸무덤은 처음부터 무덤안길이 달린 무덤칸인것이 아니라 가야의 무덤형식에서 보는것처럼 수혈식무덤칸에 무덤안길을 단 수혈계횡혈식무덤 또는 무덤칸의 입구를 가로낸 수혈식횡구무덤이였다. 그러다가 차츰 횡혈식의 비중이 커지면서 전시기의 수혈식요소가 점차 없어지는것이다.

일본에서 횡혈식돌칸무덤의 첫 발생지는 북규슈이며 특히 가야소국이 있던 이도지마반도일대가 일본에서 가장 이른 첫 횡혈식돌칸무덤발생지라고 할수 있다.* 거기에는 일본학자들이 말하는 횡혈식무덤의 《시원적형태》가 있다. 물론 그와 같은 횡혈식무덤이 일본안에서 자체로 발생하였다고는 전혀 볼수 없으며 일본사람들도 그렇게 말하는 사람은 없는것 같다.

* 북규슈일대에는 후에 보게 되는 사가현 마쯔우라만일대의 요꼬다시모(橫田下)무덤과 같은 초기의 횡혈식무덤도 있다. 그러나 그 무덤은 완전한 백제식의 궁륭천정을 가진 횡혈식무덤이며 시기적으로 보면 이도지마반도일대의것보다 조금 후세의것이다.

종래 후꾸오까현 마루구마야마무덤을 초기의 횡혈식무덤으로 일러왔으나 최근시기 그 일대에 대한 고고학적조사발굴에 의하여 마루구마야마무덤에 선행하는 횡혈식무덤이 여러기 발견되였다.

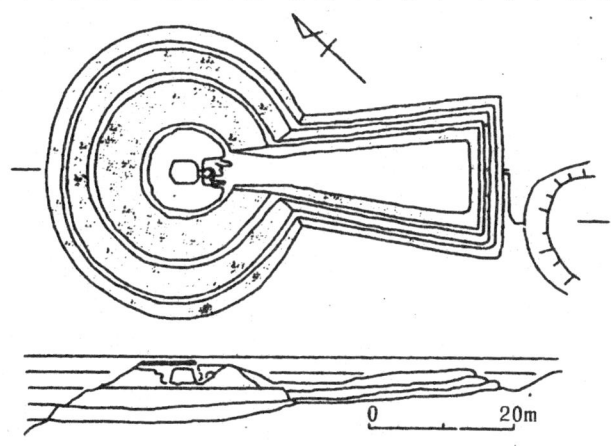

후꾸오까현 수끼사끼무덤
무덤무지 복원도

이도지마평야의 동쪽끝에 있는 스끼사끼무덤(길이 64m, 후꾸오까시 서구 이마쥬꾸, 1983년도에 발굴, 조사)은 철제단갑 등 가야에 특유한 유물들이 나온 조선계통의 무덤으로서 돌칸구조와 껴묻거리로 보아 그 축조년대는 5세기 초엽으로 추정된다고 한다. 그 무덤의 돌칸구조는 전방부를 향하여 왼쪽으로 치우친 짧은 무덤길을 붙인 거의 방형에 가까운 길이 3.3m, 너비 2.6m의 무덤칸이다. 납작한 쪼갠 돌을 쌓아올리면서 한쪽에 지탱돌을 세워 무너지는것을 막는 등의 조치가 강구되여있다고 한다.

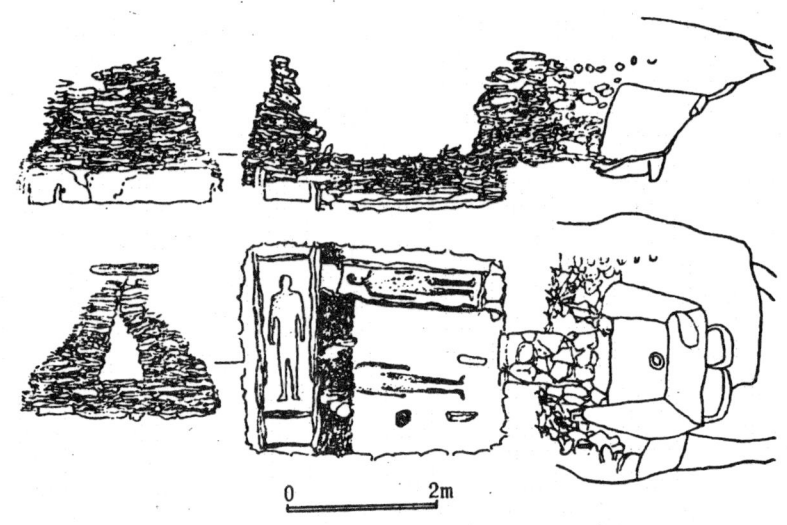

일본최초의 횡혈식돌칸무덤의 단면도
수끼사끼무덤

수혈계횡구식의 채용이 현저한것은 로오지(老司)제3호무덤이다.* 나까천의 중류 좌안의 언덕에 있는 전방후원무덤이다. 전방부가 남쪽으로 향한 그 무덤은 길이 90m, 후원부의 직경 45m이다. 매장시설은 후원부에 3기, 전방부에 1기 계 4기가 있다. 무덤칸은 4기 다 쪼갠 돌을 차곡차곡 쌓아올린 수혈식돌칸이다. 그런데 제3호무덤만은 무덤칸이 비록 길이 3.2m, 너비 2.1m, 높이 1.4m의 수혈식이지만 남쪽벽면에는 밑바닥너비 1.3m의 계단모양의 무덤길이

덧붙어있다. 일본 고고학자들은 그것을 두고 횡혈식돌칸무덤의 《시원적형태》라고 말들을 하고있다.

* 로오지무덤은 현재 후꾸오까시 남구 로오지에 있어 이도지마반도와는 좀 거리가 있다. 그러나 후에도 보겠지만 5세기경에 와서 가야국은 나까천일대까지도 자기의 통제권하에 넣었다.

껴묻거리로는 8면의 각종 거울, 호미끝 4개, 낫 3개, 도끼 11개, 끌 4개, 창대패 6개, 톱 1개, 손칼 10개, 고사리모양의 칼 5개, 사슴뿔자루 3개, 갈돌 1개, 쇠칼 8개, 검 7개, 창 3개, 단갑 1개, 경옥제굽은구슬 7개, 벽옥제판옥 115개, 유리판옥 1개, 경옥제대추구슬 1개, 작은구슬 1개, 금귀고리 2개, 빗 1개, 소라모양질그릇 1개, 쇠사슬모양의 철제품 1개 등이 나왔다.

마루구마야마무덤과 로오지무덤은 북규슈일대에서뿐아니라 전 일본적으로 최초의 횡혈식무덤의 선구적형태를 가진다고 볼수 있다. 그 축조시기는 5세기초로 보고있다. 즉 《마루구마야마무덤의 돌칸구조가 초기에 있어서의 횡혈식돌칸의 형태를 보이는것은 이제까지 이론이 없었다. …최근에 후꾸오까시 로오지무덤 제3호 돌칸의 발견에 의하여 기본적으로는 수혈식돌칸의 형태에 횡구의 원초적인 폐쇄방법을 채용하고 돌칸 축을 후원부 중앙에 배치하고 전방부에 무덤길을 두고 통하는 구조가 밝혀지게 되였다. 그것으로 하여 횡구방식의 채용은 5세기초까지 거슬러올라가게 되였다.…》*고 하였다.

* 《기마민족이 온 길》마이니찌신붕사, 1985년, 77페지

이상의 두 무덤밖에도 그 일대의 수혈계횡구식 또는 수혈계횡혈식의 무덤으로는 이도지마군 마에바루정 가마아리에 있는 가마즈까무덤(직경 약 56m, 높이 10m의 원형무덤), 기쯔네즈까무덤, 도마리시로사끼무덤(5세기 중엽) 등이 있다.

일본고고학계의 연구성과에 의하면 일본최초의 횡혈식무덤과 그의 편년은 다음과 같다고 한다.

《북규슈 횡혈식고분의 편년》

5세기초	5세기 전반기	5세기 전반기~중엽	5세기 중엽	5세기 후반기
스끼사끼 무덤	요꼬다시모 무덤*	마루구마야마 무덤	가마쯔까 무덤	기쯔네즈끼 무덤

《기마민족이 온 길》 마이니찌신붕사, 1985년, 79~88페지

* 요꼬다시모무덤은 사가현 히가시마쯔우라군에 있다. 무덤칸의 구조는 장방형으로 쪼갠 돌을 올려쌓고 안에 장석(障石)을 두었다. 천정은 판돌을 써서 궁륭식으로 만들었다. 무덤길은 매우 짧으며 일본의 본격적인 횡혈식돌칸으로 이름높다. 이 무덤은 백제가 한성(북한산성일대, 오늘의 서울근처)에 옮겼을 때의 백제무덤들과 류사한 점이 많다. 백제가 한성에 수도를 정하고있던 시기에 일본으로 건너간 백제사람들에 의하여 만들어진것으로 짐작된다.

무덤들이 위치한 립지조건(조선과 가장 가까운 이도지마반도일대, 조선을 바라보는 구릉지대에 위치)과 도마리 시로사끼무덤이나 스끼사끼무덤에서 보는바와 같은 조선적갑옷과 칼, 쇠낫, 주조쇠도끼 등 4세기 일본에서는 볼수 없던 유물들의 출토는 그 무덤들에 묻힌자들이 조선에서 건너간 이주민의 우두머리들이였거나 조선에서 있은 전쟁에 참가한 우두머리일수 있다는것을 시사한다. 더우기 주목할것은 그들이 가야의 지명을 지닌 이도지마반도일대와 그 주변일대에 있는 일본최초의 횡혈식무덤들에 정치적권력자로서의 위세를 시위하면서 묻혔다는 사실이다. 즉 4세기 전반기의 전방후원무덤들도 그러하였지만 5세기 초엽의 소국왕(수장)들 역시 조선적인 부장품들을 관주위에 벌려놓고 권력과 재력을 시위하면서 묻혔던것이다.

이도지마반도일대의 무덤문제와 관련하여 이야기되여야 할것은 조선식집자리와 새형의 질그릇의 출현이다.

집자리와 질그릇의 변화

이도지마반도의 바다가, 가야산가까이에 있는 미도꼬 마쯔바루 유적은 야요이문화시기의 조선적유적일뿐아니라 수많은 고분문화시기의 집자리를 포함한 유적이기도 하다. 거기에서는 고분문화시기 전기의 집자리 62개, 움 5개, 고분문화시기 후기의 집자리 6개, 움 1개가 발굴되였다. 그 집자리들에서는 많은 수의 하지끼(土師)와 도질질그릇(陶質土器), 고식스에끼*(須惠器)가 나왔다고 한다.

* 하지끼는 가야나 신라에 근원을 둔 와질토기로서 소성도가 낮고 질이 무른 토기이다. 따라서 물이 잘 샌다. 도질질그릇이라는것은 소성도가 높고 두드리면 쇠소리가 나는 조선에서 만들어진 질그릇이며 색갈은 검은 회색이다. 스에끼는 본래 조선에서 건너갔다고 하여 《조선질그릇》이라고 했으며 또는 제사용질그릇이 많다는데서부터 이와이베라고 하였다. 1945년이후 대체로 스에끼로 통일되였다. 스에끼의 질은 도질질그릇과 마찬가지이지만 현재 일본고고학계의 용례에 따라 구분한다면 조선에서 만든것이 확실하거나 조선에서 간 수공업기술자 1세가 만든 질그릇을 도질질그릇으로, 그들의 후손들 혹은 그들의 영향밑에 만들어진 소성도가 높은 질그릇들을 스에끼로 구분하는것 같다. 그리고 조선에서 만들어졌는지 일본에서 만들어졌는지 식별하기 힘든 오랜 질그릇을 고식스에끼라고 부른다. 스에끼로 불리운 이 일련의 조선식질그릇의 특징은 높은 온도로 구울수 있는 소성로인 《등요》(노보리가마)를 써서 만든데 있다. 그러한 질그릇빛기와 굽기는 고도의 기술을 요하는것으로서 당시에 있어서 그것은 조선인기술자만이 가지고있었다. 특히 원료인 진흙(점토)의 선택과 불온도의 조절등이 가장 어려우며 숙련된 기술과 경험이 필요하였다. 하지끼의 재질이 무르고 물이 잘 새는것은 《등요》를 쓰지 않았기때문이다. 그것은 로천에서 굽기때문에 열이 분산되여 기껏해야 열이 700~800℃정도밖에는 오르지 못한다. 《등요》를 쓴 소송은 환원열로 1 200℃까지 올릴수 있어 그것은 제철기술과 밀접히 련관된 기술이였다. 초기 일본에 전해진 이 질그릇들은 대부분 가야와 신라 등 남부조선의 이주민집단수공업기술자들에 의하여 보급되였다.

그리고 이 유적에서는 그 질그릇들과 함께 낫, 작은 낫, 쇠도끼, 손칼, 창대패, 쇠활촉, 창, 낚시바늘과 가래 등 많은 철기가 나왔다. 특히 도질질그릇은 제1호집자리터에서 하지끼류와 함께 나왔으며 승석문이 새겨진 가는목의 소형단지와 고식스에끼가 나왔다. 제2호, 제11호, 제15호, 제22호집자리에서는 하지끼와 함께 도질질그릇, 고식스에끼류가 출토되였다고 한다. 또한 제27호집자리에서는 도질질그릇의 독쪼각과 고식스에끼의 웃부분쪼각이 나왔으며 제35호집자리와 제37호, 제47호, 제59호집자리 등에서 여러가지 하지끼질그릇과 도질질그릇쪼각 그리고 고식스에끼들이 나왔다고 한다. 그러한 도질질그릇이 눈에 뜨이게 늘어나는것이 4세기 후반기경이라는것은 주목할만 한 사실이다. 그 집자리들에서 조선에서 만들어진 질그릇들이 야요이문화시기의 질그릇들과 함께 나온다는것은 그 시기(4세기 중, 말엽)에 이도지마 가야소국일대에 본국인 가야국으로부터의 이주와 래왕이 잦았다는것을 말해준다. 물론 이도지마반도일대에서 그 시기에 처음으로 도질질그릇이 나오는것은 아니다. 앞에서 본 마에바루정 미구모유적에서 조선의 도질질그릇이 발견되였으며 특히 반죠(番上)지구의 유물포함층에서 야요이문화시기 중기 전반쯤을 하한으로 한 무늬없는 질그릇인 바리쪼각과 중기 후반부터 약간 내려오는 시기에 탄탄한 도질질그릇의 독쪼각이 나왔다고 한다.*

　　　* 월간《고고학져날》림시증간, 1983년, 번호 218,《대륙, 반도
　　　　와의 관계》

도질질그릇의 출토와 함께 이야기되여야 할것은 가락바퀴의 문제이다.

가락바퀴는 실뽑는 기구로서 고대, 중세의 수공업적방직에서는 없어서는 안될 물건이다. 그것은 여느 질그릇처럼 진흙을 빚어 방추차모양으로 만든 다음 높은 온도의 소성으로 구워만든것으로서 일본 야요이문화시기에는 얼마 없었던 조선고유의 독특한 유물이다. 도질제가락바퀴는 깅끼지방의 여러곳에서도 나오지만 그 시기는 5세기 후반기~6세기 후반기의것들이다. 그러나 이도지마반도와 후꾸오까평야 등 4세기말~5세기초 가야계통세력이 집중적으로 진출, 정

착하였다고 보는 일대에는 여러 조선제도질질그릇과 함께 도질제가락바퀴가 나오는것이며 그 가락바퀴의 고고학적편년은 4세기말~5세기초이다. 조선제질그릇의 계보를 따지는 어떤 일본고고학자의 말은 매우 흥미있다.

《…일본고대 가락바퀴의 형식편년체계로부터 보면 도질제가락바퀴는 갑자기 출현하며 류사품을 조선남부에서 보통 보는 형식이라면, 조선제의 그것도 초기 스에끼의 계보로부터 미루어보아 가야계통이라고 생각하는것이 자연스러울것이다.》*

* 규슈력사자료관개관 10주년기념《태재부고문화론총》상권,《가야지역과 북부규슈》요시까와홍문관(吉川弘文館), 1983년, 54페지. 조선제가락바퀴는 이도지마 마에바루정 미구모데라구찌지구 제6호집자리에서 출토되였다. 그 집자리는 5세기초의 유적이라고 하며《확실하게 조선으로부터 배에 실려온것》(같은 책, 52~54페지)이라고 한다.

조선제도질질그릇과 함께 그 일대에서는 조선식집자리도 많이 드러났다.

미도꼬 마쯔바루유적의 제27호와 제35호집자리에서는 조선식 가마터가 발견되였는데 그것은 조선제질그릇인 도질질그릇의 발견과 함께 그 유적의 가야적성격을 여실히 보여준다. 제27호집자리에는 동쪽벽에 가마터가 설치되여있었다고 하며 제35호집자리에는 서쪽벽에 흰 진흙으로 된 가마터가 설치되였었다고 한다. 거기서 나온 유물은 쇠손칼 1개, 돌저울추 3개, 유리알 1개 그리고 하지끼의 단지, 도질질그릇으로 된 짧은목의 단지쪼각 등이라고 한다. 그밖에도 제37호, 제47호, 제59호, 제81호집자리들에서 하지끼의 질그릇쪼각과 도질질그릇쪼각, 고식스에끼쪼각들이 나왔다고 한다.* 그러한 질그릇들의 편년은 대체로 5세기 중엽경이다.

*《기마민족이 온 길》마이니찌신붕사, 1985년, 73페지. 제27호집자리에서는 그 바닥면에서 도질질그릇의 독쪼각과 고식의 제사그릇쪼각이 나왔다고 한다.

본래 집에 달린 가마터라는것은 조선에 고유한것으로서 6세기

이후 낑끼지방을 비롯한 여러 지역의 횡혈식무덤칸의 껴묻거리로 나오는 시루식가마는 조선의 가마터에 연원을 둔것이다. 조선민족 특유의 생활품인 《가마》는 당초에는 일본에 없던것인데 조선사람이 그것을 전하였기때문에 지금도 일본사람들은 밥짓는 도구를 《가마》 라고 하며 밥짓는 가마를 앉히는 터를 《가마도》라고 한다. 이것이 완전히 조선말이라는것은 너무나도 명백하다.

3세기에 편찬된 《삼국지》(위서 동이전 변진조)에 《가마터는 모두 집의 서쪽에 있다.》고 한것이나 고구려 고국원왕릉(안악제3호무덤)벽화의 부엌칸에서 보는바와 같이 집안에 가마를 거는것은 조선사람의 고유한 풍습이였다. 1980년에 조사된 경상남도 김해시 부원동유적의 3세기 집터 서쪽벽에서 돌을 쓴 가마터가 발견되였다고 하는데 그것은 일본가마터의 본 고장을 고고학적으로 증명한 실례로 될것이다. 미도꼬 마쯔바루유적의 제35호집자리 서쪽벽에서 흰색진흙으로 만든 가마터가 나온 사실과 련결시켜보아야 할것이다.

미도꼬 마쯔바루유적의 제27호, 제35호집자리터의 가마터바닥면에서 나오는 도질질그릇의 편년이 5세기 중엽경이라고 하는것은 이제까지 6세기 전반기라고 하던 일본에서의 조선제가마터의 보급을 응근 한세기나 올라가게 하였다. 물론 그렇다고 해서 5세기에 와서 비로소 이도지마일대에 조선(가야)식가마를 건 집이 생겼다고는 볼수 없다. 집에 조선식가마가 대대적으로 설치된 시기는 5세기 중엽경이라고 하더라도 벌써 3세기말~4세기초에는 일부 권력층가운데서 가야식으로 집을 짓고 사는자들이 있었던것이다.*

> * 이도지마반도는 아니지만 그 린접인 후꾸오까시 사와라구(早良區) 니시신정(西新町)유적에서는 가마터와 내굴길(온돌)이 인정되였다고 하며 그 유적의 년대는 고분문화시기 전기초(3세기말~4세기초)라고 한다.(《동아시아와 고대문화》 야마또서방, 1983년 37호, 64페지)

그러한 가마달린 조선제집자리와 조선제질그릇(이른바 도질질그릇) 그리고 가락바퀴 등이 어디에 기원을 둔것이며 누가 쓴것인가는 너무나도 명백하다. 그러한 일련의것들이 조선사람들의것이였다는것을 인정하는 한 일본고고학자의 말을 들어볼 필요가 있다.

즉《이러한 지금까지의 연구성과에 설 때 5세기를 중심으로 한 일본에 있어서의 도질질그릇과 초기(고식)스에끼의 계보로서 직접적으로는 가야지역 그것도 하류류역(락동강하류류역 - 인용자)의 가능성이 가장 강하며 이어 백제남부지역과의 관련도 무시할수 없다고 생각된다.》,*¹ 《…가마터, 초기스에끼, 도질제가락바퀴 등 새롭게 출현하는 문화현상이 먼저 북부규슈에서 시작되는 가능성이 있고… 그와 같은 새로운 문화현상은 그 계보를 찾으면 직접적으로는 조선반도동남부 해안지방에 해당되는 가야지방과 깊이 관계된다는것을 추측할수 있었다.》*²라고 한다.

> *¹   규슈력사자료관개관 10주년기념《태재부고문화론총》상권,《가야지역과 북부규슈》요시가와홍문관, 1983년, 52페지
> *²   우와 같은 책, 62페지

이처럼 일본고고학자들까지도 이도지마반도(평야)일대의 집자리를 비롯한 유적유물들을 조선(가야)적인것으로 인정하는것이다.

새로운 농구, 공구 및 무기, 무장의 출현

고분문화시기 중기(5세기)에 와서 일본의 정치, 경제, 군사분야에 큰 자극을 준것은 종래의 영농기구보다 우월한 선진농구, 공구들이 나온것이다. U자형으로 된 개간용보습,*¹ 끝이 수리개의 부리모양으로 구부러진 쇠낫*² 등의 새로운 농기구의 출현은 땅을 더 깊이 갈수 있게 하고 따라서 비료분의 회전을 일층 촉진시켰다.

> *¹   일본에서는《鋤》(호미)를 보습이라고 부르며《犁》라고 써서 가라스끼라고 부른다. 가라스끼는《韓鋤》라고도 쓰는데 그것은 조선에서 건너간데 유래한다. 괭이를 가리킬 때도 있으나 일반적으로 소에 메워 땅을 깊이 갈 때 쓰는 보습을 가리킨다. 가라스끼는 후에《가라》라는 음이 외국일반을 가리키게 되면서《唐鋤》라고 쓰이기도 하였다.
> *²   5세기초에 와서 비로소 일본의 여러 무덤들에서 수리개부리모양의 쇠낫을 보게 된다. 그전시기인 야요이문화시기에는 기원전시기에 하던대로 반달칼로 이삭을 따는 방법으로 수확을 하였다.

수리개부리모양의 쇠낫의 출현은 벼대를 밑뿌리가까이로부터 벨 수 있게 하였다.

이처럼 일본에서의 새 농기구의 첫 출현을 깅끼지방에 앞서 이 도지마반도주변에서 보게 되는것이다. 쇠로 된 창대패, 쇠도끼 등 그전의것들보다 더 든든한 여러가지 공구들도 함께 나왔다. 이도지마반도의 근접지인 로오지무덤 제3호돌칸에서 나온 여러개의 보습 날과 쇠낫은 전체 규슈와 나아가서는 일본렬도전반에서 선구적자리를 차지하는것이라고 해도 지나친 말이 아닐것이다.

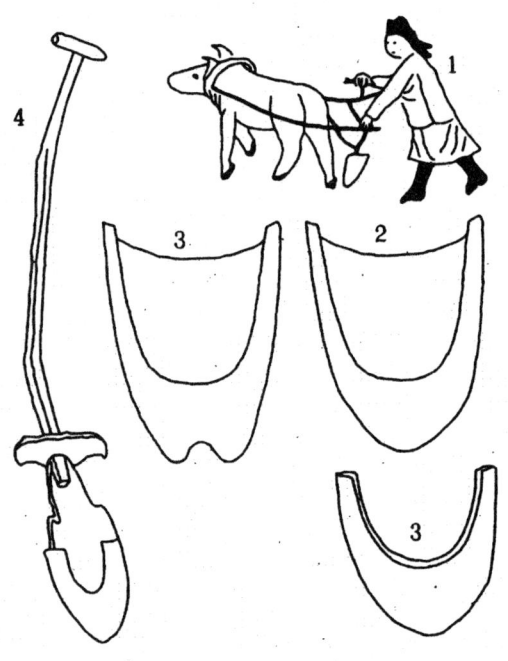

조선제쇠보습(U자형)

1. 《과거인과경》에 실린 쇠보습
2. 이와미 미노군 히로세촌 모 고분발견의 쇠보습
3. 비젠 이와나시군 모 고분발견의 쇠보습
4. 정창원소장 보습(《고고계》 1권 3호, 23페지)

무기, 무장에서의 변화 역시 다른 지방보다 앞섰다. 앞에서 본 4세기 이도지마반도의 우두머리급의 무덤들인 전방후원무덤들은 모두가 다 보병적색채가 강한것으로 특징지어졌다. 그러한 대표적실례로 이끼산 죠시즈까무덤을 들수 있다.
　이도지마반도에 기마전의 전투방식에 맞는 껴묻거리들이 나타나기 시작한다. 그것은 5세기, 정확하게 말하여 4세기말～5세기초의 일이였다.

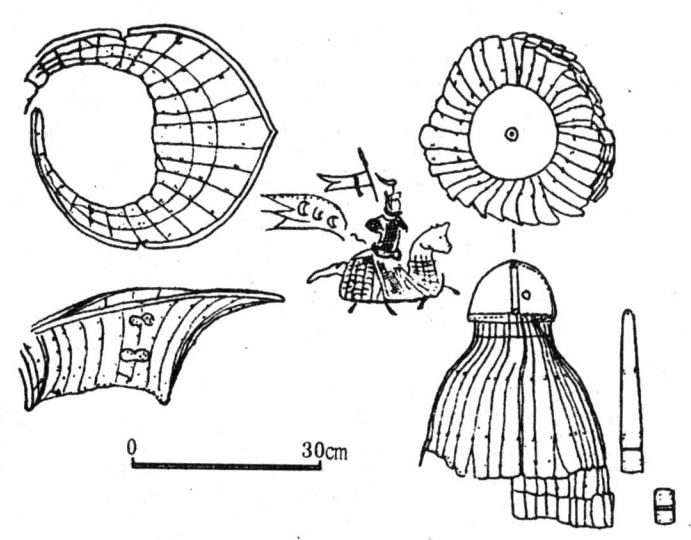

**부산 복천동 제11호무덤에서 나온 경갑과
종신판가죽엮움(혁철)루구**
가운데는 고구려무사(룡강쌍기둥무덤)

　실례로 앞에서 본 5세기 초엽의 축조로 편년되는 스끼사끼무덤의 껴묻거리는 구리거울, 가죽엮음식철판단갑(長板革綴短甲), 철제공구 등이였다. 여기서 볼수 있는 철제단갑과 쇠활촉, 쇠칼 등은 벌써 보병용무기, 무장인것이 아니라 기마전투에 쓰이는 내리찍는 쇠칼이며 원거리비행을 목적으로 한 관통력이 센 버들잎모양의 목이 긴 쇠활촉들이였다. 단갑 역시 그러한 화살을 막을수 있는 철제

갑옷이다. 특히 로오지무덤에서 나온 단갑은 부산시 동래 복천동유적[1] 제11호무덤에서 나온 수신판가죽엮음투구(竪矧板革綴胄) 및 단갑[2]과 같은 종류의것이며 스끼사끼무덤의 가죽엮음철판단갑은 복천동유적의것과 거의 같다. 한마디로 말하여 이도지마반도와 그 주변 평야에서 나온 5세기의 무기, 무장(투구와 갑옷)은 고구려와 백제 특히는 가야의것과 꼭 같다.

    [1] 복천동유적은 1980~1981년경에 발굴되였다. 발굴면적은 약 2 700㎡이다. 무덤수는 361기이며 유물은 1 000점의 질그릇류와 600여점의 철기류, 30여점의 갑옷과 마구류, 200여점의 장신구와 그밖의 유물들이 나왔다. 제10호무덤과 제11호무덤에서는 마구류와 수신판가죽엮음단갑과 패갑이 나왔는데 일부의 단갑을 제외한 많은 부분이 고구려적영향의 유물이라는데 의의가 있다. 그가운데서도 말갑옷은 고구려에 독특한것이며 또 목갑은 고구려 쌍기둥무덤(룡강)과 세칸무덤의 벽화들에서 나오는 고구려무사들이 입은 갑옷과 꼭 같다. 이것은 그 유적을 남긴 사람들이 광개토왕릉비에 반영된 고구려세력의 남쪽으로의 진출을 증명해주는것이라고 생각된다.

    [2] 갑옷에는 단갑과 패갑이 있는데 거의다 철판으로 되여있다. 4세기 고분문화시기 전반기의 일부 우두머리급무덤들에서 보병용가죽판단갑이 나온다. 단갑은 허리로부터 웃부분 즉 상반신을 보호하는 갑옷이다. 단갑에는 철판의 모양에 따라 삼각형식, 횡장형식(가로 긴 철판), 수장형식(세로 긴 철판) 등으로 나뉜다. 그리고 여러가지 모양의 얇은 철판을 무엇으로 고정시키는가에 따라 혁철식(가죽끈으로 맨것)과 징박이식(쇠대갈못을 달구어 박아맨것으로 나눈다.

    일본에서의 단갑은

    ① 횡신판가죽엮음식단갑 ② 삼각판가죽엮음식단갑 ③ 횡신판징박이식단갑 ④ 삼각판징박이식단갑 등으로 구분하는데 ①, ②, ③, ④의 순서로 발전하였다. 4세기에는 대체로 가죽엮음식단갑이 기본으로 되여있었고 5세기에는 가죽엮음식과 징박이식이 병

행하였으며 6세기이후에는 징박이식이 지배적이였다. 패갑은 여러 종류의 쇠찰갑을 엮어 만든 갑옷인데 말에 오르내리기 쉽고 몸동작을 하기 편리하게 작은 철편을 골라썼다. 주로 6세기에 류행하였다. 일반적으로 단갑은 초기에 얇은 철판을 가죽으로 매다가 차츰 징박이식으로 넘어갔다. 3~4세기 가야와 신라에는 보병용가죽판단갑이 있었는데 그것이 일본고분문화시기 전기의 갑옷에 영향을 미쳤다. 일본에서 갑옷들은 같은 계렬의 투구와 함께 다음과 같은 순서로 발전하였다.

① 가죽엮음단갑(수신판식가죽엮음→횡신판식가죽엮음→삼각판식가죽엮음)과 배머리모양투구
② 징박이단갑(횡신판징박이→삼각판징박이)과 채양달린 투구
③ 패갑과 배머리모양투구

①과 ②는 주로 5세기에, ③은 6세기에 보급되였다. 조선에는 그러한 여러 단계의 시기별단갑과 패갑발전의 합법칙적과정을 보여주는 고고학적유물들이 있지만 일본에는 그것이 없다.

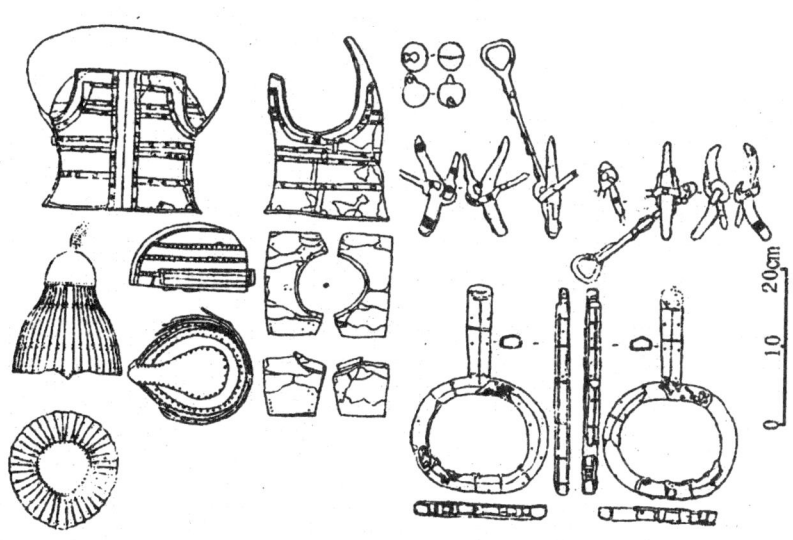

지산동 제32호무덤에서 나온 가야제투구, 갑옷

지산동 제32호무덤에서 나온 마구류

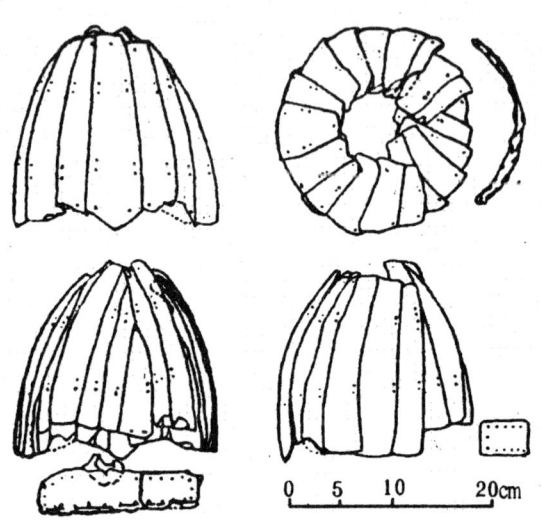

김해 례안리 제150호무덤에서 나온 종신판가죽엮음루구

동래 복천동유적 제10호, 제11호무덤에서 나온 유물들은 다음과 같다.

무덤들에서 나온 유물

무덤이름	유 물
복천동 제10호무덤	철제삼지창 1, 쇠손칼 12, 쇠끌 1, 수신판혁철투구 1, 수신판징박이단갑 1, 말투구 1, 쇠로 된 안교 1, 말자갈 2, 나무에 철판씌운 등자 2쌍, 행엽 2, 청동제말방울 1, 말띠고리 3, 띠고리 4, 쇠로 된 고리 1, 도질토기 등
복천동 제11호무덤	쇠손칼 3, 대형의 구부린 손칼 2, 쇠활촉 101, 쇠로 된 화살통쇠붙이일괄, 쇠창 13, 쇠끌 2, 환두대도 3, 철겸 2, 칼집쇠붙이, 창대페 2, 도끼 4, 금동관 1, 금으로 된 장식귀걸이 1쌍, 많은 량의 도질토기, 경갑

종래에 일본학자들은 5세기 후반기의 삼각판징박이단갑(三角板鋲留短甲)이나 채양달린 투구(眉庇付冑) 등 철제징박이갑옷류가 긴끼(특히 가와찌)일대에 대량으로 묻혀있는것을 기화로 조선에서 출

토된것들을 이른바 《일본제》라고 하면서 그것을 《임나일본부》설에 갖다붙였다. 그리하여 기내 야마또정권이 남부조선에 출병한 결과 일본병사들이 남긴것이 조선에서 출토된 징박이갑옷들이라고 꾸며맞추었던것이다. 그러나 1978년 경상북도 고령군 고령읍(옛 대가야의 땅) 지산동 제32호무덤에서 배머리모양투구와 횡신판징박이단갑이 출토된데 이어 복천동유적에서는 이미 본바와 같이 수신판가죽엮음투구와 여러가지 단갑들이 나왔다. 또한 1982년에는 경상북도 경주시 구정동에서 단갑의 원초적형태라고 하는 수신판가죽엮음단갑이 나왔다. 이렇듯 조선에서는 력사적시기에 맞는 투구와 갑옷들이 계통적으로 나왔고 그 계보를 력사적으로 고찰할수 있는 자료들이 제기되였다. 하지만 일본에서는 그렇지 못하다.

일본에서 나오는 단갑은 5세기 후반기경의 징박이식단갑으로서 삼각판식 또는 횡신판식의 2종에 불과하지만 조선에서는 앞서 본것처럼 그에 선행하는 징박이식단갑의 수신식(종신식)과 횡신판식 및 삼각판식의 세 종류가 다 나온다. 알다싶이 고대와 세나라시기 갑옷의 력사를 따지면 수신판식이 먼저 나오고 그 다음에 삼각판식 또는 횡신식이 나온다는것은 고고학의 상식이다. 그런데 일본(특히 기내 가와찌일대)에는 갑옷의 순차에서 오는 첫 단계라고 할수 있는 수신식단갑을 뛰여넘어 갑자기 5세기중, 말엽경의 횡신식단갑이 튀여나온다. 이것은 그 갑옷류가 일본의 내재적요인에 의하여 제작된것이 아니라 외부 즉 조선으로부터 그 시기에 전해진 현상이라는것을 보여준다. 그것은 말의 사육과 번식에 따라 보급되였다고 말하게 되는것이다.

일본최초의 조선제기마전투용갑옷이 로오지무덤과 스끼사끼무덤을 계기로 계통적으로 나오기 시작하는것은 바로 그 일대에 4세기말~5세기초 가야지방으로부터 그와 같은 선진문화를 가진 이주민집단이 진출, 정착하였음을 물질자료적으로 보여주는것이다. 물론 그속에는 고국인 가야의 편에서 고구려와 싸운 무사들이 조선제 하사품을 가지고 묻힐수 있었을것이다.

한가지 강조하고 넘어가야 할것은 가죽엮음식단갑은 물론이거니와 특히 징(鋲)으로 철판을 이어서 고정시키는 기술은 절대로 5

세기의 일본기술이 아니라는 사실이다. 철판이나 동판을 하나의 징으로 고정시켜 조이는것은 대단히 높은 숙련을 요하는것으로서 쇠가공기술이 최대한으로 발휘되였다고 말할수 있다. 철판을 두드려서 복잡한 구부림면을 형성하는 고도로 높은 기법은 5세기의 일본에는 없는 조선과 조선사람만이 할수 있는 높은 기술이였다.*

도금을 한 금동의 징박이단갑제작은 당시 가장 높은 수준의 철가공기술이였으며 일본에서 그런것을 쓴 권력자의 정치적시위는 그 무엇과도 비길수없이 큰 위력을 나타냈을것이다.

* 그렇게 말하는것은 일본고고학자들의 공통된 론조이다. 이와나미(岩波)강좌 《일본력사》1(원시 및 고대 1) 이와나미서점, 1962년, 269~270페지

우에서 고고학적으로 4~5세기 이도지마반도일대의 형편에 대하여 살펴보았다. 그러면 왜 전방후원무덤이 근 40기나 조밀하게 집중되여있는 이도지마반도와 같은 좁은 지역에 다른 지방에서는 볼수 없는 당시로서는 가장 선진적인 문화가 들어올수 있었겠는가 하는 문제이다. 이에 대하여 밝혀보려고 한다.

③ 선진문화의 연원과 그 전파의 직접적계기

조선에서 횡혈식무덤이 처음 발전된 곳은 고구려였다. 고구려의 강대한 국력과 강한 문화적영향밑에 각이한 무덤갖춤새를 가지고있던 백제, 가야, 신라도 점차적으로 횡혈식무덤칸을 받아들이기 시작하였다. 특히 백제 전기의 무덤들은 지배계급들속에 온조왕으로 상징되는 고구려의 한갈래가 있었던 까닭에 고구려적요소가 강하였다. 백제가 북한산성일대에 수도를 정하였던 시기(371~475년)의 무덤들이 고구려의 횡혈식무덤과 비슷한것은 그때문이다. 특히 1975~1976년에 조사, 발굴된 서울시 가락동무덤떼(서울시 동쪽교외 한강으로부터 2.5km 떨어진 구릉지대)는 고구려에 연원을 둔 백제 초기의 횡혈식돌칸구조라는것이 판명되였다. 바로 그러한 고구려에 연원을 둔 백제의 매장풍습과 매장시설이 4세기말부터 동맹국인 가야에 영향을 주었다고 생각된다.

가야의 무덤형식은 ① 돌무지나무관무덤, ② 수혈식돌칸무덤, ③ 수혈계횡구식돌칸무덤, ④ 횡혈식돌칸무덤의 4개 형식으로 되여있는데 그것들은 ①, ②, ③, ④의 순위로 발전하였다. 수혈계횡구식돌칸무덤의 구조는 ②의 수혈식돌칸무덤과 대체로 같은 장방형의 평면설계이지만 네 벽가운데서 짧은 곁벽의 돌쌓기가 다른 세 벽과 차이나고 그 부분만이 돌칸을 구축한 후 밖에서 폐쇄한 구조이다. 다시말하여 수혈식횡혈돌칸은 네 벽을 쌓고 뚜껑돌을 옆으로 걸어 횡혈모양을 만든 다음 횡혈모양의 입구쪽에서 주검널을 들여놓고 마감으로 그 입구를 밖으로 봉쇄하는것이다. 그러한 무덤은 락동강 동, 서쪽기슭에 널리 분포되여있다. 그 축조시기는 대체로 4세기말~5세기초이다. 같은 시기에 이도지마반도일대에서도 가야일대의 초기 수혈계횡구식의 무덤들이 출현한다. 그것이 바로 로오지제3호무덤이며 스끼사끼무덤들이다. 그밖에도 이도지마일대의 초기횡혈식무덤들에는 마루구마야마무덤에서 보는바와 같이 형태상 직접적으로 백제 가락동제2호무덤이나 중곡리갑분에서 그 연원을 찾을수 있는 무덤들도 없지 않다.
　최근의 연구에 의하면 일본의 수혈계횡구식돌칸무덤의 분포는 가야국이 있던 경상도의 락동강류역 우안지대와 이도지마반도를 중심으로 한 후꾸오까현에 가장 많이 집중적으로 분포되여있다고 한다. 이것은 4세기말, 5세기초에 그 두 지역이 하나의 문화권, 하나의 정치세력권안에 있었다는것을 잘 보여준다. 물론 그것은 어디까지나 조선의 가야를 본거지로 한 세력이였고 일본학자들이 말하는 것처럼 일본이 주가 된 세력권은 아니다.

수혈계횡구식돌칸무덤분포일람

조선		일본		조선		일본	
도별 구분	무덤수 (단위: 기)	부, 현별 이름	무덤수	도별 구분	무덤수 (단위: 기)	부, 현별 이름	무덤수
경상남도	15	후꾸오까현	89			오까야마현	2
경상북도	18	사가현	13			에히메현	2
충청남도	17	구마모도현	1			효고현	4

표계속

조선		일본		조선		일본	
도별 구분	무덤수 (단위: 기)	부, 현별 이름	무덤 수	도별 구분	무덤수 (단위: 기)	부, 현별 이름	무덤 수
함경남도	9	나가사끼현	1			교또부	1
		오이따현	1			오사까부	5
		시마네현	1			나라현	6
		돗또리현	5			시가현	11
		야마구찌현	1			미에현	2
		히로시마현	2			아이찌현	4

※ 《고고학과 고대사》(교또 도시샤대학, 고고학씨리즈 1) 1982년, 56페지

일본사람들은 야요이문화시기의 좁은놋단검판계 문화와 4세기 말~5세기초의 수혈계횡혈(횡구)식무덤의 분포가 조선남부와 북규슈(후꾸오까현을 중심으로 한 일대)에서 비슷한데로부터 《왜한문화권》이란 말을 지어내면서 북규슈와 조선남부의 문화가 같으니 정치적령역도 같다는 식으로 해석하는 설이 있다. 그들은 나아가서 《왜한(倭韓)련합왕국》이라는 설까지 내놓기도 한다. 심지어 최근에 일부 사람들은 광개토왕릉비에 나오는 왜를 북규슈와 쯔시마 및 락동강하류에 근거를 둔 《왜한련합왕국》의 왜라고 말하고있다. 이것은 4~5세기에 조선의 문화가 일본(북규슈)에 전해진 진실을 잘 알지 못한데로부터 내려진 잘못된 평가이다. 력사적사실은 일본의 그 어떤 문화도 야요이문화시기와 고분문화시기에 조선에 건너와 영향을 준적이 없으며 또 락동강하구일대에 왜인의 근거지가 있어본적이 없다.

표에서 보는바와 같이 수혈계횡구식의 돌칸무덤은 그 연원이 조선에 있었다. 특히 고구려와 백제의 영향을 받은 가야지방에 이 계렬의 무덤이 집중적으로 분포되여있다. 이와 같이 수혈식돌칸무덤으로부터 횡혈식돌칸무덤에로 과도하는 단계에 있던 시기에 가야사람들이 수많이 북규슈에로 건너갔던것이다.

그러한 사실들은 4세기말, 5세기초 광개토왕때의 고구려 남진

정책의 결과 부단히 위협을 받고있던 백제와 그 동맹국인 가야가 이도지마반도일대에 있던 가야계통소국인 왜를 동원시켜 대항하는 한편 일부 귀족들가운데는 필요상 왜땅에 직접 가있기도 했다는것을 추측케 한다. 바로 4세기말, 5세기초를 전환점으로 하여 이도지마일대에서 맨 먼저 무덤형식에서 돌연적변화[*1]가 일어난 사실 그리고 그에 따라 보병용무기대신 기마의 사육과 기마전투방식에 맞는 무기, 무장들이 출현하는 사실, U자형보습과 괭이, 쇠낫, 쇠도끼 등 전에 없던 농구, 공구의 출현, 높은 온도에 의한 쇠부리를 전제로 한 소성도 높은 질그릇, 금, 은귀고리와 금박을 한 갖가지 사치한 몸치레거리 등의[*2] 출현은 4세기말, 5세기 초엽경에 백제와 특히 가야일대의 이주민들이 이도지마일대에로의 진출을 단행하였음을 보여준다.[*3] 그것을 립증해주는것이 가야적질그릇의 존재이다.

    [*1] 일본에서 제일먼저 횡혈식무덤칸이 출현하는것은 북규슈의 두곳이다. 하나는 이도지마반도일대이며 또 하나는 가라쯔만에 면한 사가현 마쯔우라일대의 요꼬다시모무덤이다.
    최근의 일본고고학의 성과에 의하면 요꼬다시모무덤보다 스끼사끼무덤이나 로오지제3호무덤이 앞선 시기의것이라고 한다. 따라서 일본에서 제일먼저 횡혈식무덤설계를 받아들인 지구는 이도지마반도라는 결론을 얻게 된다. 횡혈식무덤이 기내일대에 파급되는것은 이보다 반세기나 후의 일이라는것은 물론이다.
    [*2] 후꾸오까현 수센지(周船寺)촌부근에서 금사슬에 굽은구슬을 다섯개나 꿰단 목걸이가 출토된것이 있다.
    [*3] 5세기초 북규슈에 진출, 정착하고 큰 유적을 남긴 가야유적으로는 후꾸오까현 아마기시 이께노가미(池上)유적과 고데라(古寺)유적 등이 있다. 나까천중류일대에 진출한 가야계통집단은 강하천을 따라 내륙일대에도 세력을 뻗쳤다.

일반적으로 5세기의 북규슈와 기내일대의 초기 스에끼는 형태상 남부조선의것과 같다고 하지만 내용상 따져보면 그것은 백제의것보다 가야의것에 더 가깝다. 이도지마반도를 비롯한 후꾸오까현 아마기시 이께노가미무덤떼, 고대라무덤떼들에서 나오는 도질질그 릇은 의심할바없이 가야의것이다. 따라서 그 마구류 역시 가야의것 이라고 할수 있다. 그리하여 5세기 초엽경 이도지마반도일대에 진 출, 정착한 세력은 다름아닌 고구려와 백제의 영향을 많이 받은 가 야사람들이였다는것을 알수 있다. 그리고 5세기초 이도지마반도일 대의 왜인들이 당시의 일본으로서는 가장 선진적인 문화라고 할수 있는 마구류 등을 받아들이게 된 직접적계기가 바로 《광개토왕릉 비》에 반영된 왜의 조선에서의 군사활동인것이다. 고국 가야의 지 시와 그리고 고국과 동맹관계에 있던 백제를 위하여 조선반도의 정 치, 군사정세의 풍운에 휘말려들어간 왜인 이도지마반도의 가야국 은 군사들과 말까지도 패쪽갑옷으로 무장한 고구려와 직접 부딪쳐 보았다. 그들은 보병단거리무기로서는 도저히 싸움을 감당하지 못 한다는것을 느꼈을것이다. 그들은 이것을 계기로 조선의 선진적무 기, 무장을 받아들였을것이며 또 일부의 가야사람들이 직접 북규슈 에 건너갔을것이다. 이리하여 이도지마반도일대에서 조선(가야)적인 기마장식용마구류를 비롯한 일련의 유물들이 나오는것이다.

일본의 고고학자들은 흔히 기내 가와찌일대에서 마구류가 나오 는것을 광개토왕릉비에 갖다붙여 설명한다. 만약 일본사람들이 말 하는것처럼 릉비에 나오는 왜가 기내야마또정권의 군사력이라고 한다면 5세기초의 기내야마또지방으로부터 이도지마반도에 이르는 일대에서 보는바와 같은 초기 횡혈식무덤들과 실용성이 높은 마구 류가 나왔어야 할것이다. 그러나 일본고고학의 편년에 의하면 5세 기 말엽의 무덤인 곤다야마무덤(응신릉), 다이센무덤(인덕릉)에는 마구류가 보이나 4세기말 5세기초로 보이는 야마또 가쯔라기의 무 로노 오하까무덤(길이 246m), 가와찌 후루이찌의 나까쯔야마무덤 (仲津山, 길이 291m), 쯔도 죠야마무덤(길이 200m), 모즈의 지노 오까무덤(凧岡, 길이 약 156m) 등에는 마구류는 보이지 않고 다 같이 출토유물들은 그때까지도 주술적색채가 농후한것들이라고 한다.*

* 이 무덤들에서 나온 유물을 보면 거울, 구슬, 칼, 검, 추형석,

차바퀴돌, 파형동기(巴形銅器) 등 주술적색채가 농후한 전세대의 유물들이 기본이다.

대부분의 일본학자들은 《삼국사기》박제상렬전과 신라본기에 나오는 왜들이 동일한 왜이며 그 왜인즉 서부일본을 지배, 통제하던 통일정부인 기내야마또정권의 《군사력》이며 그 왜가 바로 《광개토왕릉비》비문에 나오는 왜였다고 말해왔다. 그들은 기내 가와찌일대에서 나오는 마구류는 《강적 고구려와의 격전》결과 얻은것이며 고구려로부터 도입한것이라고 하였다. 하지만 기내 가와찌일대에서 나온 마구류는 5세기초의것이 아니라 가장 이른 시기의것도 5세기 중엽이후의것이다. 실례로 응신릉의 배총이라고 하는 후루이찌 마루야마(丸山)무덤의 초기 마구류라고 하는것들인 말안장의 룡무늬, 금동제보요치례거리와 같은 사치한것들은 5세기초의 실용성있는 마구류가 아니라 장식적요소가 강해진 5세기말~6세기 초경의것이다. 심지어 일본고분문화시기 중기무덤의 가장 이른 시기의것이며 일본에서 《조선적이며 기마전투적인것의 시작》으로 된다는 가와찌 후지이데라시 노나까(야쮸)무덤이나 아리야마무덤조차도 그 질그릇들의 편년으로 보아 5세기 중엽(또는 중엽에 가까운 후반기)을 더 올라가지 않는다고 한다.*¹ 따라서 노나까무덤이나 아리야마무덤에서 나온 막대한 무기와 쇠갑옷*² 역시 5세기초의것으로는 되지 못한다는것이 자명하다. 패갑이 나온 나가모찌야마무덤에 대해서는 더 말할것도 없다.

*¹ 《기마민족이 온 길》마이니찌신붕사, 1985년, 212~217페지
일본의 고고학자들가운데는 노나까(야쮸)무덤이나 아리야마무덤의 형성년대를 될수록 올려잡으려고 하면서 5세기 전반기의 축조로 보려는 시도들이 있다. 하지만 그 무덤들에서 나오는 껴묻거리와 초기 스에끼라고 하는 조선질그릇의 편년은 5세기중, 말엽에서 더 올라갈 가능성을 주지 않는다. 이도지마일대나 아마기이께노가미유적의 기마무기들보다 그 시기는 퍽 떨어진다.

*² 노나까(야쮸)무덤에서는 제사용질그릇들과 함께 방대한 껴묻거리가 나왔다. 그가운데서 무기, 무장을 보면 다음과 같다. 각종

패갑이 10여개, 어깨갑 8개, 칼과 검 140자루이상, 700개이상의 쇠활촉, 쇠도끼, 쇠덩이, 농구, 공구, 쇠낫, 보습날 등 1961년에 조사된 아리야마무덤은 노나까(야쮸)무덤과 가까운 거리에 있다. 거기서는 40개의 쇠창끌, 201개의 쇠낫, 49개의 팽이 등의 농기구와 함께 1 542개의 기마전투용 목이 긴 쇠활촉, 134개의 쇠도끼, 고사리모양의 칼 51개, 갈구리모양의 철기 412개 등 막대한 껴묻거리가 나왔다. 이 두 무덤을 비롯한 그 일대의 무덤들은 '출토된 유물의 백제적이며 가야적인 성격으로 하여 주목을 끈다.

일본학자들이 말하는것처럼 광개토왕릉비에 나오는 왜가 기내야마또의 군사력이고 노나까나 마루야마, 아리야마무덤 등 가와찌의 일련의 무덤들에서 나오는 마구류와 무기들이 이른바 《조선출병》의 결과 출현한것이며 곤다, 다이센 등 대형무덤들의 출현을 《대륙진출》에 기초한 《권력의 집중과 집적》이라고 한다면 그 무덤들은 다 한결같이 5세기초의것으로 되여야 할것이다. 그러나 일본 고고학자들자신이 과학적으로 검토한 고고학적견해는 그 고분들의 편년을 5세기중, 말엽이전으로 끌어올리기 힘들다는것을 보여주고 있다. 말하자면 광개토왕릉비에 나오는 왜가 출현한 이후 반세기가 지나서 깅끼지방, 그것도 야마또지방이 아니라 가와찌지방에 조선적인 기마풍습을 가진 집단이 진출하는것이다.*

* 일본학자인 에가미(江上波夫)는 깅끼지방의 가와찌일대에서 기마전투에 쓰일 무기와 무장, 마구류 등이 나오는것을 가지고 《기마민족도래설》이라는것을 주장한다고 한다. 1947년경에 발표된 그 학설은 여러가지 검토할 점이 있으나 종래의 《천황가유일사관》에 기초한 반동사관을 깨뜨리는데서 일정한 긍정적작용을 한것만은 사실이나 그의 고고학적개념은 사실과 맞지 않으며 또한 그의 학설은 《임나》설을 인정한 토대우에서 전개되고있다.

모든 력사적사실들은 광개토왕릉비에 나타난 왜란 다름아닌 이도지마반도를 중심으로 한 비교적 넓은 지역에 있던 조선계통소국의 군사력이였으며 그들을 고구려사람들이 왜라고 한것으로 추측된다. 아무튼 이도지마 가야국은 고국과 움직임을 같이하여 조선의 풍운에 말려들어갔던것이다. 그리하여 계기는 어떻든간에 이도지마반도를 비롯한 북규슈는 일본의 최선진지대로 될수 있었던것이며 북규슈에 진출한 백제, 가야계통이주민세력이 이동, 정착하여 퍼지는 과정에 일본고분문화시기는 그 중기 중엽경에 와서 비로소 주술적들을 탈피하고 한단계 더 높은 생산력과 전투양식, 생활양식을 가진 사회에로 톺아오르게 되는것이다. 이를 위한 직접적계기를 열어놓은 일본최초의 횡혈식무덤의 시작점이 바로 이도지마반도의 가야국에서 이루어진것이였다. 여기에 조선계통소국의 하나인 가야소국이 논 력사적역할이 있다.

이제까지 필자는 4세기말~5세기초의 이도지마일대에서의 무덤형식의 변천과 그와 동반된 일련의 사실들을 개괄적으로 서술하면서 이도지마반도일대에서 가야국이라는 오랜 가야소국의 존재를 보았다. 무엇을 가지고 가야(가라)소국, 가야본국을 론하는가. 첫째로, 그것은 이도지마일대에서 보는 가야관계 지명이며 둘째로, 좁은 그 지역에 밀집된 근 40기에 달하는 우두머리급무덤인 전방후원무덤의 존재이며 셋째로, 조선계통소국의 상징인 조선식산성의 존재가 이를 말한다.

3. 5세기 전반기 가야소국의 판도

5세기 전반기의 가야적색채가 짙은 무덤과 껴묻거리의 분포 등으로 보아 가야소국은 이도지마반도뿐아니라 동부사와라평야 및 나까천류역일대에로 그 세력을 뻗친것 같다. 말하자면 5세기 가야소국의 령역은 이도지마반도를 중심으로 하고 남쪽은 세부리산지, 동쪽은 나까천서쪽의 령역을 차지한것으로 추측할수 있다.

5세기 전반기에 가야소국이 이도지마반도를 중심으로 동쪽은 무로미(室見)천과 나까천일대에까지 손을 뻗쳤다는것은 그 일대의 유적유물과 지명을 가지고 증명할수 있다.

첫째로, 그것은 아라(아라가야, 경상남도 함안)와 관계된 지명을 통하여 가야사람들이 그 일대에까지 진출하였다고 본다.

이도군의 향명으로 아라히도(良人)라는 곳이 있는데 그것은 아라(즉 아라가야)사람이란 뜻으로서 앞서 말한 이도국을 타고앉은 가야사람들의 세력확장을 보여준다. 또한 이마쥬꾸만파 이도지마반도 동부일대, 오늘의 후꾸오까시일대에 아라쯔(荒津), 아라또산(荒戶山), 아라노사끼(荒野崎) 등 아라와 관계되는 지명이 적지 않다. 그것은 그 일대에 아라가야사람들이 집중적으로 진출, 정착했기때문이다. 아라쯔는 아라사람 또는 아라국의 나루란 뜻이며 통털어 후꾸오까시의 앞바다를 아라쯔바다, 아라쯔의 해변가라고 부르는것은 그러한 아라가야사람들의 적극적진출과 떼여놓고 생각할수 없다. 그뿐아니라 《화명초》에 의하면 나까천류역의 지꾸젠 나까군에는 아라히도라는 마을(향)이 있으며 그 향내에는 아라히도(現人)신사라는 아라(가야)사람들과 관계된 신사가 있다. 아라는 아야, 가야, 아나, 가라와 통하는 고유명사로서 조선의 가야국의 이름이다. 이 지명들이 그 일대에 진출하여 활동하며 개척한 아라가야사람들에 기인한다는것은 의심할바 없다.

둘째로, 그것은 로오지무덤의 존재를 통하여 알수 있다. 그 무덤은 이도지마반도와 나까평야에 걸쳐있던 지방세력의 우두머리의 무덤이라고 할수 있다. 그 무덤이 이도지마반도에 있는 5세기의 무덤과 매우 류사한 무덤이라는것은 이미 본바와 같다. 제3호무덤에서 나온 말안장용물건들과 안장띠고리(鉸具) 등 마구류의 껴묻거리로 이름난 일본횡혈식무덤의 시초의것에 속하는 그 무덤은 5세기 그 일대 평야에서 가장 오래고 유력한 우두머리의 무덤이였을것이다. 수혈계횡혈식이라는 조선의 가야국에 확실한 원류를 두고있는 그 무덤형식은 조선(가야)으로부터의 이주민집단의 진출, 정착을 보여주고있다는것이 불을 보듯 뻔하다. 무덤칸만이 바다를 건너갈리 없고 그곳 원주민이 조선에 와서 그것을 배워왔다고는 생각하기 힘들다.

셋째로, 그것은 그 일대에 이도지마반도에 있는것과 꼭 같은 가야적유적유물들이 전개되여있는 사실이다. 5세기초부터의 그 일대의 가야적유적을 보면 다음과 같다.

① 마쯔노끼(松木)유적.(후꾸오까현 쯔꾸시군 나까가와정) 1978년에 조사발굴, 5세기 후반기의 가마터가 달린 집자리가 나왔다고 한다.

② 요시다께(吉武)유적.(후꾸오까평야의 서쪽끝 무로미천의 서쪽언덕구릉우) 5세기 전반기의 집자리와 함께 많은 량의 가야계통 도질질그릇, 고식스에끼가 나왔으며 질그릇포함층에서 말안장의 나무부분이 출토되어 초기 가야계통집단의 기마풍습을 보여준다.

③ 히와다시(樋渡)무덤떼. 시기는 5세기 전반기(전방후원무덤 1, 둥근무덤 3, 방형무덤 1) 히와다시무덤은 직경 42m의 무덤무지에 길이 7m, 폭 10m의 낮고 밋밋한 전방부를 가지고있다. 도질질그릇의 문양에는 가야계통의 줄간노끈무늬가 있다. 이 무덤주변의 땅속에서 가야계통의 도질질그릇과 류사한 질그릇쪼각이 나온것으로 하여 부근 산기슭에 초기 가마터자리가 있을상싶다고 한다.

5세기 이도지마반도를 중심으로 한 가야국은 동부 사와라평야 일대에까지 그 세력을 확장하였다고 볼수 있다.

실례로 이미 수혈계횡구식무덤일람에서 본바와 같이 5세기초이후의 수혈계횡구식의 돌칸구조를 가진 무덤은 거의나 다 이도지마반도동부에 집중되여있다. 이렇게 나까천류역일대의 가야세력과 이도지마일대의 세력이 5세기의 같은 세력이였으며 그 두 지대가 다같이 이도지마 가야국의 확대된 판도에 속하였던것이라고 볼수 있다.

이것은 우선 마쯔노끼유적에서 나온 가마달린 집자리가 미도꾜마쯔바루유적에서 나온 가마터집자리와 계통을 같이하며 그 계속이라는것이다. 다음으로 미도꾜 마쯔바루유적을 비롯한 이도지마반도의 도질질그릇과 사와라, 후꾸오까평야의 나까천류역에서 나온 조선제질그릇들이 동일한 가야계통의 질그릇이라는것이다. 마지막으로 이도지마반도의 가야계통유적, 유물들은 고분문화시기 전기와 중기에 걸쳐 계통적으로 면면히 이어져있으나 무로미천과 나까천류역의 기마풍습을 비롯한 무기, 무장, 마구류 그리고 질그릇들이 나온 5세기의 가야계통유적은 전시기(4세기)와의 계승성이 없다는 사실 등이다. 제반 고고학적유적, 유물들은 5세기의 이도지마반도와 나까천류역의 조선가야계통유적유물들이 같은 계통의것들이며 거의 같은 시기에 조선의 가야로부터 이도지마반도와 나까천류역일대에 조선의 선진기술과 기마용무기, 무장을 가지고 진출, 정착한 사람들이 남긴것이였다. 그 첫 우두머리들이 바로 로오지제3호무덤과 스끼사끼무덤에 묻힌자들이였으며 그 다음은 마루구마야무덤에 묻힌자였다.

그러나 이도지마반도를 중심한 가야국도 계속 자기의 명맥을 유지한것이 아니라 고국인 가야의 손우 동맹국인 백제의 통제밑에 들어가게 되였다.

이도지마 가야국에 언제부터 백제세력이 덮쳤는지 자세치 않다. 그러나 단편적인 기록과 고고학적자료 그리고 그밖의 자료들은 그 일대에 백제세력이 덮쳤음을 보여주고있다. 그렇게 말할수 있는 근거는 다음과 같다.

첫째로, 그것은 4세기말~5세기초를 전후한 시기 가야의 백제에 대한 종속관계이다. 앞에서 본바와 같이 가야는 백제와 동맹관계를 맺으면서 자기 나라와 백제를 위하여 이도지마일대의 분국까지 동원시켜 고구려에 대항해나섰다. 백제를 우위로 한 그러한 종속적동맹관계로 하여 5세기이후 6세기경부터 그 일대에 백제사람들이 이주하게 되였다고 볼수 있다. 그러한 구체적인 실례는 이도지마일대에 출현한 수혈계횡혈(구)식무덤칸을 통해서도 알수 있을 것이다. 수혈식무덤칸에 거치른 무덤길이 달린 수혈계횡혈식무덤의 전파는 직접적으로는 가야이지만 그 연원을 따지면 백제에 있으며 이도지마일대에 전개된 무덤들은 백제의 영향을 받은 가야의 수혈계횡혈식무덤이였다는것은 이미 본바이다. 백제 전기의것들인 서울 가락동무덤떼,* 석촌동무덤떼, 방이동무덤떼의 돌칸구조에서 가야의 수혈계횡혈식무덤칸의 연원을 찾을수 있다고 한다.

* 시라이시(白石太一郞)라는 일본학자는 북부규슈의 마루구마야무덤은 서울 가락동제2호무덤이나 중곡리 갑무덤의 5세기 중엽 무덤들에서 그 연원을 찾을수 있다고 하였다.(《규슈고대문화의 형성》 상권 가꾸세이사, 1985년, 372페지)

본래 조선에서 횡혈식돌칸무덤을 발전시킨 나라는 고구려였다. 강대한 고구려의 문화적영향에 의하여 백제와 신라, 가야에서 그 무덤형식을 받아들였고 일본에서도 조선사람들의 적극적진출의 결과 그것이 류행되게 되였다. 《북부규슈에 출현한 횡혈식돌칸이 조선반도에 직접적기원을 가진다는것은 거의 연구자의 공통한 소견인것 같다.》*라는 일본고고학자의 견해 역시 타당성을 띠고있는것이다.

* 《규슈고대문화의 형성》 상권 가꾸세이사, 1985년, 367페지

횡혈식무덤을 통해 본 고분문화시기의 백제사람의 일본에로의 진출은 이도지마반도, 사가현일대 그리고 중부규슈 구마모도일대였다. 이도지마일대의 초기 횡혈식돌칸무덤의 구조가 직접 백제에서 간 집단의것인지 아니면 백제와 동맹을 뭇고있던 가야의것인지는 잘 알수 없다. 다만 5세기초의 도질질그릇이라고 하는 조선제질그릇이 백제의것이 아니라 가야의것이였다는 사실은 이도지마일대에 남긴 그 시기의 유적, 유물들을 기본적으로 가야의것으로 볼수 있게 한다. 물론 얼마간 백제적인 요소도 있는데 그것은 백제와 가야의 동맹관계라는 측면에서 교류가 진행된것으로 설명이 된다.

둘째로, 가야소국우에 백제의 세력이 덮쳤다는것은 이도지마반도의 주민구성의 일단을 통하여 엿볼수 있다.

《정창원문서》의 《지꾸젠국 대보 2년 시마군 가와베리 호적》*1 (筑前國嶋郡川邊里戸籍大寶二年)에 의하면 시마군 가와베마을의 *2 전체 인원 약 258명 가운데서 《고마기미》(肥君)가 70여명이며 《모노노베》(物部)가 60여명, 《가도노》(葛野)가 근 40명이며 그밖에 여러 성씨가 있다고 하였다. 이 《정창원문서》에 의하면 기와베리에는 18명의 호주가 있었다. 《모노노베》는 3개, 《고마기미》는 2개, 《가도노》는 3개의 호주직을 차지하고있었다. 호적문서에는 특별한것을 내놓고는 씨족들끼리 모여살고있으며 같은 씨족안에서 호주를 선출한것이 알린다. 그러한 씨족공동체는 《지역적통일권의 수장인 력사적전통》*3에 기초한것으로서 《그러한 전통을 가지는 촌락이 심하게 해체된 가능성은 생각 못*4》한다고 한다.

*¹ 《나라유문》(寧樂遺文) 상권 도꾜당출판, 1965년, 86~104페지

*² 가와베리(마을)는 1960년현재 후꾸오까현 이또지마군 북부 시마군 모또오까(元岡)촌부근 이다모찌천의 범람지에 생긴 마을이다.

*³, *⁴ 《일본고대공동체의 연구》 도꾜대학출판회, 1960년, 127페지

말하자면 《고마기미》라는 성씨(가바네)를 가진 일족이 오래동안(8세기경까지) 그 일대를 통제하고있었다고 보는것은 옳다고 생각된다. 모노노베씨는 오래된 백제계통의 씨족이다. 《肥君》란 무엇인가? 어떻게 읽어야 옳은가.

《肥》는 지금 일본한자훈으로 《히》 또는 《히에》라고 읽지만 고대에는 그것을 《고마》, 《구마》로 읽었다. 실례로 《만엽집》에 《肥人》라고 써서 고마히도(고마사람)라고 읽으며*¹ 또 하리마《풍토기》가 모군 이까이노(猪養野)조의 이까이노를 설명하는 글에 《히무까의 구마히도(肥人)》 아무개라고 되여있다.*²

*¹ 《일본고전문학대계》 6 이와나미서점, 1960년, 《만엽집》 3 11권, 186~187페지

*² 하리마《풍토기》 이와나미서점, 1976년, 343페지

《정창원문서》에 밝힌 《肥君》는 고마기미 즉 《고마의 임금》이라고 읽어야 옳을것이다. 그 고마는 백제였을것이다.* 물론 일본에서는 고구려를 고마로 표기하여 백제와 혼동케 하는 경우가 적지 않다. 그러나 일본에서 고마는 초기에 백제를 일러오다가 후에 고구려를 고마로 부르게 된것이라고 생각된다. 그것은 고구려와 백제의 일본땅에로의 진출의 선후차와 관계된다고 추측할수 있다. 규슈서부 오늘의 사가현과 구마모도현일대는 야요이문화시기와 고분문화시기를 통하여 백제적문화를 강하게 받은 백제문화권에 속하는 지대였다. 그것은 백제-고마라는것을 여실히 보여준 하나의 실례라고 말할수 있다.

* 《초기조일관계연구》 사회과학원출판사, 주체55(1966)년, 224페지. 일본고문헌들에서 《肥人》라고 써서 히히도로 읽지 않고 고

마히도리고 읽은것은 일본사람들에게는 리해될수 없는 큰 의혹이였다. 계충(1640년-1701년)이란 사람은 자기의 저서 《대장기》에서 《肥人를 고마히도라고 읽는것은 고려사람이란 뜻이겠는가. 肥를 고마로 읽는 뜻을 아직도 알지 못한다.》라고 하였다.(《일선동조론》, 9페지)

그리고 또 고대조선의 국가들에서 비록 나라는 망하였으나 조상이 같으면 그 조상의 나라이름을 현재의 나라이름에 관계없이 썼다는것도 이미 알려진 사실이다. 실례로 발해국은 고구려가 망한 이후에도 계속 일본과의 국서교환에서 고구려의 후계자라는 의미에서 고려(고구려)국이라고 했으며 일본측도 발해사람들과의 관계를 존중하여 발해국왕에게 보내는 국서에 《고려국왕 아무개앞》이라는 식으로 써보냈던것이다. 일본고대사에서 유명한 야마또(和)씨의 다까노미야는 자기의 조상은 추모왕의 후손인 무녕왕이라고 먼 시조왕까지 밝히고있다는것은 알려진 사실이다. 백제 역시 한동안 고구려에서 나왔다는데로부터 그런 식으로 자기를 고마(고구려)라고 자칭했었을것이라고도 충분히 생각되는것이다.

시마군에 있는 고마기미(백제임금)는 대대로 그 일대의 토호로서 대령(大領)직을 계승하였다. 흥미있는것은 쯔꾸시 히노기미(火君 즉 고마기미)도 1 000명의 군사를 거느리고 백제왕자의 귀국에 따라나섰다고 하며 《일본서기》 흠명기에 백제에 출병하는 기사에 쯔꾸시의 고마기미라는 말이 있다.

이도지마일대에 백제세력이 있었다는것은 또한 그 일대에 전해오는 구비전설들을 통해서도 알수 있다. 세부리산지의 세부리라는 것은 조선말 서호리가 전화된 말이다. 오랜 구비전설에 의하면 변재천(弁才天)이 백제로부터 그령(세부리산을 가리킴)에 건너가서 탄 말의 등을 흔들었기때문에 세후리(등을 흔들다.)라고 한다*1고 하였다. 전설내용은 일본학자도 말하듯이 황당무계하지만 그 땅에 백제사람이 건너가서 세부리산에 걸터앉았다고 하는 내용들을 결코 무심히 흘려보낼수 없다. 더우기 이제까지 보아온 나까천류역일대에 명백히 백제이주민집단이 정착했다고 보이는 오사(曰佐)라는 마을이 있는것*²도 고려해야 할것이다.

    *¹ 《일선동조론》, 220페지
    *² 오사촌은 현재 나까천류역 《나까와 가스가》정일대에 있었으며 그것은 《화명초》에 오사향이라고 밝혀진 고장이였다.(《일본지명대사전》 2권, 1308페지) 그리고 이 오사(가미오사)란 백제계통이 주민에 유래한다는것은 《신찬성씨록》권28 가와찌 제번에 《오사는 백제국 아무개에서 나왔다.》고 밝힌것으로 보아 명백하다. 오사씨는 고대 일본에서 통역을 맡아하였다. 통역집단인 오사씨는 북규슈일대뿐아니라 기내 야마또지방의 구다라궁(백제왕궁)이 있던 곳에도 지명화되여있다는것은 이미 널리 알려진 사실이다.

  그리고 앞에서 본 가와베리호적에 기재된 시마군 대령인 고마기미 이나데(肥君猪手)의 서모 다꾸소 기시 스미두메(宅蘇吉志須彌豆売)와 첩인 다꾸소 기시 미까메(宅蘇吉志橘売)의 두사람은 《화명초》에 나오는 이도군 다꾸소(託祖)향 출신으로 보이며 또 그들은 길지(吉志, 기시)라는 가바네로 보아 조선계통 군사(고을의 우두머리)가 아니면 그와 비슷한 직위의 유력자로 보아진다. 이것을 통하여 이도의 조선계통토착세력은 고마기미라고 하는 백제계통세력과 혼인관계를 맺고있었음을 알수 있는것이다. 이것은 앞에서 본 가야와 백제계통세력의 결합을 의미하는 하나의 실례로 될것이다.

  우에서 지명과 무덤형식, 집자리, 질그릇, 무기, 무장 그리고 조선식산성 등을 통하여 이도지마반도일대에 있던 가야소국의 대체적륜곽을 그려보았다. 그리고 그 가야소국은 처음에는 전체적으로는 가야(가라)의 영향밑에 있었으며 5세기이후에는 가야사람들뿐아니라 백제사람들까지도 거기에서 많이 살게 되였다고 보아진다. 그후 5~6세기쯤에 와서는 가야소국우에 백제세력이 덮쳐 가야소국의 지배권은 백제사람들에게로 넘어간것이라고 보았다. 6~7세기이후의 주민구성과 지명, 구비전설들에도 그러한 사정은 반영되였다고 보인다.

제2절. 북부규슈의 무나가다 가야(가라)소국

조선의 가야국과 가장 가까왔던 북규슈에는 비단 이도지마가야국뿐아니라 여러 가야계통소국이 있었다. 현해탄에 면한 북규슈 무나가다고을에 있던 소국 역시 그러한 조선(가야)의 나라였다.

이 무나가다고을(군)은 이도지마반도와 마찬가지로 현해탄에 면한 곳으로서 북규슈지방에서도 조선에 가장 가까운 곳이다. 고을은 중부로는 옹가군, 남으로는 구라헤군, 서남으로는 가스야군과 접한다. 가스야군에서부터는 유명한 오끼노시마(沖島)를 비롯한 섬들을 거쳐 조선으로 올수 있다.

이 무나가다군일대도 일찍부터 조선이주민들의 정착지였다는것은 다음의 사실을 통하여 알수 있다. 무나가다군 쯔야사끼(津屋崎)정 이마가와(今川)유적에서는 청동제화살촉과 끌이 나왔는데 그 형식이 조선의 경상남도 김해군 무계리유적이나 충청남도 부여군 송국리유적에서 나온것과 같다고 한다.[1] 그리고 3세기말~4세기초의 무나가다시 다끼가시모(瀧下)유적 제3호집자리에서는 일본에서 가장 오래된 쇠덩이가 출토[2] 되였다고 한다. 그러한 쇠덩이는 조선 특히 신라무덤에서 흔히 나오는 물건이다.

[1] 《동아시아와 고대문화》야마또서방, 1983년 37호, 63페지
[2] 우와 같은 잡지, 64페지 및 월간 《고고학져날》 림시증간 1983년 218호

무나가다군에 5세기~7세기경까지 가야소국이 있었다는것은 무엇보다먼저 가야, 가라라는 말이 지명으로 력력히 남아있다는 사실을 통하여 알수 있다.

《화명초》에는 지꾸젠국 무나가다군에 14개의 향이 있는데 그 가운데 가라이에(辛家)라는 곳이 있다. 가라이에란 조선집이라는 뜻이다. 辛가 韓와 통한다는것은 잘 알려져있다. 또《이에(집)》는《국가》와 통한다. 가라이에향의 위치는 대체로 오늘의 무나가다군 쯔

야사끼정에 있는 가라보우(唐坊) 즉 조선동네라는 곳에 비정된다고 한다.*¹ 唐(가라)가 韓(가라)에서 유래된것임은 잘 알려진 사실이다. 무나가다군에는 그밖에도 아라끼(荒木)향,*² 오아라(大荒)향, 아라지(荒白)향, 고아라(小荒)향 등이 있다.

*¹ 《일본지명대사전》 2권 일본서방, 1803페지
*² 우와 같은 책 1권, 412페지. 《화명초》에는 《安良木》로 훈을 달았다.

　오아라(큰 아라), 아라기(아라의 성), 가라이에(가라의 집), 아라지, 고아라(작은 아라) 등의 향명은 다같이 조선의 가야, 가라, 아라, 아야에 유래한다. 무나가다고을에 이렇듯 많은 조선-가야계통의 지명이 있게 된것은 거기에 가야의 작은 나라가 있었기때문이다. 또한 《화명초》에는 무나가다 14개 향가운데 아마베(海部)향이 있었음을 밝히였다. 아마베란 서부일본 여러곳에도 있는 부곡명으로서 대체로 조선과 래왕이 잦은 바다가에 있다. 그것은 아마베자체가 어업과 항해에 종사하는 일종의 부곡이며 또 조선과의 래왕관계가 빈번한데서 유래된 지명이다. 무나가다고을의 중심세력, 중심씨족이 무나가다씨이며 그들은 아마히도(海人)라고 불리웠다. 아마히도세력의 중심지역은 앞서 본 가라의 동네(가라보우)가 있던 곳인 쯔야사끼와 쯔리가와(釣川)하류의 현해탄을 면한 일대였다. 무나가다의 아마히도가 조선과 밀접한 련계를 가진 집단이였다는것은 아마히도, 아마베란 말마디를 보아서도 잘 알수 있을것이다. 바다 해(海)자를 써서 아마히도라고 읽는 그 집단은 글뜻을 보아서도 조선에서 갔거나 또는 조선에 래왕하는 사람들이라는것을 곧 알수 있다. 고대일본에서는 바다로부터 가는 사람들은 하느님이며 따라서 하늘에서 내리는 비는 아마(아메)였다. 海, 天, 雨는 다같이 아마로 불렀는데 고대시기에 조선이 일본에 있어서 하느님의 나라(신국)였다는것은 일본학자들이 자주 하는 말이다.*¹ 조선에서 건너간것이 명백한 다까노미야(高野宮) 즉 야마또(和)씨는 아마(天)의 아무개의 후손이라고 밝혀져있다. 신라왕자 천일창은 흔히 《天日矛》라고 써서 《아마노히보꼬》라고 읽지만 《고어습유》 같은데서는 하늘 천 대신 바다 해를 써서 《아마노히보꼬》라고 훈을 달았다.*² 이것은 天과 海가 다 통하는 말로서 앞서 본바와 같이 바다에서 가는 조선사람을 하늘신으로 믿었던 고대일본 원주민들의 사상의식과 감정을 반영한것이라고 해야 옳을것이다. 이와 비슷한 실례를 신라이주민들을 두고도 말할수 있다. 고대일본에서 조선계통이주민에 하다(秦)씨가 있었는데 그것은 조선말 바다-하다에서 유래한 말이다.*³ 조선의 하다씨를 波陀(하다)로 표기하는것은 다 하다(바다)와 관계된다.

*¹ 《일선동조론》, 31페지
*² 《고어습유》대동 2년(807년)찬, 《군서류종》경체사관, 권446의 1페지 참고
  天과 海를 다같이 아마로 훈을 단 실례는 이밖에도 많다. 《신찬성씨록》권14 우교 신별 상에 있는 《아마가다리노무라지》(天語連)는 《속일본기》(권8 양로 3년 11월 신유)에는 《海語連》라고 씌여있다.
*³ 《귀화인》중앙공론사, 1968년, 71페지

이렇게 오늘의 무나가다고을에 남은 가야적인 향명, 지명들은 그 일대가 가야의 강한 영향에 의하여 개척된 곳이라는것을 보여준다. 그것은 그 고을의 주요씨족의 제사신을 따져보면 더 명백해질것이다.

다음으로 무나가다고을에 있는 조선계통의 제사신을 보기로 하자.

무나가다고을에는 그곳의 주요세력인 무나가다씨가 력대로 제사지내는 무나가다대신(大神)의 신사가 있다. 규슈지방에서도 가장 오랜 력사를 가진다는 그 신사는 무나가다 아마히도의 세력을 상징한다. 무나가다신은 오끼노시마의 오끼쯔미야(冲津宮), 오시마(大島)의 나까쯔미야(中津宮) 그리고 본토의 헤쯔미야(邊津宮)의 세 신을 합하여 무나가다대신이라고 한다.*¹ 그 신이 오래동안 일정한 세력을 가지고 무나가다일대를 틀어쥔 제사신으로 받들리웠다는것은 9세기경의 기록에도 명백하다. 9세기 일본의 중앙정부는 그 신사의

급수를 높여주었으며*² 항행에서 무사하기를 바라며 오끼노시마에
서 제물을 바쳐 섬기군 하였다.

    *¹ 서해도《풍토기》(방인일기) 및 이와나미서점, 506페지
    *² 《문덕실록》권9 천안 원년 10월 병인, 권10 천안 2년 윤2월
        무오

무나가다신이 무나가다고을의 중심세력에 의하여 주재되였다는
것은 명백하며 또 그 중심세력이란 바로 앞서 본 아라향의 아라(가
라)세력이였다. 서해도《풍토기》에는 명확하게《무나가다의 신이 아
마(天, 海)에서 내려 사끼도야마에 내려왔다.》라고 하였다. 아마가
조선을 가리킨다는것은 이미 여러번 말하였다. 무나가다고을출신
사람들은 후세에도 아라, 아나, 아노 등의 성씨를 칭하였는데 그것
은 아야, 아라, 가야에서 전화된 말이다. 실례로 무나가다베 가마
사끼란 사람 역시 《아노우(아나호)의 무라지》라는 가바네(골품 같은
것)를 칭하였다.*¹ 이렇게 무나가다 아라씨는 조선의 아야, 가라지
방에서 건너간 세력이였다. 그들은 조선으로부터의 또는 조선에로
의 바다길항행이 평온무사하기를 바라서 고국에로의 길목에 있는
오끼노시마와 그리고 본토에 신사를 설치하고 신에게 제사를 지냈
던것이다. 무나가다고을에 있던 집단이 조선의 가야세력이였다는것
은 무나가다의 제사신뿐아니라 옛 아마베향에 있던 오리하다(織幡)
신사의 존재를 보아서도 잘 알수 있다. 지금의 무나가다군 기네사
끼에 있는 그 신사에는 《구레하또리》로서 조선의 천짜는 녀인인 에
히메(兄媛)가 제사신으로 떠받들리여왔다. 그 신사는 850년에 종5
위하의 신위를 받았다.*²

    *¹ 《속일본기》권5 화동 4년 윤6월 갑자
    *² 《문덕실록》권2 가상 3년 7월 갑진

이러한 사실들은 무나가다일대에 진출, 정착한 세력이 바로 아
마히도(海人, 天人)라고 불리운 조선의 가야계통세력집단이였음을
보여준다. 그들은 저들의 조상신인 무나가다신과 오리하다신을 성
심성의로 섬겨 제사지냈던것이다.

계속하여 고고학적유적유물을 통해 본 무나가다가야소국에 대하여 보기로 한다.

무나가다의 고고학적유적으로 주목할것은 오끼노시마제사유적이다.

후꾸오까현 무나가다군 오시마촌에 속하는 그 유적은 쯔시마와 무나가다사이에 있는 오끼노시마라는 작은 섬에 있다. 동서 1km, 남북 0.5km, 둘레 4km밖에 되지 않는 그 작은 섬에는 4세기 후반기부터 9세기 전반기에 걸친 유물들이 집적되여있다.

오끼노시마유적에서 이목을 끄는것은 제사유적의 제2기라고 할 수 있는 5세기의 유물들이다. 유물로는 구슬류와 각종 장신구(몸치레거리), 말안장 등의 마구류, 공구, 무기 등이 있다. 특히 금동제의 구름모양운모관, 보요장식운주, 금상감한 말안장, 손금가락지를 비롯하여 은가락지, 구리가락지, 금동제뚫음새김띠고리, 옥충(딱장벌레)의 날개로 꾸민 띠고리, 청동제무기, 고사리모양의 칼, 쇠찰갑, 주물제도끼, 말자갈, 쇠덩이 등의 실용적철제품이 많다. 그가운데서 쇠와 금동으로 된 추형제사도구가 눈에 뜨이는데 그것은 조선의 남부에 고유한 물품이기때문이다. 다시말하여 추형품(雛形品)이란 어떤 물건을 모형처럼 작게 만든것인데 그러한 추형품을 무덤에 껴묻거리로 묻는것은 백제나 가야, 신라에 고유한 풍습이다. 그리고 우에서 본 오끼노시마에서 나온 마구류와 패갑 등의 무기, 무장은 조선의 무덤껴묻거리와 완전히 일치한다. 말하자면 오끼노시마유적이란 5세기초, 중엽이후 무나가다고을(소국)에 래왕하는 가야의 이주민들이 항행이 평온무사하기를 바라면서 바친 물건들이라는것은 짐작하기 어렵지 않다.

무나가다고을이 가야세력의 정착지였다는것은 무나가다세력의 본고장인 무나가다고을의 중심지역에 분포되여있는 5세기의 무덤을 통해서도 알수 있다.

무나가다의 중심지역에는 4세기의 볼만 한 무덤이 1기도 없다*가 갑자기 5세기 초엽경부터 괜찮은 무덤들이 출현하기 시작한다. 말하자면 4세기에는 무나가다지역에 강력한 세력이 없었다고 말할수 있는것이다.

* 《기마민족이 온 길》 마이니찌신붕사, 1985년, 107페지

무나가다군 쯔야사끼는 현해탄에 면한 곳인 동시에 아마히도집단의 중심지역이다. 이도지마일대와 함께 거기에는 조선의 가야적무덤들이 집결되여있어 5세기 후반기이후의 전방후원무덤만도 20여기나 된다고 한다. 그가운데서 시기적으로 가장 이르다고 하는 누야마(奴山)제5호무덤은 그러한 대표적무덤의 하나이다. 직경 32m, 높이 2.8m인 그 무덤(원형무덤)안의 매장시설은 돌상자무덤이다. 돌상자안에서는 유리구슬, 벽옥제구슬, 관옥 등과 함께 삼각판가죽엮음단갑과 거울쪼각이 나왔다. 돌상자밖에서는 단도 63개, 단검 6개, 철검 3개, 바늘 수십개, 창대패 5개, 낫 1개, 괭이날 1개, 끌 3개, 도끼 4개 등이 나왔다. 특히 가야제품인 대형질그릇이 나왔는데 3각형안에 평행의 사선무늬를 놓은 그 무늬는 조선의 가야지방에 특유한것으로서 조뉴문, 죽관문(竹簡文) 등과 함께 가야계통도질질그릇의 징표라고 할수 있다. 그러한 무늬의 질그릇으로는 부산 복천동제10호무덤, 화명동제2호무덤, 고령 지산동제35호무덤 등에서 나온것이 있다고 한다. 누야마제5호무덤이 무나가다 중심지의 첫 대표적무덤이였고 거기에 가야의 도질질그릇이 묻혀있다는것은 바로 그 첫 세력이 가야사람들이였다는것을 보여준다. 또한 누야마제5호무덤의 돌상자 역시 가야에서 발전한것이라고 한다. 그리고 그 무덤의 모든 껴묻거리들이 오끼노시마유적의것과 공통된다. 누야마제5호무덤과 같은 시기의 무덤으로 우에다까미야(上高宮)무덤이 있다. 또한 누야마제5호무덤에 이어 무나가다의 정치세력이 아라계통이였다는것은 다음의 대표적무덤들을 통해서도 알수 있다.

가쯔우라(勝浦)제10호무덤

누야마제5호무덤의 서북쪽 약 2km의 언덕우에 있다. 길이 약 70m의 전방후원무덤이다. 수혈계횡구식돌칸을 전방부에 설치, 전방부에 대한 조사에서 큰칼 1, 쇠창 11, 쇠활촉 160이상, 패갑철편 약 3 000, 패갑의 금동철편 51, 단갑쪼각, 횡신판징박이, 배머리모양투구쪼각, 쇠도끼 2, 말자갈 2, 쇠바탕에 금도금한 행엽

10, 나무바탕에 철판을 씌운 등자, 철판에 금동을 씌운 징박이쇠기구 22, 가위, 금동말안장, 구리말안장 등 다음과 같은 유물이 나왔다*고 한다.

* 우와 같은 책, 112페지

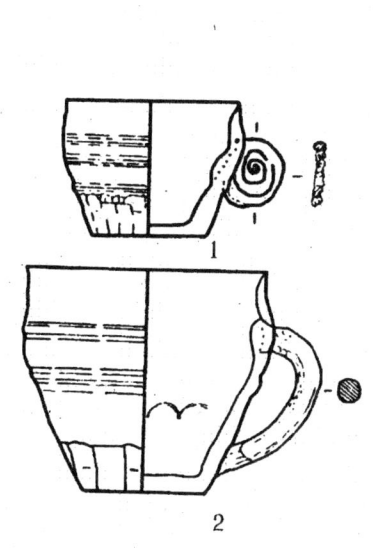

고테라무덤떼(제10호토광무덤)에서
나온 가야질그릇

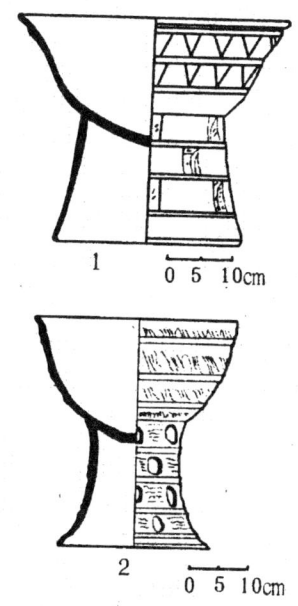

부산 복천동 제1호무덤에서
나온 가야토기

 이 무덤은 유물로서 쇠패갑의 철편 3 000매와 수많은 마구들이 나온것으로 하여 주목된다. 전방부의 무덤무지아래에서 5세기초엽경의 집자리가 3개씩이나 나왔다는것도 특기할 사실이다. 수혈계횡구(혈)식의 무덤칸구조와 마구류의 년대, 무덤전방부의 무덤무지아래에서 나온 5세기초의 집자리 등은 그 무덤이 5세기 중엽경에 쌓아졌음을 보여준다.
 누야마제5호무덤과 가쯔우라제10호무덤은 현해탄에 면한 고분문화시기의 초기인 5세기 초중엽의것이다. 그러다가 무나가다일대에 진출한 가야사람들은 점차 내륙쪽으로 자기의 거처를 옮기기 시작하였다. 그리하여 무나가다세력은 5세기 후반기에 이르러 쯔리 천상류일대에 자리를 옮기게 되였다. 즉 무나가다 도고지구와 아까마(赤間)지구사이에 5세기 후반기의 수혈계횡구식돌칸무덤들을 기본으로 한 무덤떼들이 집결되여있는 곳이 바로 그곳이다. 그러한 무덤떼들로서는 도고(지명)의 수벨터무덤떼(전방후원무덤)를 비롯하여 이나모또(稻元)무덤떼, 구도(久戶)무덤떼, 소바라(相原)무덤떼, 죠가다니(城谷)무덤떼, 우라노다니(浦谷)무덤떼 등을 들수 있을것이다. 특히 우라노다니 제5호무덤에서는 돌칸에서 쇠활촉, 쇠창, 말안장, 행엽, 말방울, 등자, 쇠고리 등이 나왔는데 행엽은 고령 지산동제44호무덤의 제25호돌칸에서 나온것과 류사하다고 한다. 특히 검릉형행엽은 틀림없이 조선에서 출토된것과 같은것이다. 이러한 유물들은 그 무덤떼의 가야적성격을 뚜렷이 보여준다.

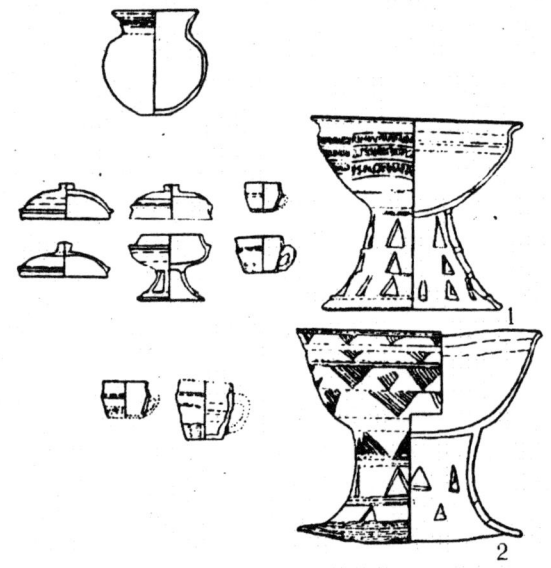

아마기시 이께노가미무덤떼의 가야질그릇(도질질그릇)
1. 누야마제6호무덤. 2. 누야마제5호무덤

　　무나가다의 무덤에서 반드시 알고 넘어가야 할 무덤은 유물전부가 일본의 《국보》로 지정된 미야지다께(宮地嶽)무덤이다. 그 무덤은 6~7세기의것으로 추측되는 횡혈식돌칸무덤인데 거기에 묻힌자가 왕자였으리라는것을 충분히 추측할수 있게 하는 훌륭한 무덤이다. 길이 4m, 높이 3m나 되는 큰 판돌로 곁벽을 쌓았으며 무덤에서 나온 우수한 껴묻거리는 매우 높은 기술로 만들어진 완전한 조선제유물들이다. 특히 금동제등자 등의 마구류와 금동제룡무늬뚫음새김판모 등은 호화롭기 이를데 없다. 그 무덤에서 나온 유물을 보면 다음과 같다.*

* 원색판《국보》편람 마이니찌신붕사, 1964년, 31페지

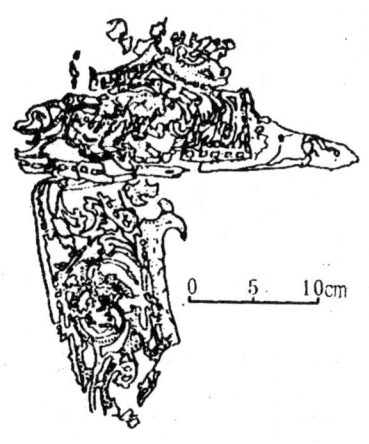

- 금동말안장쇠부치(잔결) 1배(背)
- 금동등자 한쌍
- 금동경판달린 자갈 1개분
- 금동행엽잔결 2매분
- 구리쇠사슬 1련(連)
- 금동장식추큰칼(椎大刀) (잔결)
  (대형) 1구분
- 금동장식추큰칼(잔결) 1구분
- 금동뚫음새김판(잔결) 일괄
- 금고리 1개
- 록색유리 둥근알 1련
- 기타 5점

후꾸오까현 무나가다군 미야지다께무덤에서 나온 금동제관

여기에 보이는 큰칼은 자루대가리의 길이가 20cm나마 되며 주축의 길이는 2.6m나 된다고 하는 매우 큰 의장용칼이다. 또 금동제마구류는 장식모양이 독특하고 일본에 있는 종래의 마구류와는 질적으로 다른 소국왕급의 장식품이다. 이렇듯 미야지다께무덤의 존재는 무나가다소왕국의 강성을 보여주며 그것은 조선적성격을 띤다. 말하자면 무나가다 가야소국이 기내 야마또정권의 지배밑에 들어가기 직전의 마지막 소국왕이라고 보이는것이다. 왜냐하면 그것은 미야지다께무덤에 묻힌자가 히고 에다 후나야마무덤에 묻힌자 못지 않게 조선제물건들로 휘감겨 묻혔기때문이다. 일본학자들은

그 유물들이 모두 수입해온것이라고 하면서 일본의 귀족이 조선에서 수입해온 최고급물건을 썼다고 설명을 한다. 그러나 그것보다 조선의 귀족이 일본 무나가다고을에 건너가서 왕노릇을 하였고 죽으면서 자기가 쓰던 물건들을 함께 묻게 하였다고 보는것이 더 자연스러울것이다. 조선제일등급물품들과 함께 묻힌 미야지다께무덤의 주인공은 무나가다의 가야(아라)소국의 마지막왕일수 있다고 보아도 잘못이 없을것이다.

이밖에도 고노미나도(神湊), 수다따(須多田) 등의 무덤떼들이 가야소국의 우두머리(소국왕)들이 남긴 무덤들이다.

무나가다고을일대가 조선계통의 소국이였다는것은 거기에 있는 비교적 큰 조선식산성을 보아도 잘 알수 있다.

최근 현해탄을 바라보는 무나가다군 최북단 유가와산(湯川山)에서 조선식산성이 발견되였다.

산성은 후꾸오까현 옹가군 오까가끼정(遠賀郡 岡垣町)과 무나가다군 겐까이정(玄海町)의 경계에 있는 유가와산(표고 471.4m)의 오까가끼정쪽의 경사면에 구축되여있다. 고다이지산(孔大寺山)릉의 최북단에 위치한 유가와산은 현해탄을 내려다보는 경치좋은 지점에 자리잡고있다. 오래전부터 말목장이 있었다는 기록이 전해오는것은 후에 보게 될 부젠 가게노마산성의 경우와 꼭 같다.

산성에는 해자처럼 푹 패인 긴 도랑이 있는데 너비 약 3m, 깊이 약 1.5m, 단면은 V자형으로서 그 총 길이가 지도상에는 약 12km이며 경사를 고려한 실지거리는 13km에 이른다고 한다. 이 V자형도랑은 산허리를 누비며 사선으로 산정을 에워싸고있다.

수문은 등고선을 따라나가는 도랑이 돌담과 이어져 골짜기를 가로막아나선 곳에 위치해있다. 돌담은 시내 골짜기를 가로막으며 가운데에 물빼는 통수문을 냈다. 산성의 수문은 총 6개소로 추정되고있으나 실지로 확인된것은 2개소에 불과하다. 그가운데서 제2수문이 가장 잘 남아있는데 크기는 돌담높이 2.3m, 돌담너비 2.4m이고 통수문의 너비는 1.9m이다.

흙담은 산꼭대기로부터 고을경계의 산지붕우를 약 130m(높이는 약 50m)나 내려온 북서쪽 아래부분에서 시작되며 약 500m나

계속된다. 흙담의 너비는 약 10m이며 량측에 흙담이 무너져내리지 않게 지탱돌을 고이고있다. 높이는 1~2m이다. 하지만 흙담의 가운데부근의 높이는 대체로 4m이고 도중에 표고 381m의 작은 언덕을 둘러싸고있기때문에 그 부분만은 흙담너비가 넓어지고있다. 흙담의 아래단에는 두줄기의 도랑이 평행으로 약 300m나 계속되고있다.*
앞으로 산성에 대한 학술조사가 진행됨에 따라 그 진면모는 더 잘 밝혀지게 될것이다.

> * 《아사히신붕》(규슈) 1983년 3월 31일 및 《서일본 고대산성의 연구》명저출판, 1985년, 424~434페지
> 유가와산성의 발견자는 그 산성의 축조자를 후지와라노히로쯔구(藤原廣嗣 ?-740년)로 보면서 그가 반란(740년 9월)때에 쓰기 위해 축조한것이라고 주장한다. 그러나 그런 주장은 근거가 매우 박약하다. 반란직전에 히로쯔구는 태재부의 차관인데 당시 장관은 기비노마끼비로서 량자는 서로 알륵이 심하여 적대관계에 있었다. 히로쯔구가 장관 몰래 그와 같은 큰 규모의 산성을 축조할수 있었으리라고는 도무지 생각할수 없다. 히로쯔구가 그 산성을 축조하지 않았다고 하는 근거는 무엇보다도 당시의 기록을 적은 정사인 《속일본기》의 그 어느 기록에도 산성에 대하여 일언반구 없다는 사실이다. 또한 8세기 중엽에는 그와 같은 조선식산성을 쌓을만 한 축성집단은 존재하지 않았던것이다. 이와 같은 사실들은 이미 있던 산성을 보강, 리용할수는 있어도 히로쯔구가 처음으로 축성하였다고는 보기 힘들다.

이상에서 고고학적유적, 유물을 통해 본 무나가다 가야(아라)소국에 대하여 보았다. 무나가다일대의 무덤과 그 껴묻거리 등으로 보아 그 일대는 5세기 초엽경부터 조선의 가야지방에서 건너간 이주민들의 정착지였다고 인정된다.

가야세력이 5세기 초엽경에 건너가게 된것은 《광개토왕릉비》비문에 반영된 왜의 조선출병과 관련이 있었을것이며 로오지제3호무덤과 스끼사끼무덤 등을 위시로 한 가야세력의 북규슈일대에로의 적극적진출의 산물일것이다. 무나가다 가야(아라)소국의 형성은 바

로 그러한 력사적환경과 배경속에서 이루어졌을것이다. 그런데 문제는 무나가다의 신사를 신라계통세력이 받들고있다고 한 사실이다. 《신찬성씨록》에 의하면 무나가다노기미(임금)란 일명 신라신이라고 하는 스사노미꼬도의 후예로 인정받고있다. 그리고 《하다씨본계장》에 의하면 하다씨가 받든 마쯔오신(松尾大神)은 쯔꾸시 무나가다대신이 마쯔오에 하늘로부터 내려온것으로 되여있다. 그리고 하다씨의 자손이 그 사당을 자자손손 제사지낸다고 한다. 이것은 하다씨가 무나가다씨와 력사적으로 깊은 인연이 있었음을 반영한것이다. 어떠한 력사적사실이였던가? 그것은 본래 무나가다일대에 있던 오랜 신라계통세력우에 5세기 누야마제5호무덤에서 보는 가야세력이 덮친것이 아니겠는가. 두 세력의 결탁은 신라계통세력이 퍼그나 오래된것으로 하여 비교적 평화적인 타협으로 락착되였을것으로 집작된다.

  5세기 가야세력이 그 일대에 진출하기 전에 신라계통세력이 정착해있었으리라는것은 고고학적유물들을 보아도 알수 있다. 무나가다시 다끼가시모유적에서 나온 쇠덩이와 같은 유물이 가야땅보다 이른 시기의 경주지방의 무덤들에서 더 많이 나온다는것은 잘 알려진 사실이다. 그리고 무나가다에는 4세기의 가야식무덤은 전혀 없지만 오끼노시마유적을 보면 거기에서는 고분문화시기 전기의 주술적색채가 강한 거울이 40면씩이나 나왔다. 물론 그것이 방제경을 포함한것이기는 하지만 원주민화한 신라계통의것일수 있다. 그리고 비록 5세기의것이지만 오끼노시마유적의 제7호유적에서 나온 금, 은, 동으로 된 마구류와 가락지, 창집 등은 가야의것보다 오히려 신라 경주의 금관무덤, 금방울무덤의것에 더 가깝다고 한다. 그리고 그 유물들이 조사보고자의 표현대로 한다면 《백제, 고구려, 임나(가야) 등 여러 나라의 무덤에서 출토된 유물들과 대조한다면 신라에 보다 가까운 물건이 많다는것이 사실이다.》*라고 한다. 제7호 제사유적의 유물들이 과연 가야의것인가, 신라것인가는 후에 따져보기로 하고 오끼노시마제사유적에서 나온 유물들은 4세기에는 신라가 쓰던것이며 5세기에 들어서면서 가야사람들이 그것을 리용했을것으로 추정된다. 우에서 든 여러가지 사실들을 통하여 신라계통이주민세력이 할거해있던 무나가다일대에서 가야계통세력이 덮쳐서 량자는 타협의 방법으로 소국을 유지했다고 보이는것이다. 둘가운데서 가야세력이 큰 비중을 차지하고있던탓으로 그 일대의 향명과 지명들은 신라의것보다 가야-아라라는 말이 더 많이 불리워졌던것이며 그것은 결국 당연한 귀결이라고 할수 있을것이다.

* 《고대아시아와 규슈》 가꾸세이사, 1973년, 251페지

제3장. 동부규슈의 신라소국-진왕국

동부규슈에 있는 부젠, 붕고는 본래 하나의 나라로서 8세기이후는 풍요할 풍(豊), 나라 국(國)자를 써서 《도요구니》라고 읽었다. 그러나 7세기이전에는 풍요할 풍자를 가라라고 읽어 《가라구니》라고 하였다.* 그것은 그 일대에 조선사람의 비교적 큰 나라가 있었기때문이다.

* 《초기조일관계 연구》 사회과학원출판사, 주체55(1966)년, 225~226페지

먼저 7세기이전에 고대일본에서 규슈 풍국일대를 가라구니 즉 조선나라라고 읽고 통용한 사실에 대하여 보기로 한다.

제1절. 고문헌을 통하여 본 부젠 신라소국

일제의 조선강점시기에 간행된 《고사류원》(古事類苑, 외교부 1)이란 책은 일부러 가라구니(조선)란 항목을 설정하여 규슈의 《풍국》을 왜 가라구니(조선)라고 하게 되였는가를 일일이 례를 들어

증명하였다. 그 책의 내용을 보자.

첫째로, 그 책에는 《일본령이기》 상 신령삼 보득현보연 제5에 인용한 글에 《…민달천황의 대에… 불상을 속히 가라구니(豊國)에 갖다버려라.》라고 한*¹ 기사가 실려있다. 이것은 《고사류원》의 편찬자들이 고대시기에 규슈의 풍국을 일본사람들이 가라노구니 즉 조선이라고 읽었다고 인정했기때문에 《령이기》의 그 글을 이 항목에 포함시킨것이다. 또 력사적사실은 일본에 불교를 맨 먼저 전한 나라가 백제나 신라였기에 불상을 가지고간 나라를 《가라구니》로 읽었던 것이며 그를 풍(豊)으로 표시하고 《가라》로 훈을 달았던것이다. 여기에 그 어떤 트집*²을 걸만 한것도 없다.

*¹ 《고사류원》, 87페지
*² 일본의 이노우에(井上光貞)라는 학자가 이 문제에 트집을 거는 대표적사람일것이다.(심포줌 《일본력사》 2 일본국가의 형성, 가쿠세이사, 1973년, 235페지)

둘째로, 《고사류원》에는 《일본령이기고증》(상)이란 책의 내용이 실려있다. 거기에 의하면 풍국에 대한 주석에 《대개 가라구니(韓國)를 말함이다. …중애기에는 가라구니를 보물의 나라라고 하였고 신공기에는 재보의 나라, 재물의 나라라고 하였으며 웅신기에는 금과 은의 번국이라고 하였다. 신대기에는 또 가라구니노섬(韓鄕之島)이라고 하였는데 이것은 그 나라에 금, 은이 있기때문이다. 용명 2년기에 천황의 동생과 왕자가 가라구니(豊國)법사를 끌어들여 내전 침실에 들어갔는데 그것은 대개 가라구니의 중(韓國僧)이다.》*라고 하였다. 말하자면 풍국이란 가라구니 즉 조선을 가리킨 말인데 그것은 조선이 풍요한 나라, 금과 금은보화가 가득한 나라라는 뜻에서 풍요한 나라는 가라구니라는 대명사로 부르게 되였다는것이며 용명 2년에 있던 풍국법사란 가라구니의 중이라는 내용이다. 따라서 그것을 인용한 저자의 론리는 《豊》은 얼마든지 가라(韓)와 통하며 가라(조선)는 풍요한 나라라는 대명사이므로 그렇게 훈을 달수 있다는것이다.

* 《고사류원》, 87페지

셋째로, 《고사류원》에는 《본조고승전》 72 원잡에 실린 백제국 사문 풍국전의 기사를 인용했다. 그것에 의하면 《불교중인 〈풍국〉은 백제사람인데 그 이름이 사서에 전하지 않으니 나라이름으로써 부른다.》*라고 하였다. 이 글은 백제출신의 중 아무개를 가라구니(豊國)라고 하였는데 그것은 그의 이름이 력사책에 전하지 않기때문에 그의 고국명으로써 그를 백제 즉 가라구니라고 부르고 한자표기를 豊으로 하였다는 말이다. 이것은 《풍》을 가라라고 읽었다는 확실한 근거가 될것이다. 만일 일본사람들이 말하는것처럼 풍을 옛날부터 일관하게 도요라고만 읽어왔다면 이 《백제중 풍국》의 이름은 일본말로 가라구니가 아니라 도요구니로 읽어야 할것이다. 고대 백제사람들을 가라히도라고 부른데 대해서는 《일본서기》(흠명 17년 10월)의 기사에 확연하며 또 대화 개신직전에 나까도미노가마다리가 왕궁에서 소가에미시를 죽인 사건을 쓰면서 나까노오에를 《가라히도》라고 한데서도 잘 알수 있다.

* 우와 같은 책, 88페지

이상에서 본바와 같이 규슈의 부젠, 붕고일대는 고대에 도요노구니로 부른것이 아니라 가라노구니 즉 조선나라라고 하였다. 그것은 단순히 한자음과 훈에서 오는 문제인것이 아니라 실지로 거기에 가라구니, 가라시마(조선섬)라는 조선계통소국들이 있었기때문이다. 부젠국 우사군에 가라시마(辛島)향이 있다는것은 《화명초》에 밝혀[1] 진 사실이며 가라시마를 성씨로 삼은[2] 조선계통호족들과 그 자손들이 오래동안 그 지대에 살고있었다는것을 말한다.

[1] 《일본지명대사전》2권 일본서방, 1938년, 1806페지, 가라시마
[2] 《일본서기》(권27 천지 10년 11월)에는 가라시마(韓島)스구리 아무개라는 인물이 나온다. 고대의 韓, 辛는 다 가라라고 읽으며 따라서 우사군의 성씨 辛島는 韓島에서 왔다는것이 명백하다.

부젠, 붕고에는 조선계통국가가 있었기때문에 7세기이전에는

그곳 일대를 가라구니(조선나라)라고 불렀고 나중에 豊자를 갖다붙였던것이다. 그러면 어떠한 조선의 나라가 거기에 있었는가. 거기에는 바로 신라계통소국인 《진왕국》이 있었던것이다.

그러면 고문헌들에 전하는 부젠국일대의 신라계통국가인 《진왕국》에 대해서 보기로 한다.

7세기이전 부젠국의 정치적중심지는 오늘의 후꾸오까현 다가와(田川)일대와 나까쯔평야가 있는 우사일대였다. 그 일대에 신라계통세력이 진출, 정착하였다는것은 거기에 신라의 신이 조선으로부터 건너가 살았다는 문헌기록을 통해서 알수 있다. 부젠《풍토기》에 실린 그 기록내용은 다음과 같다.

《부젠국의 〈풍토기〉에 말하기를 다가와의 고을 가하루의 마을에 강이 있…다. …옛날 신라국의 신이 스스로 건너와서 그 강에서 살았다. 이것을 가하루의 신(鹿春神)이라고 한다. 또 마을의 북쪽에 산봉우리가 있고 꼭대기에 늪이 있다. 황양나무가 무성하고 룡골(고려약재-인용자)이 난다. 두번째 산봉우리에서는 구리와 함께 황양, 룡골 등이 난다. 세번째 봉우리에는 룡골이 있다.》

신라신의 사당인 가하루신사는 가라구니(辛國) 오끼나가라히메, 오시호네, 도요히메의 세 신을 함께 모신 신사이다. 첫째 신은 일명 히메고소신이라고 하는 신라계통신이며 둘째는 아마노 오시호네(天忍穗根尊)로서 조선에서 건너간 신이다. 셋째 신 역시 아마쯔가미 도요다마히메(海神豊玉姬神)로서 바다를 건너간 조선신이다.* 이 세 신라신을 받드는 가하루신사는 그 일대의 중심세력이였던 신라계통세력이 받들던 신사이며 동시에 부젠국의 동광산과 밀접히 관계된 신사이기도 하였다. 가하루신의 지척에 고대의 큰 동광채굴장이 있다. 동광채굴장은 8세기이후 일본의 정치와 문화에 큰 작용을 하였다. 그 동광이야말로 가하루신으로 대표되는 신라이주민집단이 당시로서는 높은 기술을 가지고 동광산개발, 채광, 제련을 할수 있게 한 곳이였다. 앞서 본 문헌기록은 《신라국의 신》이 그 동광산에 하늘 즉 조선에서 내려(건너)왔다고 말하고있는것이다. 일본의 력사책인 《삼대실록》(三代實錄)에 《부젠 기꾸군의 동》(規矩郡銅)이라고 기록되여있는것은 그 동을 채굴하는 마을이 다가와군과 기꾸(企救)군의 지경에 있기때문이다.

* 《속일본후기》권6 승화 4년(837년) 11월 경자. 가하루신은 《화명초》 군향부 부젠국 다가와군 가하루향조에 기록되여있다.

부젠국에는 신라신이 내렸다(정착)는 곳이 야하루에만 국한되지 않는다. 부젠의 또 하나의 중심지인 우사일대에도 신라신을 받드는 곳이 있는데 우사신궁이 바로 그것이다. 우사는 나까쯔평야를 앞에 두고 야마구니(山國)강을 끼고있어 비옥한 땅과 풍부한 관개수로 하여 농사가 잘되는 고장이다. 우사신궁은 우사노기미(우사의 임금)가 제사지내며 관할한 사당이다. 그 신궁은 비록 지금은 히메신과 야하따신으로 이루어져있지만 8세기이전에는 신궁자체에도 히메신의 히메신궁사와 야하따신의 미륵사로 나뉘여있었다고 한다. 이것은 8세기이전에 히메신으로 상징된 원주민세력인 우사씨와 야하따신으로 상징되는 조선계통세력인 하다씨의 가라시마 스구리*(韓島勝)세력이 그 지역에 있었다는것을 보여준다. 우사신궁의 전승에 대하여 보면 그 성립에 관여한것은 우사노기미가 아니라 오미와노히기(大神比義)라는 인물이며 후에 와서 저기에 가라시마스구리가 덮쳤다는것을 알수 있다. 이 내용은 《우사궁연기》, 《우사미륵사연기》 등에 전해온다. 그리하여 우사 야하따신궁의 《네기》, 《하후리》 등의 신직은 우사씨, 오미와씨와 가라시마씨가 세습하였다. 신직들도 헤이안(平安)시대(9~12세기)이후에 우사씨와 오미와씨가 많이 차지했다고 하지만 그 이전에는 조선계통세력인 가라시마씨가 《네기》, 《하후리》, 《이미꾜》라는 높은 급의 신직을 차지하고있었다. 말하자면 상대로 올라갈수록 신라계통세력이 신궁의 기본요직들을 틀어쥐고있었다는것을 알수 있다.

* 스구리라는것은 고대조선말인 촌주(村主), 시골이라는 뜻으로서 지방토호의 존칭 비슷한 말이다. 일본에 건너간 조선이주민들은 고국에서와 마찬가지로 스구리(勝, 村主)라는 말을 성씨에 붙였다. 스구리라는 칭호는 조선의 백제, 가라에도 있었을것이나 특히 현존하는 자료에 의하면 신라에 제일 많았다는것을 알수

있다. 스구리에 대한 자료는 《신라사의 제 문제》 1954년, 486~492페지 참고

우사 야히다신궁에 내린 신라신에 대하여 좀더 따져보자.

우사 야하다신사(宇佐 八幡神社)에 전하는 민간전승들의 기록집이라고 할수 있는 《탁선집》(托宣集)이라는 책에는 흥미있는 기록들이 적지 않게 실려있다. 그 몇가지를 제시하면 다음과 같다.

① 《신라의 태자신이 건너와서 일본국의 여러 신을 물병속에 집어넣으려고 하였는데 그때 야하다신도 잡혀 들어갈번 하였다.》《탁선집》 1권)

② 《흠명천황 32년 신묘에 부젠국 우사군 룡형 대미산에서… 오미와가 기도를 드리고있는데 하늘의 아이(天童)가 나타나서 〈가라구니의 성새(辛國城)에 비로소 하늘로부터 여덟흐름의 기발(야하따)이 내렸으니 나는 일본의 신이 되련다.〉라고 말하였다. 일본의 가라구니성은 서어봉인데 기리시마산의 별호이다.》《탁선집》 3권)

③ 《쯔꾸시 부젠국 우사군 룡형지 주변 소창산기슭에 쇠부리령감이 괴상한 얼굴로 나타나더니 곧 세살난 어린애가 되여 대나무잎우에서 선포하기를 〈가라구니성에 비로소 하늘의 여덟흐름의 기발을 내려보내여 내가 일본의 신이 되련다.〉라고 하였다.》《탁선집》 5권)

《탁선집》에 있는 이와 비슷한 내용의 기록은 부젠국《풍토기》일문에도 실려있다. 즉 《부젠국 우사의 고을은 룡형산의 넓은 기발, 여덟 기발의 오미와(大神)고을관청의 동쪽인 마끼(말의 성)의 봉우리우에 있다.》*라는것이 그것이다.

* 《풍토기》 이와나미서점, 512페지

《탁선집》에 실린 ①, ②, ③의 전설내용의 기본골자를 쥐여짜면 신라신으로 상징되는 신라이주민세력의 우사 나까쯔평야에로의 진출이다. 신라신이 하늘(신라)로부터 신라 즉 가라구니성에 내린다는것, 이것이 그 신화의 기본줄거리이다. 여기서 신라신은 하늘(조선)에서 땅(일본렬도)에 《천강》하는것이다.

이 민간에 전하는 신화에서 주목을 끄는것은 신라신이 부젠국 우사군에 천강하는데서 천강하는 우사군에 《가라구니노끼》 즉 조선성이 있다는것이며 《가라구니성》이란 다름아닌 《서어》봉이라는것이다. 서어란 말이 신라의 왕도(수도)라는 서호리, 서울과 통한다는 일본학자의 지적[1]도 홀려보낼수 없으며 야하다신궁의 제사신가운데서 족보가 신라왕자의 후손으로 되여있는 오다 라시히메가 있는것도 량자사이에 《어떠한 력사적관계가 있던것으로》[2] 생각되는것이다. 또 하늘에서 신라신이 내려오던 여덟흐름의 기발(히로하다, 야하다)의 하다(기발)라는것 역시 신라말인 바다, 하다에 근원을 두고있다는 지적[3]도 있다. 더우기 흥미있는것은 이도국을 론할 때 본 《히메》의 천강신화와 이 신화내용이 신통히도 같다는것이다. 지꾸젠《풍토기》에 실린 기이군 히메향에 전하는 히메고소신사 역시 그와 비슷한 내용으로 일관되여있다.(내용 생략) 히메향의 신사에 전해지는 내용은 기발(하다)을 띄웠더니 그 기발이 히메의 신사(신라계통 천일창과 관계된 신사)에 떨어졌다는것과 꿈에 구쯔비끼(臥機)와 다따리(絡売)가 날아와 자기를 깨웠다는 등의 허황한 줄거리들이다. 하지만 기발을 띄운다는것은 야하다신과 일맥상통하며 구쯔비끼, 다따리라는것은 조선식천짜기에 쓰이는 물건들인 동시에 조선의 제사의식용도구였다는것을 상기할 때 그 문헌기록들은 단순히 허황하기만 한것이 아니라 신라계통세력의 일본땅에로의 진출, 정착의 력사적과정을 반영한것이라고 보아야 옳을것이다.

[1], [2] 증보《일선신화전설의 연구》헤이본사, 1972년, 89페지
[3] 《일본의 녀제》강담사, 205페지

문명한 방법으로 실을 뽑고 천을 짤줄 몰랐던 일본원주민들은 조선의 수공업기구마저도 숭배의 대상으로 하였던것이다. 《히메》는 천일창과 그의 처 아까루가히메로 대변되는 신라계통세력이였으며 《히메고소》는 명백히 조선신이였다. 야하다→히메→신라신에서는 다같이 신라이주민집단이 그 중심에 있었다.

우사일대가 신라계통이주민들에 의하여 개척되였다는것은 우사

신궁의 신화전승뿐아니라 우사신궁이 다가와의 가하루신과 결부되여 이야기되고있다는 사실에서도 알수 있다. 가라시마씨의 후손들이 지금도 그 일대에 살고있는데 그들이 가진 족보에 의하면 《자기들의 조상은 다가와의 가하루》라고 한다. 이것은 우사의 신라신 즉 신라이주민집단이 다가와의 신라이주민집단과 한겨레이며 거기서 갈라져나온 한갈래의 집단이였음을 말해준다. 또한 그것은 우사신궁의 오랜 의식행사를 통해서도 알수 있다. 우사신궁에서는 오래전부터 놋창을 봉납하는 의식행사가 진행되여오는데 걸핏하면 거기에 다가와의 가하루신이 현신한다. 신궁의 제사신(신라신)에게 가하루산의 동채취장으로부터 놋창을 바치는 내용이 바로 그것이다. 다가와도 신라요, 우사도 신라인데 량자의 교류는 자못 긴밀하다. 그리고 놋창을 바치는 봉납의식은 야요이문화시기의 규슈를 방불케 하는 오랜 력사를 반영하고있다. 이즈모-기비, 기내일대가 대체로 동탁문화권이라면 규슈일대가 놋단검, 놋창, 놋과 문화권이라는것은 자주 이야기되여온다. 가하루의 동광산에서 캐낸 구리를 우사궁의 신이 받는다는 거기에 다가와 가하루와 우사신궁과의 밀접한 련관성과 량자의 오랜 밀착의 력사가 담겨져있다고 생각된다.

  우사-신라집단-가라시마씨의 중심은 우사로부터 남쪽으로 약 4km 떨어진 곳인 가라시마향이다. 에끼깐(駅舘)강일대인 거기에는 가라시마가 아직 마을이름으로 남아있다고 한다.* 그 가라시마향이란 지명이 풍국일대를 총칭하는 대호가 되여 풍(豊)이라고 써서 가라로 읽은것으로 추측된다. 전형적인 신라기와무늬가 나온다고 하는 법경사(法鏡寺)가 바로 가라시마씨의 본거지인 옛 가라시마향에 있다는것은 잘 알려진 사실이다.*

  * 《일본지명대사전》 2권 일본서방, 1938년, 1806페지

  부젠일대가 신라소국이 있던 곳이였다는것은 그 일대의 주민구성의 형편을 보아도 잘 알수 있을것이다. 부젠에서 부곡민이라고 하면 하다씨를 내놓고는 없다고 할 정도이다. 아래에 보는 자료는 1958~1959년에 진행된 정창원문서 호적원본의 조사에 근거하여

작성한 도표이다. 부젠의 일부 고을에 한한것이지만 그 일대 주민의 대체적구성과 주민성분의 조선적성격을 아는데 중요한 자료가 된다.

부젠국 대보 2년(702) 호적(정창원문서)

고을과 마을이름	하다베 (秦部)의 수	스구리 (勝)의 수	그밖의 성씨수	총 인원수
나까쯔고을의 정(丁)마을(里)	217	160	27	404
가미쯔께고을의 탑(塔)마을	63	64	4	131
가미쯔께고을의 가자구야마을	26	28	12	66
모(某) 마을	10			10
루계	316	252	43	611

※ 표는《나라유문》상권 도꾜당출판, 1965년, 104~134페지에 수록된 정창원문서에 기초하여 작성하였다.

표에서 보는바와 같이 나까쯔군과 가미쯔게군의 몇개 고을은 온통 하다씨로 되여있다. 하다베와 스구리가 마을 총주민수에서 차지하는 비률은 정마을이 93%, 탑마을이 97%, 가자구야마을이 82%, 어떤(모) 마을이 100%로서 평균 93%에 이른다. 이 자료를 보면 한개 마을(리)에 같은 성씨들이 모여 살고있다는것을 알수 있다. 친족촌락공동체의 강한 뉴대를 잘 보여주는것이라고 생각된다. 가미쯔게(上毛)고을은 오늘의 부젠시(豊前市)일대이다.

알다싶이 하다베라는것은 신라계통으로 볼수 있는 하다의 부곡민들을 가리키는것이며 스구리는 조선(신라)의 마을우두머리(村主)를 가리키는 조선말이다. 호적문서에 나오는 교도스구리(狹度勝)라는것은 나까쯔군 교도향의 향장과 같은 우두머리를 의미하며 다까야스구리(高家勝)는 나까쯔군 다까야의 향장을 의미하며 도우스구리(塔勝)는 가미쯔미게(上三毛)군 탑(도우,《화명초》의 多佑향)향의 우두머리를 가리킨다.

이처럼 옛 기록에 전하는 신화전설과 주민호적들은 오늘의 후꾸오까현 다가와시, 다가와군, 미야꼬군, 지꾸죠군, 우사군일대가

신라세력인 하다씨의 집중적인 거주지대였음을 보여준다. 현재까지
도 지꾸죠군(築城)일대에서는 하다씨와 관계된 지명들을 수많이 찾
을수 있으며 또한 하다씨에서 유래된 성을 가진 사람들도 많다.*

> * 《동아시아의 고대문화》1975년 특집호, 야마또서방, 213~221
> 페지

제2절. 고고학적자료를 통하여 본 부젠 신라소국

부젠 신라국의 고고학적유적으로서 들어야 할것은 신라계통절
간유적들이다. 일본에 맨 처음으로 불교가 들어간 곳은 조선과 지
리적으로 가장 가까왔던 규슈지방이였을것이며 구체적으로는 부젠,
붕고일대였을것이다. 그것은 일본서기를 비롯한 고문헌 등에 실려
있는 불교를 받아들인 과정을 통해서도 잘 알수 있다.

《신찬성씨록》(권20 이즈미국 신별 천신 후꾜베노무라지)에는
용략천황이 몸이 편치 않아서 쯔꾸시 풍국(가라구니)의 무당을 불
러오게 하였다는 내용이 적혀있다. 그리고 《일본서기》용명 2년
(587) 4월 병오조에는 풍국(가라구니)법사(중)를 이끌고 궁중에 들
어갔다고 씌여있다. 그 기사들을 통하여 기내 야마또국가의 궁전에
서 풍국의 무당이나 불교중들을 끌어들여 불교를 비롯한 여러가지
종교미신적행사들과 의술들을 받아들였다는것을 알수 있다. 신라계
통이주민들의 의술은 당시로서는 상당히 발전*되여있어 일본원주
민들이 공인하는 사실이였다. 앞서 본 가하루산에서 구리와 함께
룡골이라는 동약재가 난다는것도 스쳐지날것이 아니다.

> * 《일본서기》에는 야마또의 천황 또는 귀족들이 신라의술의 도움
> 을 받아 병을 고쳤다는 기록이 적지 않게 실려있다. 그리고 이즈
> 시(出石)를 비롯한 조선동해에 면한 지구(산인지방)에는 신라계통
> 이주민인 천일창을 의술의 신으로 받드는 신사가 많다. 이것은

신라가 당시로서는 찜질, 침구 등과 각종 약품에 의한 질병치료술이 높아 일본원주민들의 호평을 받았었다는것을 의미한다.

규슈지방의 어떤 고고학자는 규슈지방의 불교절간에서 나온 기와무늬의 형태별구분을 진행하여 부젠일대에 조선계통 특히 신라계통무늬기와가 집중적으로 분포되여있다는 사실을 지적하였다.*

* 《규슈고대문화의 형성》하권 가꾸세이사, 1985년, 89~91페지

야마구니강이북과 그 주변들에서 신라계통무늬기와가 나오는 대표적절터를 들면 다음과 같다.

① 다루미절터〔지꾸죠군 신요시도미촌(옛 가미쯔게군)〕
② 가미사까절터〔미야꼬군 도요쯔정(옛 나까쯔군)〕
③ 쯔바끼절터〔유꾸하사시 쯔바끼(옛 미야꼬군)〕
④ 덴다이절터〔다가와시 진세이정(옛 다가와군)〕
⑤ 덴다이사 기와가마터〔다가와군 지꾸호정(옛 호나미군)〕
⑥ 다자이부절터(기호군)
⑦ 고꾸조오절터〔우사시 에끼가와정(옛 우사군)〕
⑧ 호교절터〔우사시 호교사(옛 우사군)〕

이 절터들가운데서 ④의 덴다이절터가 가장 오랜것이라고 한다. 덴다이절터는 가하루동광산의 맞은켠에 있다.

기와막새의 변두리 혹은 막새기와 아래턱면에 무늬를 놓은 신라기와의 존재는 그 지역일대에서 절을 세우고 기와를 구웠던 신라수공업자들의 슬기를 보여준다. 동시에 그것은 그 일대에 신라수공업자들을 거느린 신라세력이 있었다는것을 말해주는것이기도 하다. 특히 우사씨의 고꾸조오절터와 가라시마씨의 호교절터에서 전형적인 신라기와가 나왔다. 문제는 신라무늬기와가 나오는 절간들의 분포가 정창원문서호적에서 본 하다씨마을의 분포와 대체로 일치한다는 사실이다. 이것은 바로 그 절간들이 그곳에 있던 하다씨의 사찰들이였다고 인정하게 한다. 이러한 사실은 그저 신라계통문화의 영향의 산물이라고만 말하는것으로써는 처리될수 없다. 현재 일본고고학자들은 그 절들에서 나온 신라무늬기와들의 편년의 상한을 7세

기로 규정하지만 6세기의 《일본서기》에도 거기에 풍국법사가 있다
는것을 전한 사실로 미루어 그것은 6세기이전으로 소급될수 있는것
이다.

계속하여 조선식산성에 대하여 보기로 하자.

부젠땅에는 조선계통소국의 상징인 조선식산성으로 알려진것
두개가 있는데 고쇼가다니산성과 가게노마산성이 그것이다. 이 두
산성안에 가하루신사와 가하루동광산이 있다.

가게노마(鹿毛馬)산성*¹은 후꾸오까현 가호군 가이다정 가게노
마에 있다. 산성은 길이 2.2km나 되는 말발굽모양의 산등성이 바깥
축에 렬석을 둘러쳐 축성되였다.

산성에 있는 가게노마골은 까마귀꼬리고개(烏尾峠)와 작은고개
(小峠)를 건너 다가와의 고을로 통하는 산기슭에 있으며 계곡의 열
려진 서쪽은 2개의 작은 구릉이 좌우에서 삐여져나와 가게노마골의
문호를 조성하는 형세를 이루었다. 산성유적은 그와 같은 자루모양
(말발굽모양)의 산간부복판으로 삐여져나온 작은 언덕끝에 있는데
하나의 요새로 되였다.

산성은 표고 60~100m의 산허리에 길이 2km이상에 걸쳐 1 765개
의 렬석을 둘러쳐 만들었다. 렬석은 작은 계곡을 안고 평균 80m정
도의 경사면에 둘러쳐져있다. 그리고 골짜기가 벌어진 부분은 좌우
로부터 흙담을 쌓아 골짜기를 막고 그것을 렬석선과 련결시키는 착
상이 적용되였다. 이 경우 다른 산성과 달리 골짜기의 흙담 한개소
에 독특한 암거식의 배수시설이 매설되였으며 뚜껑돌을 덮고 그우
를 돌들로 꽉 메웠다. 아마도 그것은 표고 80m라는 낮은 곳에 산
성을 구축한 사정과 관련되였을것이다.

고쇼가다니(御所谷)산성*²은 후꾸오까현 유꾸하시시 가쯔야마정(勝
山町)과 사이가와정(犀川町)사이에 걸쳐있는 부젠 미야꼬(京都)평야를
부감하는 표고 247m의 산마루 서북쪽에 위치한 조선식산성이다.

*¹, *² 《고고학져날》1976년 117호 및 신판《고고학강좌》6 유
잔가꾸, 1974년,《북규슈 세도우찌의 고대산성》, 205~211페지
및 119~121페지.

산성은 미야꼬평야의 가운데에 삐여져나온 우마가다께련산의 지세에 따라 축조되였다. 남쪽의 사이가와정쪽은 험준한 요새를 이루었는가 하면 북쪽의 유꾸하시시쪽은 완만한 경사를 이루었고 사방으로 뻗은 가지들은 계곡을 이루며 거기서부터 흐르기 시작하는 세줄기의 시내물이 미야꼬평야를 적신다.

산성은 크게 동쪽계곡방면과 가운데계곡방면, 서쪽계곡방면으로 나뉘며 서산과 남산의 꼭대기, 산릉선, 산허리 등에 렬석과 돌담, 흙담유적들이 전개되여있다.

부젠 고쇼가다니산성평면도

동쪽계곡방면에는 지세를 리용하여 성문을 축조한 3개의 자연바위와 5개의 렬석이 있으며 거기로부터 얼마간 떨어진 곳인 120m 고지의 남쪽면에는 동서너비 20자, 높이 7자의 렬석과 돌담, 흙담으로 둘러싸인 동문이 있다.

가운데계곡방면에는 계곡정면에 웅대한 돌담이 있다. 서쪽돌담은 2단식으로 되여있는데 앞단은 높이 6자, 동서너비 30자이며 가운데에 수문통이 삐여져나왔다. 뒤단돌담의 높이는 20자, 서쪽부분은 자연지형상 높이 32자, 너비 47자 5치이다. 동쪽돌담은 앞면(북쪽)이 무너져내렸으나 남북의 길이가 21자이고 높이는 7자이다.

동서의 두 돌담은 성문을 이룬다. 돌담의 두께는 21자이다.

서쪽계곡방면에는 골짜기를 동서로 막은 돌담유적이 남아있다. 돌담은 동서너비 90자, 높이 25자로 추측되는데 현재 가운데부위가 크게 무너져 내려앉았다.

서산마루와 릉선 등에는 높이 23자, 남북너비 61자의 큰돌로 성벽을 형성하고 남쪽낭떠러지에도 렬석을 둘러쳤다.

이밖에 산성답사가 심화됨에 따라 제2동문과 제2서문, 남문과 여러 돌담, 흙담, 렬석들이 새로 드러났다. 그 정형을 보면 다음과 같다.

제2수문과 거기로부터 뻗은 50m에 이르는 렬석이 확인되였고 가운데골짜기에서 동문에로 이어지는 렬석과 흙담, 돌담이 확인되였는데 흙담너비는 9m, 총연장길이는 400m에 이른다. 그리고 동쪽 170m고지 북쪽에서 렬석과 흙담 및 제2수문이 확인되였는데 동문의 남동쪽 200m지점과 170m고지의 북쪽경사면에 14개정도의 돌을 정연하게 나란히 놓은 렬석이 그것이다. 흙담은 170m고지로부터 제2수문 등을 누비며 뻗어있다.

전반적으로 볼 때 렬석은 화강암을 정교한 기법으로 장방형(길이 50~120cm, 너비 50~70cm, 두께 40~50cm)으로 다듬고 렬석을 나란히 할 때에는 돌마다 홈을 파서 톱모양을 내여 꽉 맞물리게 밀착시켜 배렬한 다음 다시 정교하게 다듬어 완성하였다. 그런 다음 이 렬석을 기초돌로 하여 많은 경우 그우를 흙으로 덮었다.

흙담은 보통 높이 3~4m, 너비 9~10m이며 성벽안의 산흙을 깎아내려서 쌓았다. 제2서문으로부터 서북쪽으로 뻗어있는 렬석에서는 흙담을 볼수 없으나 자연지형을 L자형으로 깎아서 너비 4~5m의 평탄한 도로를 형성하고 렬석은 그 도로의 웃부분을 보강하는 상태로 쌓았는데 렬석바깥축은 낭떠러지가 되게 만들었다.

이렇듯 산성에서는 약 10개소에 구조물을 설치한 자리가 알려져있는데 그가운데서 특히 중문(가운데계곡방면)의 돌담은 높이 6.5~7.5m, 길이 18m가 남아있어 지금도 그 돌쌓기법의 우수성이 주목된다고 한다.

이 두 산성이 조선이주민집단이 소국방어를 위하여 구축한 거대한 창조적유물이라는것은 산성립지의 선택과 산성축조의 독특한 방법 등을 통하여 잘 알수 있다. 특히 산세에 맞게 자유자재로 흙담, 돌담을 형성하고 암거식의 배수시설을 설치한것은 아주 재치있는 수문조성방법이다.

또한 이 산성유적이 조선이주민집단의 소국이 남긴 유적이라는것은 그 일대에 남은 조선적지명들의 분포를 통해서도 알수 있다. 그 단적인 실례가 못에 붙은 조선이름이다. 실례로 고쇼가다니산성과 멀지 않은 곳인 가쯔야마정에는 《가라도이께》(加郞戶池)라는 못이 있는데 이것은 《가라히도이께》의 전화된 말이다. 다시말하여 산성앞벌에 전개된 논물을 해결하기 위해 가라히도 즉 조선사람들이 논물용저수지로 만든 못인것이다.

부젠일대의 무덤들의 분포와 그 껴묻거리의 내용을 보면 그것이 고구려의 영향을 받은 신라적무덤이라는것을 알수 있다. 실례로 고쇼가다니산성의 앞벌인 미야꼬평야에는 그곳 소국의 우두머리급의 무덤들인 유꾸하시시 이나도(稻童)지구의 이나도 제8호무덤, *1 제15호무덤, *2 제20호무덤, 제21호무덤, *3 비와노구마무덤, *4 이시즈까야마무덤, *5 고쇼야마무덤, 가쯔야마지구의 오우기 하찌만무덤(전방후원무덤 58m)과 데라다가와(寺田川)무덤(전방후원무덤 40m), 쇼야즈까무덤(庄屋塚, 전방후원무덤 약 100m), 미따(箕田)나까하라 제8호무덤, 미따 마주야마무덤(전방후원무덤, 단칸의 횡혈식돌칸, 금동제듦음새김말안장쇠붙이, 금동제단룡환두큰칼, 칼, 검, 창, 쇠활촉, 거울 등이 나옴)을 비롯한 미따무덤떼 그리고 구로다 아야즈까무덤, *6 사이가와정 나가사꼬(長迫)무덤, 히메가미(姬神)무덤, 혼쇼(本庄)무덤, 오구마(大態)무덤 등이 있다. 이 무덤들은 바다(수와탄) 또는 바다가에 면하여 산성을 등진 벌판에 전개되여 있다.

*1 유꾸하시 이나도지구에는 스와탄에 면한 구릉지대에 24기의 이나도원형무덤떼가 있다. 무덤떼의 내부시설을 보면 돌상자무덤, 수혈식돌칸무덤, 수혈계횡구식무덤, 단칸 및 여러칸의 횡혈식무덤들이다.(《기마민족이**온** 길》 마이니찌신봉사, 165페지) 그중 제8호무덤은 수혈계횡구식돌칸을 가진 직경 19m, 높이 3.5m의 원형무덤으로서 채양달린 투구 1, 횡신판징박이단갑, 철판씌운 둥자 1, 말자갈, 쇠칼 2, 쇠창 3, 쇠검 1, 쇠활촉, 거울 2, 금속제구슬 5 그리고 수에끼와 하지끼 등의 질그릇이 나왔다고 한다.

*² 이나도 제15무덤에는 껴묻거리로 수신판식단갑과 쇠검 등이 있었다.

*³ 이나도 제21호무덤은 스와탄에 면한 대지우에 있는 원형무덤이다. 직경 22m, 높이 33m이다. 내부시설인 수혈계횡혈식돌칸은 길이 3.6m, 무덤칸의 길이 2.57m, 안길이 1.09m, 높이 0.83m이다. 무덤칸의 특징은 천정뚜껑돌과 무덤칸과 무덤길의 옆벽을 붉은 안료로 칠한것이다. 이 무덤에서는 횡신판징박이식 채양달린 투구 1개, 삼각판징박이단갑 1개, 횡신판징박이단갑 1개와 금동제투구장식, 패갑일령 등의 무장들 그리고 삼환령 2, 말자갈 1, 청동고리 1 등의 마구류, 쇠검, 쇠칼 2, 많은 쇠활촉, 쇠창 3, 공구, 농구 등 풍부한 껴묻거리가 나왔다. 이 무덤의 축조시기는 발굴한 고식스에끼의 편년으로 보아 5세기 중엽부터 후반기로 추측되고있다.

*⁴ 유꾸하시시 엔스이의 높지 않은 구릉에 있는 무덤은 직경 약 25m의 수혈계돌칸을 가진 원형무덤이다. 이 무덤에서는 여러가지 거울과 51개이상의 작은 유리구슬, 큰칼 1개, 검 1개, 쇠활촉 19개, 화살통 1구, 쇠찰갑 1령, 호미날 1개 등과 질그릇쪼각들이 나왔다.

*⁵ 이시즈까(石塚)무덤은 미야꼬군 간다정에 있는 전방후원무덤으로서 길이 약 120m, 후원부 70m, 전방부의 폭 약 60m이다. 1796년에 후원부에서 수혈식돌칸이 발견되여 거울 14면과 검, 창 등이 나왔다.

*⁶ 미야꼬군 가쯔야마정에 있는 원형무덤이다. 커다란 횡혈식돌칸무덤으로서 돌칸은 남쪽을 향한 두칸구조이다. 뒤칸은 길이 3.3m, 폭 3.5m, 높이 3.7m로서 정방형에 가깝고 앞칸은 길이 2.2m, 폭 2.3m, 높이 3.7m이다. 무덤길은 굉장히 커서 길이 약 11m, 폭 2.3m, 높이 2.4m에 이른다. 앞칸과 뒤칸의 높이는 같으며 뒤칸의 곁벽돌로는 큰 막돌을 썼다. 그 축조년대는 7세기 전반기로 편년된다고 한다.

그 껴묻거리들이 고구려적영향을 받은 신라의것들이라는것은 두

말할것 없다. 이밖에도 부젠일대에는 간다정 반즈까무덤, 이노구마제 1호무덤, 다가와시 세수도노무덤 등 5세기 후반기경의 수혈식, **횡혈식돌칸무덤**들이 있으며 우사일대에는 미야꼬 이시즈까무덤과 이른바 동범관계의 거울이 나와서 유명해진 아까즈까(赤塚)무덤이 있다.

그 일대에 신라계통의 이주민세력이 세운 나라가 있었고 신라문화가 꽃피였다는것은 신화, 전설, 무덤 및 산성유적들과 함께 바위에 새긴 불상을 통해서도 알수 있다.

비록 부젠은 아니지만 붕고의 구니사끼반도에는 《모또미야바위부처》, 《나베야바위부처》, 《구마노바위부처》 등 대표적인 바위부처유적이 있다. 그것들은 신통히도 신라 경주 남산의 바위돌부처를 방불케 한다. 그 조각솜씨는 신라석공들의 기술이라고밖에는 생각할수 없다.

그러면 부젠 신라국은 력사기록에 어떻게 반영되였는가.

그것은 첫째로, 신화, 전설들을 전하는 문헌들에 이러저러하게 단편적으로 반영되였다.

앞서 본바와 같이 신라계통이주민들이 그 일대에 정착한것은 신라신이 하늘에서 내려온다고 한 아득한 옛날의 일로 묘사되고있다. 《일본서기》에 신라신인 스사노오노미꼬도가 니니기노미꼬도와 함께 우사에 내렸다는 기록이 있으며 신라 천일창설화가운데서 그의 처 아까루가히메가 일본에 건너가서 맨처음 걸음을 멈춘 곳이 부젠국 구니사끼군이다. 이어서 그 녀인은 구니사끼반도의 앞섬인 히메섬의 히메고소신사의 제사신이 되였다고 한다.* 우사신이 히메신 히메고소라는 신라신이였다는것도 그 일대에 진출, 정착한 신라세력과의 관계속에서 보아야 할것이다.

* 《일본서기》 권6 수인기 2년조의 주석

둘째로, 부젠 신라국은 외국력사책에 반영되였다. 수나라 대업 4년(608년)에 수나라는 문림랑 배청을 왜국에 사신으로 보냈다. 배청은 쯔시마국과 일지(기)국을 거쳐 쯔꾸시에 이르렀으며 그 다음에 또 동쪽으로 나아가 진왕국(秦王國)에 이르렀다고 한다. 그는 진왕국사람들이 중국사람들과 꼭 같다고 하였다. 《수서》는 계속하여 배청이 또 10여국을 거쳐 해안으로 나왔는데 쯔꾸시 동쪽은 모두 왜에게 복속되여있었다*¹고 썼다. 《수서》의 기록을 보면 일기국*² 으로부터 북규슈에 다달은 곳은 쯔꾸시국이라고 하였다. 이는 오늘의 태재부일대로 추측된다. 배청은 《수서》의 독법대로 한다면 북규슈에 도착한 다음 륙로를 거쳐 해안(세또나이해)으로 나왔다가 그 다음은 곧바로 바다길로 동쪽으로 가서 기내 야마또국에 이른것 같다. 따라서 《수서》에 반영된 배청이 본 진왕국은 부젠일대에 있던 신라계통소국일것이다.*³ 진왕국의 진(秦)은 일본식 훈이 《하다》이다. 하다는 진한 즉 신라계통세력으로도 볼수 있다. 배청은 《하다노왕국》이라고 쓴것을 진왕국으로 표기했을것이다. 진왕국이 중국과 같다고 한것은 맨발로 또는 벌거벗고 다니는 왜인들과 달리 그곳 사람들이 고국 조선에서 하던것처럼 옷도 단정히 입고 살던것을 보고 그렇게 표현한것으로 보인다.

*¹ 《수서》 왜국전
*² 이끼섬을 념두에 둔것임
*³ 어떤 일본학자들은 진왕국을 세또나이해일대의것으로 추정하지만 당시의 형편에서 기비국이나 아끼국, 수와국 등 산요도일대가 기내 야마또정권의 완전한 통제밑에 들어가있던 조건에서 세기초까지도 아무리 명색뿐일지라도 국왕이 존재한 왕국이 있었으리라고는 생각할수 없다. 또 《수서》에 기록된 배청의 행로에 의하더라도 그렇게 보는것은 무리하다.

부젠 신라국의 구성은 단순하지 않았을것이다. 그안에는 또 여러 소왕국들이 있었을것이다. 진왕국에는 가야계통세력도 있었을것이고 백제계통세력도 있었을것이며 원주민계통세력도 있었을것이다.

특히 《豊》을 《가라》로 읽었다는데 주목할 필요가 있다. 가라는 조선반도의 가라이며 또한 일본말에서 조선전체를 가리키기도 한다.

진왕국은 여러 세력들로 이루어졌는데 거기서 기본세력으로서 오래동안 패권을 쥐고있던것이 바로 신라계통세력이였다고 본다.

진왕국안에 가야계통세력이 있었다는것은 그 일대에 아야하다,*¹

아나시*²와 같은 가야계통마을들이 지명화된것으로 설명되며 백제계통세력이 있었다는것은 우사 나까쯔일대에서 백제적요소가 짙은 유적, 유물들이 많이 나오기때문이다. 우사 나까쯔일대에는 소바루(柎原)절터가 있는데 그 절터는 일명 구다라데라 즉 백제사라고 불리웠다.

*¹ 《일본지명대사전》1권 일본서방, 403페지
*² 우와 같은 책, 358페지

나까쯔평야가 백제사람들의 관개토목공사기술에 의해 개척된것 같다고 지적한 일본학자들도 한둘이 아니다. 그 일대에는 백제식무늬기와도 적지 않게 분포되여있다고 한다.

진왕국에는 원주민계통세력도 있었다. 신라신인 우사 야하다를 받드는 우사씨와 오미와씨가 그러한 원주민계통세력이였다고 말할수 있다. 부젠은 아니지만 붕고 오노(大野)군에 있었다는 《마나노장자》라는 장자(왕)도 바로 그러한 세력이였을것이다.

그러면 언제부터 그 진왕국은 정치적독립권을 잃고 《수서》에 반영된것과 같이 기내 야마또의 통제밑에 들어가게 되였겠는가. 그것은 아마또 쯔꾸시의 기미 이와이의 《반란》이후일것이다.

《일본서기》(권17 계체 21~22년)에는 다음과 같은 내용이 실려있다. 쯔꾸시의 나라 구니노미야쯔(국조) 이와이는 야마또정권을 반대하는 음모를 꾸미여 늘 틈을 엿보고있었다. 그것을 신라가 알고 이와이를 사촉하여 서쪽으로 진격하는 6만의 게누노오미의 군사를 막게 하였다. 그리하여 이와이는 히(火, 肥, 고마)와 도요(豊, 가라)의 두 나라에 의거하여 반항해나섰다. 이와이는 싸움에 패하여 야마또의 군사우두머리 모노노베아라까히에게 참형을 당하였으며 그의 아들 구즈꼬는 가스야의 미야께를 바쳐 겨우 사형을 면하였다. 그런데 《일본서기》에 죽었다고 전한 이와이는 《풍토기》일문에 의하면 다만 패했을뿐 죽었다고는 되여있지 않다. 지꾸고《풍토기》에는 다음과 같이 되여있다. 《…늙은이들이 전해 말하기를 계체천황때 쯔꾸시의 기미 이와이가 강하고 잔악하여 천황의 정치를 받들지 않았으며 생전에 미리 자기의 무덤을 만들었다. 얼마 있다가 관군이 들이닥치자 그는 이기지 못하여 혼자 부젠국 가미쯔께에로 도망쳐 남산(보리산)의 험한 령의 우묵한 곳에서 생을 마쳤다.》

여기서 보는바와 같이 쯔꾸시의 기미(왕)는 부젠국 가미쯔께에로 도망쳐 남산(보리산, 현재 부젠시 동남모퉁이에 있는 표고 782m의 산)에 들어간것으로 되여있다. 그리고 가미쯔야마에 있는 이와이의 무덤은 높이 7장, 주위 60장의 크기이며 무덤구역은 남북이 각기 60장이고 동서에는 울타리를 둘러쳤다고 한다. 무덤주위에는 돌사람과 돌로 된 방패를 60개나 줄지어 세워놓았다. 또한 동쪽모서리에는 《아두》라는 정사를 보는 마당이 있다고 한다.[*1] 고고학자들의 말에 의하면 이와이의 무덤에서는 6세기의 질그릇(스에끼)이 나오며 대대로 제사를 지낸 흔적들이 확인되였다고 한다. 즉 돌사람은 무덤앞에 세워놓은 사람몸크기의것외에도 여러곳에서 그보다 작은 돌사람들이 나온다고 한다. 그러한 작은 돌사람은 이와이 당시의것이라고 하기보다 이와이의 아들대 또는 손자대에 만들어 무덤앞에 놓은것으로 짐작된다.[*2] 말하자면 이와이의 무덤인 이와또야마무덤앞에 계속 제사를 지낸 흔적이 있다는것은 그의 명운이 자기 대에 끊어진것이 아니라 면면히 이어졌다는것을 말해준다. 그는 야마또의 군사들에게 잡혀죽은것이 아니라 지위와 재산(령지 즉 자기가 다스리는 나라) 그리고 목숨을 보존하였던것이다.

[*1] 《풍토기》 이와나미서점, 508페지
[*2] 주간 《요미우리》(잡지) 별책 1976년 12월호, 136페지

그러면 그는 어떻게 야마또정권과의 전쟁에서 자신을 보존할수 있었겠는가. 그것을 보기에 앞서 이와이를 사촉하여 서쪽에로 진출하려는 야마또정권의 군사력을 꺾으려고 한 신라의 정체를 밝혀놓아야 할것이다. 그래야 이와이가 자신을 보존할수 있었던 까닭을 알수 있는것이다.

쯔꾸시의 왕 이와이를 사촉한 신라를 조선에 있던 신라로 보기에는 너무나도 근거가 빈약하다. 그것은 당시의 형편에서 조선의 신라가 이와이를 사촉할 까닭이 없기때문이다. 말하자면 신라가 이와이를 사촉하여 얻을것이 무엇이였겠는가 하는것을 전혀 알수 없

는것이다. 일본학자들이 말하는것처럼 야마또세력이 조선반도에 진출하는데 위구심을 품은 신라가 이와이로 하여금 막게 했다는것도 말이 되지 않는다. 왜냐하면 6세기에 기내 야마또정권은 규슈를 비롯한 서부일본전반을 완전히 지배, 통제하지 못하였기때문이다. 이러한 사실들은 이와이를 사촉한 신라라는것이 조선에 있던 신라가 아니라는것을 시사해준다. 따라서 《일본서기》의 이와이반란기사에 나오는 신라를 일본땅 특히 이와이의 할거지인 지꾸고와 가까운 곳에 있는 신라소국으로 보아야 할것이다.

《일본서기》 이와이관계 기사에 나오는 신라를 부젠에 있던 신라소국-진왕국으로 비정한다면 이와이관계 기사는 비교적 론리에 맞게 리해가 된다.

규슈동부에 있던 신라계통의 진왕국은 서쪽으로 세력을 뻗치는 야마또국가를 견제하며 그에 대항하기 위해 서쪽에 있는 백제(히, 고마)소국왕 이와이에게 야마또에 대항하여 련합해 싸울것을 《뢰물》로 표현되는 교섭으로써 촉구하였다. 야마또세력의 서쪽에로의 진출에 항상 불안과 불만을 품고있던 이와이는 그에 응해나섰다. 《일본서기》에 《히》와 《도요》의 두 나라에 의거하여 싸웠다는것은 이를 잘 말해준다. 말하자면 이와이는 본시 찌꾸고-히(고마)일대의 왕이며 도요(가라)가 부젠일대라는것은 앞에서 보았다. 이와이가 부젠 신라국과 련합하였다는것을 근거짓는 자료는 《풍토기》 일문에 기재된 기록 즉 이와이가 싸움에서 패하자 부젠 보리산에 들어갔다는 기사이다.

부젠 보리산은 현재 후꾸오까현 부젠시(옛 가미쯔게군)에 있다. 지꾸고《풍토기》에 있는 《가미쯔게의 아가다》란 바로 옛 가미쯔게군인 오늘의 부젠시일대이다. 보리산은 산의 형상이 이른바 《감나비산》으로서 오래전부터 조선사람에 의하여 개척된 곳이다.[1] 그리고 《감나비》형 산에는 십중팔구 조선식산성이 있으므로[2] 거기에도 부젠 신라국의 조선식산성이 있었을수 있는것이다.[3] 이와이는 바로 조선식산성이 있던 부젠 보리산에 싸움에서 패하여 들어간것이다.

[1] 《규슈고대문화의 형성》 가꾸세이사, 152페지

*² 지난날 일본학계에서 서부일본 여러곳에 있는 조선식산성을 둘러싸고 산성설과 령역설로 대립되여 격렬하게 싸운것도 바로 조선식산성이 있는 산형세가 에누리없이 《감나비》형의 산이였기때문이다.

*³ 보리산에 대한 조사발굴이 전면적으로 진행된것은 아직 없다. 그러나 조선식질그릇인 스에끼가 출토되는것과 함께 돌담의 흔적과 같은 거석들이 여기저기에 있는것으로 보아 거기에 조선식산성이 있을 가능성은 충분하다. 앞으로 두고봐야겠다.

한편 보리산은 정창원문서 보구 2년(771) 부젠국호적에서 보는 바와 같이 신라계통이주민들인 하다씨가 80~90%를 차지한 옛 가미쯔게고을에 있는 산이였다. 신라계통이주민들이 집중적으로 사는 고을에 있는 산에 도망친 사실은 바로 부젠 신라-진왕국이야말로 《일본서기》에 이와이를 사촉했다는 신라였다는것을 웅변으로 말해준다. 그리고 또 이와이의 본거지인 지꾸고 야메쯔와 부젠 가미쯔께고을이 고대도로인 《부젠로》에 의해 하나로 련결되여있었다는것도 잘 알려져있다.

싸움에서 패한 이와이는 자기가 통제하는 가스야일대의 수많은 땅을 야마또정권의 직할지(미야께)로 떼여주는것으로써 자기의 생명, 재산을 보존할수 있었던것 같다. 이때 동맹국이였던 신라소국 즉 《진왕국》의 땅도 야마또정권의 직할지로 들어갔을것이다. 이것을 확증해주는것이 이와이의 《반란》이후에 야마또정권이 설치한 미야께이다. 이 부젠에 한해서 보면 미사끼, 구와바라, 가또, 오누꾸, 아까 등지이다.

이들 미야께의 현 행정구역은 다음과 같다. 미사끼(모리사끼)는 기꾸군 모리(企救郡門司), 구와바라는 다가와군 구와바라(田川郡桑原), 가또는 미야꼬군 간다(京都苅田), 오누꾸는 기꾸군 누끼(企救郡貫), 아까는 다가와군 아까(田川郡赤)*이다.

* 《후꾸오까현의 력사》야마가와출판사, 1974년, 《고대아시아와 규슈》가꾸세이사, 1973년, 251페지

일본학계에서는 부젠국에 설치된 야마또의 미야께를 이와이사

건과 관련시켜 그 《반란》직후에 설치된것으로 보고있다. 그것은 기본적으로 옳은 견해라고 보인다.

부젠일대에 설치된 이 미야께들은 정창원문서에서 본 하다씨의 집중거주지역에 해당한다. 말하자면 기내 야마또정권은 이와이사건 직후에 둔 미야께를 신라사람들이 세운 진왕국의 중심부에 두었던 것이다. 이 사실은 야마또정권이 이와이와 결탁, 동맹한 진왕국을 저들에게 복속시키기 위한 술책이였다고 보아진다. 진왕국은 이와이의 《반란》을 계기로 야마또국가의 통제밑에 들어가게 되였다. 진왕국은 비록 6세기 후반기이후 기내 야마또의 통제밑에 놓이게 되였으나 의연히 오래동안 《왕국》으로서의 면모를 유지하면서 7세기에 이르렀다.《수서》왜국전에 쯔꾸시동쪽에 진왕국이 있고 야마또에 복속한다는것은 바로 이것을 의미하는것이라고 보인다.

부젠의 진왕국은 국가적존재를 끝마친 다음에도 의연히 큰 세력을 가지고 통일국가 일본에 작용하여 영향을 주었다. 실례로 나라 동대사에는 세계적으로 이름난 큰 구리부처가 있는데 이 대불상건조와 대불전건립은 우사 야하다의 우두머리인 가라시마 스구리가 기술집단을 거느리고 맡아하였다. 일반적으로 동대사의 구리부처는 조선인기술자들이 주조하였다고 하지만 그 불상주조에서 가하루의 동광산을 틀어쥐고있던 신라계통세력의 역할이 자못 컸던것이다. 또한 그것은 740년 태재부의 반란(일명 《후지와라노 히로쯔구의 란》)때에도 우사 야하다신에게 싸움에서 승리할것을 비는 행사를 진행하여 관군편에 큰 힘을 주었다고 한다. 8세기 후반기에 천황의 자리를 참망하던 중 도경은 천황자리에 오르라는 우사 야하다신의 신탁이 있었다는것을 표방하였다. 이리하여 천황은 대신을 야하다신에게 파견하여 과연 그런 신탁이 있었는지 알아보는 등 야마또왕정에서는 소동이 벌어졌다. 이것을 통하여 가라시마 스구리를 중심으로 한 신라계통세력이 일본통일국가성립후에도 일본중앙정권안에서 큰 힘을 가지고있는 무시하지 못할 존재였다는것을 알수 있다.

특히 8세기초(720년, 양로 4년)의 하야또반란때 그 반란을 토벌하는 원정군에 우사 야하다궁의 가라시마 스구리 하쯔메(《네기》직에 있는 신관)가 《신군》을 거느리고 참여한것도 그러한 사정을 말해주는 사건이다. 우사신궁이 후세에 이르도록 신위(神位)에 있어서 다른 신사나 신궁보다 훨씬 높은 급의 자리에 있어 우대를 받은것은 전적으로 전통적으로 내려오는 부젠 진왕국이 전시기에 가지고있던 권력의 강한 여운이라고 말해야 옳을것이다.

제4장. 규슈 중서부의 고마-백제소국

규슈서부에 있는 히젠과 히고는 7세기이전에는 하나의 《히의 나라》였다. 《히》라는것은 한자 火, 肥로 표기를 하지만 그것은 8세기이후의 독법이였다. 그 이전에는 肥라고 쓰고 《고마》로 읽었음은 《만엽집》(이와나미판 3, 186～187페지)에 실린 2 496번의 노래와 《하리마풍토기》(이와나미판, 343페지)의 자료에서 명백하다. 그리고 이 《고마》는 5세기말～6세기이후 고구려사람들의 일본렬도에로의 진출이전에는 주로 백제를 가리키는것이였다는것도 이미 보았다. 말하자면 서부규슈지방일대는 크게 백제적영향을 많이 받은 지역이였다고 말할수 있다. 그것은 규슈서부와 백제와의 지리적관계, 그 일대에 분포된 유적, 유물 특히 고분문화의 백제적성격을 통해서 그렇게 말할수 있다.

히고는 고대 조선계통국가가 발생, 발전한 곳으로서 그후 규슈지방에서 아주 중요한 자리를 차지하였었다. 이로부터 8세기이후 통일정권이 전국을 대, 상, 중, 하로 4등분할 때에도 히고는 대국으로 인정받았던것이다.

히고지방이 일찌기 개명된것은 해류관계로 하여 조선으로부터 조선이주민집단이 비교적 쉽게 진출할수 있는 조건이 있었기때문이며 또한 그 일대가 농사에 유리한 지대적 및 기후적조건을 갖추고 있었기때문이다.

《화명초》히고국 기꾸찌고을에 있는 가라이에라는것이 조선집, 조선나라라는것은 이미 보았다. 《화명초》에 밝혀진 가라이에는 기꾸찌고을 가모가와촌일대(1937년현재)라고 하며 가모가와촌안의 큰 마을 가에(加惠)는 가라이에의 전화된 지명이라고 한다.* 거기에 가라이에라는 향이 있다는것자체가 고대에 조선이주민들이 그 지역에 수많이 정착하여 살았다는것을 말해준다.

　　* 《일본지명대사전》 2권 일본서방, 1938년, 1803페지

히고지방에는 북부지대뿐아니라 남부지역에도 조선적(백제적) 지명이 있는데 아시기다가고을의 구다라기(百濟木)촌이 바로 그것이다. 구다라기는 《久多良木》라고도 쓰는데 한자표기는 어떻든 마을이름이 조선의 백제에서 나온것만은 틀림없다. 그 마을은 일본고대력사상 유명한 니찌라(日羅)가 있던 곳이기도 하다. 마을안에는 구다라기 지장당이 있는데 이는 니찌라가 만들어 안치한것이라고 한다.* 구다라기는 구다라의 끼(城)였을것이다.

　　* 우와 같은 책 3권, 2396페지

히고땅도 지역에 따라 여러 계통의 소집단들로 나뉘여있었다고 보인다. 무덤의 분포를 종합해보면 북부히고는 기꾸찌강류역일대인 다마나군 기꾸찌군, 가모도군을 포괄하는 하나의 정치문화권이였다고 말할수 있다. 중부히고는 시라가와(白川)이남지역으로서 우도반도 및 야쯔시로일대가 하나의 문화권이였다고 볼수 있다. 기꾸찌강류역일대와 우즈 및 야쯔시로일대는 산줄기가 지나가면서 남북으로 갈라놓았다. 이밖에도 구마강류역을 중심으로 하여 구마군과 아시기다군의 남북히고의 소집단이 있던것으로 보인다. 일본사람들은 고마기미(肥君)의 본거지를 구마강하류인 야쯔시로평야일대로 비정하는것 같다. 그것은 아마도 《화명초》 히고국 야쯔시로고을에 히이(肥伊)향이 있었다는 사실과 그 지역들에 분포되여있는 모노미야구라(物見櫓)무덤, 히메노죠(奴城)무덤 등 전방후원무덤과 오노이와무덤(원형무덤)의 큰 횡혈식돌칸무덤을 두고 말하는것 같다.

고분문화에서 본 히고의 3개 정치문화적중심의 분포지역은 그 구체적내용은 서로 다르나 다같이 히고 백제국에 속하는 작은 나라들이였다. 다만 이 글에서는 그안에서도 명백히 백제의 소국, 백제의 후국으로 자칭했던 기꾸찌강류역의 조선계통소국에 대해서만 보

려고 한다.

무엇보다먼저 기꾸찌강류역의 대체적륜곽을 알기 위하여 그 지대의 야요이문화시기의 형편을 간단히 개괄해보기로 하자.

규슈섬은 일본에서 제일먼저 조선의 논벼문화를 받아들인 지대의 하나였다. 그렇다고 하여 규슈땅 아무데서나 다 초기의 논벼문화가 발생한것은 아니다. 해류관계, 비옥한 습지대 등 논농사에 적합한 조건들이 갖추어진 곳에서만 조선사람들이 정착하고 벼농사를 시작할수 있었다. 바로 기꾸찌강류역, 오늘의 구마모또현 북부의 다마나, 기꾸찌일대가 그러한 지대에 속하였다.

구마모또현에서 가장 이른 시기의 조선적문화유물은 야요이문화시기 전기의 마지막경에 다마나군 다이메이정 야마시다의 나까미찌조개무지유적에서 나온 탄화된 쌀이다. 쌀은 이따쯔께유적에서 발견된것과 꼭 같은 알이 짧으면서도 둥근 이른바 《일본형》이라는 것이다. 《일본형》이란 우에서도 본바와 같이 바로 조선형이다. 또한 그 일대에서 특기할 사실은 일본에서 가장 오랜 철기가 나온다는것이다. 1955년 다마나군 덴스이정 오다에 있는 사이또산조개무지의 야요이문화시기 가장 오랜 이따쯔께식잘그릇 포함층에서 단조한 자루식쇠도끼쪼각(길이 4.2cm)이 나왔다. 그 도끼는 날부분이 힘을 받도록 만들어졌는데 일본 메이지대학에서 한 분석에 의하면 그 철기의 탄소함유량은 0.3%로서 질이 매우 좋은 철기라고 한다. 이와 같이 높은 기술을 필요로 하는 철기는 당시의 일본에서는 생산할수 없는 물건이다. 일본학자들은 《사이또산의 쇠도끼는 단조품으로 생각된다. 소박한 용광로에서 나온 쇠덩이를 두드려 만드는 기술이 야요이의 초기부터 존재하였다고는 생각할수 없고 아마도 대륙으로부터의 수입품》[1]이라고 한다. 그리고 그 유물은 현재까지 일본에서 알려진 《일본에서 가장 오래된》것으로서 이는 《조선을 통해 온 철기》[2]라고 일치하게 말하는 물건이다.

[1] 《노국발굴》, 65페지
[2] 《구마모또현의 력사》 야마가와출판사, 1980년, 19페지

기꾸찌강류역은 일본에서 가장 오래된 철기가 나왔을뿐아니라

규슈지방에서 손꼽히는 철생산기지이기도 하다. 1970년에 발굴된 다마나군 에다정 스와노바루의 야요이문화시기 집자리(74채)에서는 쇠도끼, 쇠낫 등과 함께 200점이 넘는 쇠쪼각들이 나왔다. 출토된 형편으로 보아 쇠부리터로 보이는데 이러한 쇠부리터는 다이메이정 시모마에바루의 야요이집자리에서도 볼수 있다고 한다.[*1] 또한 기꾸찌평야 한가운데에 솟은 고시로야마(小代山)기슭에는 실로 30개소가 넘는 쇠부리터유적들이 있다[*2]고 한다. 일본의 고대사회에서 철의 대량적생산은 곧 소국가의 발생을 초래한다. 기꾸찌강류역에서의 이러한 철생산의 발전은 바로 거기에서 일찍부터 황무지가 개간되고 소국가들이 형성, 발전하였다는것을 보여준다.

   [*1] 《고대아시아와 규슈》 가꾸세이사, 1973년, 168페지
   [*2] 우와 같은 책, 168~170페지

이와 같이 기꾸찌강류역일대는 일찍부터 조선이주민집단에 의하여 개척되고 개명된 곳이였다.

제1절. 무덤을 통하여 본 히고백제소국

기꾸찌강류역일대는 규슈지방에서도 손꼽히는 고분집중분포구역이다. 그 무덤들가운데서 특히 횡혈식무덤들은 백제적영향이 매우 짙은 양상을 띠고있는것으로 유명하다.

일본에서 가장 이른 시기의 횡혈식무덤은 앞에서 본것처럼 이도지마반도의 로오지무덤과 사가현의 요꼬다시모무덤 등 현해탄에 면한 지역에 있는 일련의 무덤들이였다. 그것들은 가야와 특히는 백제 가락동(서울)무덤, 방이동(서울)무덤에서 그 연원을 찾을수 있었다. 그런데 히고북부의 기꾸찌강과 시라가와류역의 횡혈식무덤들은 흔히 판돌을 석장(石障)으로 둘러치고 《ㄱ》형으로 내부를 구분한 다음 벽면이 우로 갈수록 안쪽으로 기울어지게 하면서 천정을 하나의 뚜껑돌로 완성시키는 형태를 취하였다. 말하자면 정방형에

궁륭형천정의 돌칸무덤이다. 이것을 일본학자들은 《히고형》돌칸이라고 부르고있다. 한 일본사람은 그러한 《히고형》돌칸무덤이 백제가 사비성에 도읍하고있던 때의 무덤들에서 영향을 받은것으로 보고있으며* 일본고고학계는 이에 대체적으로 찬동하고있는것 같다. 정방형의 궁륭식천정에 내부를 돌로 꾸민 지부산무덤 고레이즈까(御霊塚)무덤 등은 확실히 백제의것을 본땄거나 그 영향으로 이룩된것으로 보인다.

* 《규슈고대문화의 형성》 상권 가꾸세이사, 1985년, 371~372 페지

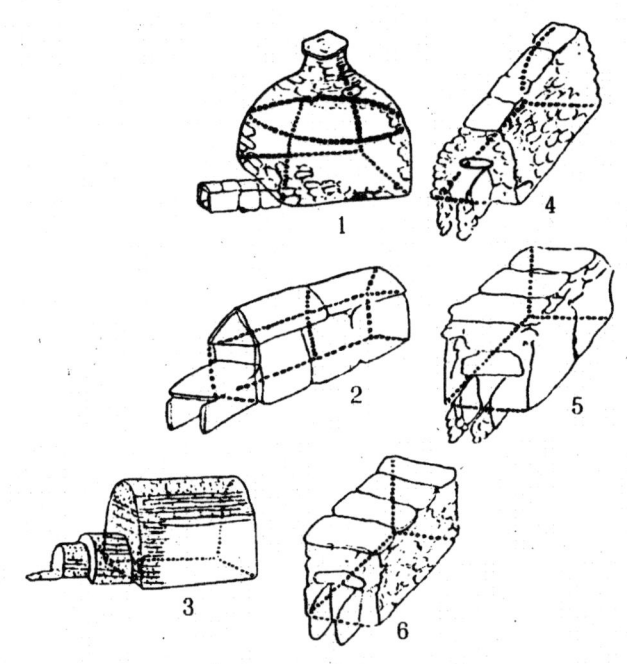

백제고분의 종류와 변천도

백제무덤의 비교적 이른 시기의 모양을 본딴것으로 다마나군에다 후나야마무덤이 있다.

1873년에 발견된 그 무덤은 국왕급의 화려하고 풍부한 껴묻거

리와 75자의 명문이 은상감된 칼이 나온것으로 하여 유명해졌다. 출토된 유물을 보면 다음과 같다.

거울: 신인거마화상경, 꽃무늬큰신수경, 수대경, 변형사수경

치레거리: 넓은띠식금동제관, 좁은띠식금동제관, 금동제뚫음새김관모, 금으로 된 장식달린귀고리, 금동제띠고리, 금동제신발, 경옥제굽은구슬, 벽옥제관옥, 작은유리구슬, 은상감명문큰칼, 룡무늬고리자루큰칼, 민고리자루큰칼, 쇠칼, 검, 창, 활촉, 횡신판징박이배머리모양투구, 횡신판징박이단갑, 횡신판가죽엮음단갑, 목갑옷

마구류: 룡무늬장식방울달린 금동씌운경판자갈, 철제둥근고리경판자갈, 철제둥근등자, 삼환령

이 무덤은 유물이 풍부하고 그 내용이 백제적인것으로 하여 이목을 끌었다. 무덤은 추장한 흔적이 있다. 시기는 6세기초의것으로 추측되고있다. 껴묻거리에 못지 않게 이 무덤의 값이 높아지게 한것은 은상감한 칼의 명문이다.

治天下獲 ×××齒大王世奉爲典曹人名无利工
八月中用大鑄釜幷四尺迂刀八十練六十振
三寸上好×刀服此刀者長壽子孫洋洋得
三恩也不失其所統作刀者名伊太於書者張安也
(《세계고고학대계》3 헤이본사판에 의거함)

칼의 명문은 모르는 글자도 있지만 다음과 같이 읽는것이 가장 합리적이다.

《천하를 다스리는… 대왕대에 대왕의 명령을 받들고 관청사람 이름은 무리가(지휘하여) 만들었다. 8월중에 큰 용해가마를 썼다. 4척이 되는 ×도를 80번이나 단련해서 60진 3재를 만들었다. 이 좋은 칼을 차는자는 오래 살고 자손도 많을것이요, 세가지 은혜를 다 받을것이요, 그 통솔하는 바(나라)도 잃지 않을것이다. 이 칼을 손수 만든자의 이름은 이태어이며 글씨를 쓴것은 장안이다.》*

* 《초기조일관계 연구》사회과학원출판사, 주체55(1966)년, 196페지

본래 일본학자들*¹은 이 명문의 연구에서 명문해석 및 칼생산지의 출처를 조선으로 보았었다. 즉 그들은 칼 명문에 나오는 대왕을 개로왕이거나 분서왕으로 보았고*² 칼의 생산지는 문체의 특성으로 미루어 조선으로 보는것*³을 타당하게 생각하였으며 또 일반적추세가 그러하였다. 그러던것이 1930년대 《동조동근》론이 정책화되고 《임나일본부》설이 국시적인 문제로 고찰되자 갑자기 어용학자 후꾸야마라는자에 의하여 피이한 《학설》이 꾸며지게 되였다. 그자는 명문에 있는 모대왕의 개소에 《일본서기》에 나오는 반정천황의 이름을 억지로 집어넣고 그 칼이 마치 기내 야마또정권의 《디지히노미오야니 아마노시다 시로시메수 미즈하와께대왕》(반정)에 의하여 후나야마무덤에 묻힌자에게 하사된것처럼 조작하였다. 이렇게 되여 그 《학설》은 일본학계에서 《정설》로 되고말았다.

    *¹ 다까하시, 고또, 우메하라 등의 일본고고학자들
    *², *³ 《동아시아세계에 있어서의 일본고대사강좌》3권 가꾸세이사, 1981년, 251~253페지

명문에서 《獲》의 《犭》변이 사진으로도 분명함에도 불구하고 이를 虫변인 蝮로 읽는것부터가 억지이며 그 대왕이 일본이름인 《다지히노미야 미즈하와께》중에서 가장 중요한 표식인 《와께》(別)가 들어갈 자리가 명문에 없다는것, 명문에는 잘 보이지 않는 齒大王 즉 일본말인 《하》와 《대왕》이 붙어있어 그사이에 《와께》란 한자가 들어갈수가 없게 되여있다는것, 와께(別)는 일본 천황계보에서 천황이라는것들의 일본식이름을 표시하는 중요징표의 하나라는것* 등의 론거로 반박을 가하였다.

    * 《초기조일관계 연구》 사회과학원출판사, 주체55(1966)년, 197페지

우리 학계의 새로운 문제제기, 정당한 새 해석은 일본학계에 큰 충격을 주었으며 재래적해석에 심한 동요를 일으키게 하였다. 동요는 일본학계에서 다음과 같이 나타났다.

《이… 큰칼명문에 대한 새로운 견해는 후꾸야마설에 대한 중대

한 비판이였고 이 설이 일본에서 정설화되여있던 가운데 명문연구에 대한 큰 자극과 영향을 주었다고 말할수 있다. 그 반향은 두 방향에서 현저하게 나타났다. 하나는 김석형설에 따라 큰칼명문의 판독을 심화시키자고 하는 방향 또 하나는 새롭게 명문의 의문나는 글자를 해독하려고 하는 방향이다.》*

* 《동아시아세계에 있어서의 일본고대사강좌》 3권, 가꾸세이사, 1981년, 262페지

그런데 일본학계는 사이다마현 사끼다마무덤떼의 이나리야마무덤에서 출토된 이와 비슷한 쇠칼에서 명문이 나오자 제꺽 기다렸다는듯이 종전의 학설들을 끄집어내여 반정천황이 간또와 규슈의 일본렬도의 량극에 쇠칼을 복속의 표시로 나누어주었다고 떠들어댔다.* 일본사람들이 후나야마무덤의 전반적인 무덤구조, 거기에서 나온 대량적인 유물의 조선적성격, 칼의 명문의 조선리두식문체 등을 보지 않으려고 하면서 구차하게 보이지도 않는 칼명문의 첫 글자를 가지고 어떻게 하나 제편에 유리하게만 보려고 하니 코막고 답답하기 그지없다. 후나야마무덤의 전반을 보면서 또 동시에 개별적인것도 보아야 할것이다.

* 이나리야마무덤에서 드러난 칼의 명문도 반정과 관계된것이 아니라 개로대왕과 관계된 문장이다.〔《백제-왜(일본)관계》 사회과학출판사, 주체94(2005)년, 68~78페지〕

우선 무덤구조에 대하여 보기로 하자.

무덤은 횡구식집모양돌널을 직접 안치하였고 돌널앞 입구량측에는 다듬은 돌을 나란히 하여 하나의 무덤길을 만들었으며 옆에서 관(널)을 들여보낸다는 매장시설설계의 착상과 풍습은 고구려와 백제에 연원을 둔것이다. 무덤은 백제적영향에 의해 구축되였다고 보는것이 여러모로 자연스럽다. 횡구식의 매장시설로 보아 그것은 백제적영향에 기초한것이지 결코 기내적영향이라고 말할수 없다. 더 강조한다면 횡혈식무덤은 기내에서 발생한것이 아니라 고구려와 백제에서 발전한것이며 그것이 규슈에 전파되고 또다시 세또나이해를 거쳐 기내일대에로 퍼져간것이라는것은 다 아는 사실이다. 따라서

그 무덤이 기내의 아무개에게서 《후국의 신하로, 복속의 징표로 칼을 받은자의 무덤》이라는 론리는 설수가 없다. 이러한 사실에 대하여 날카롭게 문제를 제기하는 고고학자가 일본에 없는것은 아니다.* 다만 목소리가 낮을뿐이다.

* 《되살아나는 고대에로의 길》도꾸마서점, 1984년, 222페지. 에다 후나야마무덤에서 나온 집모양돌널은 그 시원을 백제 시목동(柿木洞) 제2호무덤(합장형천정)에서 찾을수 있을것이다.(《백제의 고고학》유잔가꾸, 1972년, 94페지 참고)

필자가 보기에는 후나야마무덤의 집모양돌널은 돌상자무덤이 그 지대풍토에 맞게 변화, 발전된것이며 거기에 당시의 류행이였던 횡혈(구)식의 매장풍습의 착상이 결부된것이다. 또 그 집모양돌널이 백제땅이였던 공주에서 보이는 합장식돌칸과 통한다는 일본고고학자들의 지적도 일리가 있다. 만일 후나야마무덤의 명문이 있는 칼이 일련의 유물들과 함께 기내 야마또의 반정천황이 복속의 증거로 《하사》한것이라면 무덤이 기내일대로부터 파장식으로 점차로 규슈 중서부에 미쳐야 할것이다. 그러나 일본고분의 분포상태는 그것을 증명할수 있을만 한 증거를 조금도 제시하지 못하고있다.*

* 《일본고분의 연구》요시가와홍문관, 1963년, 140페지

다음으로 몸치레거리를 보기로 하자.

일본학자들도 인정하고있고 또 한시도 그들이 잊어본적이 없는 것이 후나야마무덤에 묻힌자가 조선제의 치레거리로 몸을 휘감은 사실이다. 즉 무덤주인공이 휘감은 치레거리는 《9부 9리(99%-인용자) 조선반도의 공예기술 그대로이다. …어쨌든 금공품의 모두가 조선제라고 보아도 일없는 특이한 성격을 가지는 무덤》(《철검을 낸 나라》학생사, 1980년, 197페지)인것이다. 그러나 일본사람들은 유물들이 조선제라고 인정은 하면서도 그 무덤주인공을 조선에 복속하는 왕으로 보지 않고 왕청같이 기내 야마또정권에 복속하는 왕이라고 한다. 당시 기내 야마또정권에 그와 같은 금세공품들을 만드는 고도로 발전된 기술이 과연 있었겠는가. 5세기 후반기~6세기

전반기의 기내 야마또정권의 그 어느 왕자도 그와 같은 우수한 금동제왕관과 금신발 그리고 금귀고리를 쓰지 못하고있었다. 고분문화시기전반을 통하여 금귀고리와 같은 걸작품들이 나온것은 몇개 조선적인것을 내놓고는* 다 야마또주변에서였지 야마또국안에서 나온것은 거의 없다. 기내 야마또정권의 주권자가 써보지 못한 주제에 멀리 떨어져있는 변방 소국의 왕에게 번쩍이는 금귀고리와 왕관을 줄리 만무하다. 몸치레거리 몇가지를 따져보자.

* 야마또지방에서 우수한 금세공품이 나온 곳은 백제계통세력이 남긴 니이자와센즈까(126호)를 비롯한 몇개 무덤들에 한한다.

명문이 드러난 칼에 상감된 말(천마도)은 경주 천마무덤 장니화를 련상케 하는것으로서 조선에 독특한 수법으로 그린 그림이다. 거기에 일본 기내 야마또정권의 그 어떤 기질적요소가 들어있다고 보기에는 너무나도 거리가 멀다.

판모양의 금동제관과 금귀고리 그리고 금빛으로 찬란히 빛나는 금동제신발 등이 조선에 연원을 둔것임은 새삼스럽게 말을 안해도 될것이다. 후나야마무덤에서 출토된 금귀고리는 둥근고리에서 석줄의 긴 사슬을 드리우고 사슬중간에는 작은 방울이 네개씩 달려있으며 그 한줄의 작은 방울에는 심엽형의 보요가 붙어있다. 이러한 금귀고리는 공주 무녕왕릉에서 출토된 심엽형의 금귀고리와 꼭같다. 이것은 그 무덤의 축조년대와 관련시켜볼 때 매우 흥미있는 문제이다.

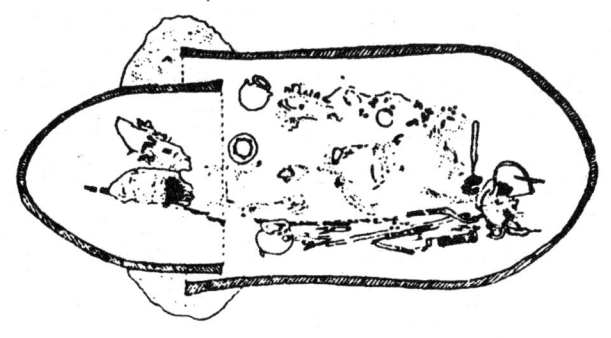

백제 신촌리제9호무덤 옹관의 유물배치도

관모는 그물형으로서 그것 역시 조선의것과 같다. 좁은띠의 세 개소에 보주형의 낮은 선장식을 붙인 형식과 웃가장자리를 뫼산(山)자 모양으로 만든 넓은 띠의 형식은 바로 라주 반남면 신촌리 제9호무덤에서 나온 관이나 경주 천마무덤의것과 같은 물품이다.

특히 금동신발은 금동관모와 함께 최근(1986년 2월)에 발굴된 전라북도 익산군 웅포면 립점리무덤에서 나온것과 완전히 같다.(일제강점시기에 발굴된 량산부부무덤에서도 이와 류사한 금동신발이 나온적이 있다.)

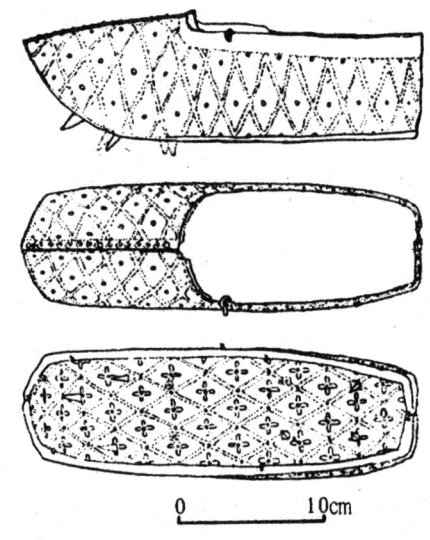

백제 신촌리제9호무덤에서 나온 금동제신발

무덤은 백제 중기의 온전한 형태를 갖춘것으로서 표고 80m정도의 구릉경사면에 위치한 원형봉토무덤이다. 거기서 나온 금동관모는 석장의 반원형금동판을 좌우로부터 붙여합친 부분에 복륜(覆輪)을 둘러쳐서 머리에 쓰도록 되여있다. 그 모양은 라주 반남면 신촌리제9호무덤, 에다 후나야마무덤에서 나온것과 같다. 금동신발도 반남면 신촌리제9호무덤이나 에다 후나야마무덤에서 나온것과 다를바 없다. 심지어 9개의 못이 있는것까지도 같다.

라주나 익산이 가깝고 서해안을 거쳐 바다길로 쉽게 규슈서부의 히고지방에 가닿을수 있다는것을 고려해볼 때 백제왕이 익산이나 라주에 준것과 꼭 같은 금동관이나 금동신발을 규슈 히고지방에 있는 백제소국의 우두머리인 후왕에게 주었다는 추측을 어렵지 않게 하게 된다. 그 시기는 무녕왕릉과 익산 립점리무덤, 라주 신촌리무덤, 에다 후나야마무덤의 무덤축조 및 유물들로 보아 대체로 6세기초였을것이다.

그러한 유물들은 당시의 일본에서는 으뜸가는 호화품이였다. 후나야마무덤에서 나온 몸치레거리는 바로《조선의 고도의 공예기술에 기초한… 완성된 장신구로서 전래된것이다. 그것은 찬란한 대륙문물에 대한 지배층의 강한 동경과 욕구》*¹에 의하여 백제로부터 보내온것이며 그러한《정교한 공예품으로서의 장신구를 입수하고 몸에 치례할수 있는 계층은 자연히 극히 제한된 범위에 그친것으로, 반짝거리는 양상과 더불어 사회적, 경제적인 지위의 과시에는 절호의 장신구였다고 말할수 있》*²었던것이다.

*¹, *² 신판《고고학강좌》5권 유잔가꾸, 1974년, 254페지

후나야마무덤에서 출토된 몸치레거리는 당대의 일본에서는 으뜸일수 있었겠으나 조선의 고구려, 백제, 신라에서는 2~3등급의 물건에 불과하였다. 그것은 백제에서 보면 지방장관과 같은 존재인 바다건너 왜땅에 있는 백제국의 왕, 조선의 백제를 대국으로 받들고 자기를 백제의 속국, 후국, 소국의 우두머리로 자처하는자에게 하사한 물건이였다는것을 웅변으로 보여준다. 또 거울은 무녕왕릉에서 나온 거울과 매우 비슷하며 질그릇 역시 백제계통의것이라는 것은 일본학자들이 검증하고 하는 말이다. 마구류와 무기무장 역시 당시로서는 최신식의 물건들이다. 모든것이 조선제, 백제적인 물건이라는것을 알고 앞서 본 칼의 명문해석을 한다면 결코 э변자가 虫변자로 보이지 않을것이다. 후나야마무덤의 칼의 명문에서는 백제왕이 일본땅안에 있는 백제소국의 장자에게 훈시하는 고자세의 모습과 자세를 낮추어 그것을 받는 백제소국왕의 신하로서의 모습을 보게 되는것이다.

에다 후나야마무덤이 위치하고있는 일대가 전반적으로 백제적

요소의 영향에 의하여 발전한 횡혈식무덤과 장식무덤의 집결지라는 것을 상기할 때 거기에 백제의 후국왕으로 자처하는 인물과 그가 다스리는 나라가 존재하였다고 보아도 의심은 생기지 않을것이다.

그러면 백제왕이 칼의 명문에서 말한 통솔하는바의 나라라는것은 어떤 나라였겠는가. 그것은 자칭 고마(肥) 즉 백제라고 부르는 나라, 《가라이에》로 불리우는 백제국이였다. 그 《통솔하는바》의 나라는 무덤을 비롯한 유적, 유물의 분포로 보아 기꾸찌강류역일대를 자기의 판도로 삼았을것이라고 추측할수 있는것이다. 이러한 추리는 후나야마무덤에서 멀지 않은 곳에 조선계통소국의 상징인 기꾸찌산성이 있는것으로 하여 더욱더 확실하다.

제2절. 산성을 통하여 본 히고백제소국

기꾸찌성은 옛날부터 《국찌, 구꾸찌》라고 불러온 성이다. 그것은 鞠智라는 한자에 대한 조선음에 근거한다. 그 성이 《속일본기》 문무천황 2년(698년)기록에 나올뿐 언제 축성되였는지, 누가 지었는지를 전하는 기록은 전혀 없다고 말할수 있다.

기꾸찌성의 성벽은 골짜기와 시내물을 에워싸고 주변의 련봉들을 리용하면서 높은 곳은 성벽밖이 낭떠러지가 되게끔 하고 밋밋한 곳에는 흙담을 둘러쳐 쌓았다. 이리하여 비록 표고는 160m안팎밖에는 되지 않지만 깊은 골짜기와 급한 낭떠러지의 조성으로 하여 산성은 요새를 이루었다. 1980년에 작성한 항공촬영에 의한 연장거리는 3.5km에 이른다고 한다. 산성은 북쪽의 《횡침》[1]으로부터 서쪽으로 《본분》[2]을 지났으며 《쯔고》(頭合)[3]까지의 거리는 모두 1.6km이다. 남쪽은 《구로히루》(黑蛭)[4]로부터 《호리기리》(堀切)[5]와 《후까사고》(深迫)[6]를 거쳐 《종계승》[7] 근방까지 2km이며 그리고 1km에 이르는 중앙흙담선도 있다. 흙담이 끊어진 곳에는 성문이 설치되였고 《호리기리》, 《후까사고》에서는 성문주추돌이 발견되였다. 여기서 미원(요네 바루)까지에 돌담이 있는데 돌담높이는 4.3m나 된다고 한다.

*¹, *², *³, *⁴, *⁵, *⁶, *⁷ 기꾸찌산성이 위치한 곳의 지명

히고 기꾸찌산성평면도와
여기서 나온 백제기와

1. 사깐돈초석떼
2. 죠쟈바루초석떼
3. 미야노초석떼
4. 죠쟈야마초석떼
5. 우에노바루초석떼
6. 요네바루초석떼
7. 이께노오문터자리
8. 호리끼리문터자리
9. 후까사고문터자리

◈ 초석(주추돌)떼
= 문턱자리

　산성중앙부의 미원부락에는 여러가지 이름으로 부르는 집자리와 주추돌들이 널려있으며 지금까지 10개소의 주추돌떼가 확인되였다. 그리고 장자벌에서도 많은 량의 주추돌무지가 확인되였다. 바로 그 부근에서 탄화된 벼, 조, 밀 등의 낟알이 발견되였다고 한다. 그 지점에 병사막, 곡식창고 등이 있었다고 추측된다.*¹ 그리고 1979년의 조사에 의하면 산성안에서 백제의 단변8엽기와막새쪼각이 발견되였다고 한다.*² 이밖에도 기꾸찌성을 중심한 20개소에서 조선계통의 베천을 댄 기와가 나왔다고 한다.(발굴보고서) 이것은 다른 모든 유적, 유물들, 지명 등과 함께 산성축조자의 성격을 해

명하는데서 중요한 자료로 된다.

*¹ 《구마모또의 성》 구마모또, 니찌니찌신문사, 1975년, 100페지 및 《기꾸찌성터》, 구마모또현문화재조사보고 제59집, 구마모또현교육위원회, 1983년
*² 《규슈고대문화의 형성》 하권 가꾸세이사, 1985년, 43페지 《기꾸찌성터》 구마모또현문화재조사보고 제59집 구마모또현교육위원회, 1983년, 91~92페지

산성은 백제계통기와의 출토에서 보는것처럼 백제소국이 쌓은 산성이였다. 조선식무덤들과 집자리가 집중적으로 분포되여있는 중심에 기꾸찌의 조선식산성이 존재하는것이다. 만일 일본학자가 말하는것처럼 그것이 천지년간에 신라, 당세력을 막기 위하여 쌓은 태재부의 방위를 목적한 구축물이였다면 그 위치는 응당 다마나군일대나 기꾸찌강하류일대에 있어야 할것이다. 하지만 산성은 그와 반대로 앞벌에 전개되는 여러 무덤들을 옹위하듯 틀고앉아있는것이다. 또한 산성이 위치한 곳의 지명도 장자산, 장자벌과 같은 장자(우두머리, 왕)와 관계되는 내용이다. 장자는 곧 왕자이며 왕자는 그 나라가 크고작음에 관계없이 그 나라의 장자인것이다.

산성앞벌과 그 린근주변에는 무수한 무덤들이 전개되여있다. 그리고 산성의 서쪽과 남쪽평야지대에 발달한 조리제가 존재한다. 무덤이 있다는것은 거기가 주민지대였다는것을 의미한다. 왜냐하면 고대에 무덤은 살림집의 주위에 썼기때문이다. 바로 거기에서도 산성과 무덤 그리고 평야의 세 립지조건이 일체를 이루고있으며 조선적나라가 형성되였던것이다. 어떠한 무덤들이 있었는가. 대표적무덤을 들면 다음과 같다.

산성앞벌에는 가모도군*¹ 슈쯔까(朱塚)무덤, 다마나시 아나간 논횡혈무덤(穴觀音橫穴), 나기노횡혈무덤떼, 야마가시 찌부산무덤, 나베따(鍋田)횡혈무덤떼, 벤께이가아나(弁慶穴)무덤, 가모도군 이와바라(岩原)무덤(길이 102m의 전방후원무덤) 그리고 에다 후다야마무덤 등이다. 특히 그 일대는 일본에서도 손꼽히는 장식무덤의 대표적집중분포권으로서 유명하다. 그가운데에도 기꾸찌산성과 멀지

않은 곳에 있는 벤께이가아나무덤에는 배와 말이 특징적으로 그려져있다. 이 장식무덤은 바다(조선)와 말의 관계를 잘 반영하고있다. 그러한 장식무덤이 고구려적이며 백제적인 영향에 의하여 이룩되였다고 하는 일본사람들의 지적[*2]도 수긍할만 한것이다. 그밖에도 산성앞벌에는 독관, 고인돌 등 야요이문화시기부터의 집자리가 분포되여있다. 그리고 앞서 본 오시로 산기슭을 중심으로 전개된 숱한 쇠부리터 역시 산성과의 련관관계에서 고찰되여야 할것이다.

[*1] 가모도군은 기꾸찌산성과 멀지 않은 곳에 위치해있으며 주변에는 백제적영향을 받아 축조된 무덤들이 적지 않다. 실례로 고을 동쪽부인 이나다촌에는 챠우스즈까무덤, 고마찌즈까무덤, 고레이즈까무덤 등이 있는데 그중 고레이즈까무덤은 큰돌을 쌓아올려 만든 2m 남짓한 정방형돌칸무덤이며 천정은 궁륭식으로 쌓았다. 이 무덤은 백제공주의 무덤을 방불케 한다.(《일본지명대사전》1권 일본서방, 638페지)

[*2] 《고대아시아와 규슈》 가꾸세이사, 1973년, 175~176페지

북부히고의 백제소국은 기꾸찌강하류류역의 배나루를 리용하여 시마바라만과 하야자끼해협을 거친 다음 북상하여 조선반도서남부에 있던 백제본국과 자주 래왕하였을것이다.

제5장. 규슈동남부 히무까(휴가)지방의 사도벌소국

히무까(日向, 일명 휴가)지방에는 조선계통 즉 가야(가라)계통소국이 있었다. 그것은 그 일대에 조선을 상징하는 조선적인 옛 지명들이 여러곳에 남아있는것을 통하여 알수 있다.

《화명초》 히무까(휴가)국 고유군에는 가라이에(韓家)향이 있으며 미야자끼현과 가고시마현의 접경지대에 있는 기리시마의 두 봉우리의 하나는 다까찌호봉(1 574m)이고 또 하나는 가라구니산(韓國

山, 1 700m)이다. 가라구니산이란 조선국의 산이라는 뜻이다. 히무까지방에서 가장 높은 산이름이 가라구니산이라는것은 바로 그 일대가 가라구니 즉 조선나라였다는것을 표상적으로 보여준다. 가라구니산아래의 시끼네마을에는 《연희식》에 올라있는 《가라구니우즈미네신사》가 있어 조선신을 제사지내였다.*

* 《일본지명대사전》 2권 일본서방, 1983년, 1803~1804페지, 5권, 4841페지

히무까일대가 조선계통이주민집단이 진출, 정착하여 나라를 세웠던 곳이라는것은 여러 고문헌과 전설들을 통하여서도 알수 있다.

휴가, 히무까라는것은 《해를 향하는》 또는 《해가 향하는》이라는 뜻인데 그것은 아마(하늘)에서 내려온 니니기노미꼬또가 했다는 말에서 잘 알수 있다. 《이 땅은 가라구니(조선)에 향하고 가사사의 앞을 곧바로 지나가고 아침해가 곧바로 비치는 나라, 저녁해가 비치는 나라이다. 때문에 이 땅은 참으로 길한 땅이여라.》* 즉 가라구니에 향한 아침해, 저녁해가 곧바로 비치는 곳이라는데서부터 해라는 말과 향하다라는 말글귀를 따서 히무까(휴가)라고 지었다.

* 《고사기》 상권 이와나미서점, 신무천황조

고문헌에 의하면 아마데라스오미가미의 손자인 니니기노미꼬또는 쯔꾸시의 히무까의 다까찌호의 구지후루다께(산)에 내렸다고 하는데 쯔꾸시는 규슈의 호칭이며 히무까는 현재 미야자끼현일대이다. 그리고 다까찌호 역시 앞에서 본것처럼 히무까지방에서 가장 높은 산이다. 요컨대 《고사기》에 실린 니니기노미꼬또의 천강신화전설은 《삼국유사》 가락국기에 나오는 가야의 시조왕이 구지봉에 천강하는 모습과 매우 흡사하다.*¹ 그것은 조선남부의 가야지방으로부터 일본에로 건너간 세력이 바로 니니기노미꼬또의 천강설화에 반영되였다고 할수 있는것이다. 그리고 천손인 니니기노미꼬또의 이름인 《호노니 니기》라는것이 《벼이삭이 붉게 익는》이라는 벼 즉 농경과 밀접히 련결된 말이라는 지적*² 도 흥미를 끈다. 말하자면 벼농사를 주로 하는 집단이 일본으로 건너간것을 암시한 이름이라

고 볼수 있는것이다.

   *¹ 《초기조일관계 연구》 사회과학원출판사, 주체55(1966)년, 105～
      106페지
   *² 증보 《일선신화전설의 연구》 헤이본사, 1972년, 246페지

   니니기노미꼬도가 했다는 《조선을 향한 곳이라야 길한 땅》이라는 말을 통하여 다음과 같은 사실을 알수 있다. 그것은 첫째로, 니니기로 대표되는 세력은 고향인 가라 즉 조선을 그리워하는 조선적집단이라는것 둘째로, 고대 일본의 원주민들은 조선을 하느님의 나라, 신국으로 여기고있었다는것을 알수 있다. 히무까라는 말자체에는 이러한 조선을 동경하는 뜻이 함축되여있는것이다.
   규슈 쯔시마(가미아가다고을)에 무까히(向日)라는 고지명이 있다. 그 지명은 히무까와 같은 뜻으로서 조선에 향해있다고 하여 그렇게 지었다고 한다. 그러고보면 히무까, 무까히 등 조선에 향해있다는것은 아침해 빛나고 아침해 눈부신 보물의 나라를 향한 길한 곳이라는 사상감정이 반영되여있는것으로 보아도 틀리지 않을것이다. 이도지마평야를 바라다보는 곳에도 히나따(日向)고개가 있다.
   히무까일대에 가야(가라)계통소국이 있었다는것은 무덤떼와 출토된 유물의 가야적성격을 보아도 잘 알수 있다.
   히무까지방에는 크게 사이또바루(西都原)무덤떼를 중심으로 한 무덤떼의 집결지대와 도오진무덤떼를 중심으로 한 지대가 있어 량자는 히무까지방의 남북으로 대치한 큰 무덤떼를 이룬다. 특히 사이또바루무덤떼는 가야적성격이 농후한것으로 유명하다.
   히무까지방에서 조선계통소국이 있던 지대는 사이또바루무덤떼가 있던 일대였다고 추측된다. 그 일대는 고마루강과 히또쯔세강 그리고 오요도강을 중심으로 한 평야지대로서 비옥한 땅과 온화한 기후, 풍부한 관개용수 등 비교적 농사짓기 유리한 곳이다. 그 일대는 또한 챠우스바루무덤떼, 가와미나미무덤떼(51기의 무덤, 15기의 전방후원무덤 포함), 뉴따바루무덤떼(26기의 전방후원무덤, 2기의 방형무덤, 130여기의 원형무덤), 홍죠무덤떼(총 51기가운데 18기가 전방후원무덤), 모찌다무덤떼(총 61기가운데서 10기가 전방후

원무덤) 등의 무덤떼가 집결되여있다. 그밖에도 노베오까시일대에 있는 미나미가다무덤떼는 조선적유물들이 많이 나온 무덤떼로서 주목된다.

사이또바루무덤떼가 있는 일대가 가야(가라)계통소국이 있던 곳이였고 그 집단이 남긴 무덤떼가 사이또바루무덤떼였다는것은 앞서 본《화명초》에 나오는 가라이에향이 다름아닌 그 무덤떼들이 있는 고유군에 있기때문이다.

사이또바루무덤떼에는 329기의 무덤이 있다. 표고 60m의 대지우에 남북 약 4km, 동서 1.5km의 지역에 남북방향으로 분포되여있는 그 무덤떼는 전방후원무덤 32기, 방형무덤 1기, 나머지는 원형무덤과 지하식횡혈무덤으로 구성되여있다. 원형무덤가운데에는 흙담을 둘러친 오니노이와무덤도 있다. 무덤떼는 5~6세기에 축조되였다고 한다.

사이또바루무덤떼에서 기본은 자루거울식전방후원무덤과 점토곽 그리고 방대한 무기, 무장 및 마구류가 묻힌 지하식무덤이다. 일본학자들이 흔히 그 무덤떼를 기내형무덤의 집결처라고 하지만 그러한 무덤은 많지는 않다. 길이 174m(후원부 직경 97m, 높이 13m, 전방부 폭 106m)의 크기를 가지는 메사호즈까무덤은 그 무덤떼에서 대표적인 이른바 기내형무덤이다. 기내형이란 전방부가 시작되는 목부분의 좁아진 곳에 인공적인 턱이 나온것을 말한다. 물론 이러한 무덤이 그 무덤떼에서 큰 비중을 차지하는것은 아니다.

사이또바루무덤떼의 32기에 이르는 전방후원무덤가운데서 태반은 전방부가 낮고 평편한 이른바 자루거울(둥근거울에 자루가 달린 모양)식의 형식을 가졌다. 그가운데서 대형무덤은 얼마 없고 50~60m의 규모의 전방후원무덤이 많다. 주목을 끄는것은 이 50~60m의 전방후원무덤이 최근에 알려진 가야의 전방후원무덤인 송학동 제1호무덤의 무덤무지수치들과 매우 근사하다는 사실이다. 송학동 제1호무덤과 사이또바루무덤떼의 전방후원무덤들을 대조한 수치를 보면 아래와 같다.

이 표를 통해서 조선반도의 가야(가라)지방에 있던 전방후원무덤의 수치가 사이또바루무덤떼의 중급크기의 전방후원무덤의 무덤무지수치와 근사하다는 사실을 알게 된다. 이것은 결코 우연한 일치라고 할수 없다. 바로 무덤무지의 수치를 통해서도 가야지방에서 건너간 집단이 사이또바루무덤떼를 남기였다고 보게 되는것이다.
자루거울식전방후원무덤과 짝을 이루고 발전한것은 진흙으로 관을 매질한 점토곽이다. 점토곽은 그 연원을 가야에서 찾을수 있다. 그것은 가야의 수혈식무덤의 기본이 관바닥에 진흙을 까는것이며 거기서부터 관을 진흙으로 매질한 점토곽이 발전했다고 보인다.

송학동제1호무덤과 사이또바루무덤떼 수치대조표 (단위: m)

무덤이름	무덤무지 수치 무덤무지의 크기	후원부 직경	전방부폭	무덤이름	무덤무지 수치 무덤무지의 크기	후원부 직경	전방부폭
송학동제1호무덤	66	31.5	27	사이또바루 제265무덤	59	35	40
사이또바루 제92호무덤	66	35	22	제339호무덤	55	27	22
제100호무덤	59	33	18	제226호무덤	22	30	23
제99호무덤	5.5 (복원)	30	16	제202호무덤	50	25	31
제95호무덤	55 (복원)	29	19				

사이또바루무덤떼를 비롯한 이 일대 무덤들에서 출토된 유물을 보면(지하식횡혈무덤 포함) 부산시 동래 복천동유적이나 고령 지산동유적에서 나온 5~6세기의 무덤을 방불케 하는 마구류와 무기, 무장들이 적지 않다. 특히 일본의 《국보》로 지정된 사이또바루무덤에서 나온 금동마구류는 당대의 으뜸가는 물품이며 그것은 에누리없이 조선제이다. 그것을 들면 다음과 같다.
금동안장쇠부치잔결 1말분,* 금동뚧음새김행엽 3장, 금동무지행엽 4장, 금동뚧음새김운주 1개, 금동무지운주 1개, 금동뚧음새김십자형쇠부치 9개, 금동무지십자형쇠부치 6개, 금동뚧음새김쇠부치 16개, 금동뚧음새김자갈경판 2개, 금동띠고리 1개.

* 원색판《국보》편람 마이니찌신붕사, 1964년, 1페지. 이 유물은 사이또바루무덤떼의 한 무덤에서 나왔다.

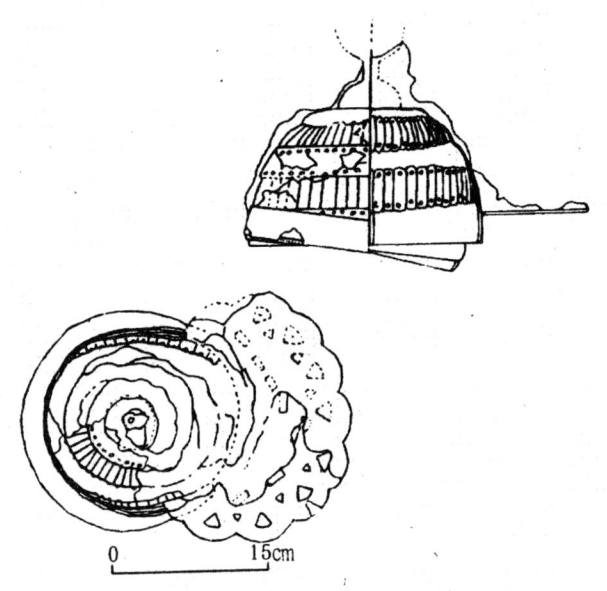

**사이또바루 시모기따가따 지하식횡혈
제5호무덤의 가야투구**

금동색으로 찬란히 빛나는 금동제마구류는 틀림없이 왕자급의 마구류이며 그러한 금동세공술은 당시의 일본에는 아직 없었다는데 대해서는 앞에서도 보았다. 그렇다면 그것은 어디에서 생겨났겠는가. 두말할것도 없이 그것은 당시 높은 기술문화수준에 있던 조선이주민집단이 가져간것이며 이주지인 일본땅에서 왕자로 행세하다가 묻힌자의것이 틀림없다.

히무까일대에 가야계통소국이 있었다는것은 유물의 구체적양상을 통하여 더욱 뚜렷하다. 다시말하여 히무까지방의 무덤들에서는 5세기의 가야적유물들이 집중적으로 나오는데 그것을 요약해보면 다음과 같다.

우선 5세기에 와서 그 지방에서 가야적질그릇(도질토기)이 집중적으로 나오기 시작하는데 맨먼저 조선(가야)에서 구워진 질그릇이 나오고 그 다음단계에서는 그곳에서 구운 조선질그릇인 스에끼가 나온다.(히가시무로가다군 구니도미정 제14호 지하식횡혈무덤에서 나온 뚜껑있는 굽높은 제사용 질그릇 등)

다음으로 이제까지 없던 징박이식삼각판단갑이 출현하며 계속하여 마구류와 가야에 연원을 둔 장식용금귀고리 등이 나온다. 즉 히무까지방의 여러 무덤들에서는 장식달린 금귀고리, 벽옥, 관옥, 유리알, 각종 거울, 횡신판징박이단갑, 삼각판징박이단갑, 채양달린투구, 쇠칼, 검, 창, 쇠활촉, 손도끼, 쇠도끼, 말자갈, 말안장, 등자, 행엽, 마탁, 심환령 등[1]과 함께 참대빗 48개, 쇠검 9개, 쇠칼 6개, 쇠창, 도끼, 단갑, 투구,[2] 금귀고리 1조, 장식달린귀고리 1

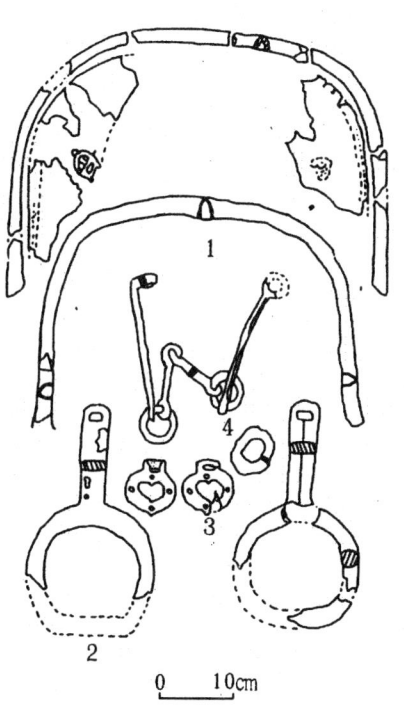

'사이또바루 시모기따가따 지하식횡혈제5호무덤에서 나온 가야마구류

조,[3] 쇠판에 금동을 씌운 행엽, 운주, 띠고리,[4] 은으로 만든 구슬, 금동장식자갈, 운주[5] 등 실로 호화롭기 이를데 없는 마구류와 치레거리들이 나왔다. 이러한 유물들의 대부분은 조선적(가야적)성격을 띤 조선제물건들이다.

  [1] 시모기따가따(下北方) 제5호 지하식횡혈무덤. 이 지대에는 지하식횡혈무덤이 적지 않은데 이것은 조선의 횡혈식무덤을 히무까지방의 자연지리적조건에 맞게 창조한 횡혈식무덤의 변형이다. 그것은 지상횡혈과 구조상 전혀 다름이 없다. 이렇게 지하에 무덤을 축조하는것은 조선에 고유한 무덤축조형식이다. 실례로 고구려에 많은 지하식횡혈무덤들이 있다.[《압록강, 장자강류역 고

구려유적 발굴보고》파학, 백파사전출판사, 주체72(1983)년, 37
페지]
 *² 노베오까시 미나미가다무덤떼안의 죠도지야마무덤(자루거울식
   전방원형무덤, 점토곽이 출토되였는데 그것들은 5세기에 제조된
   것들임)
 *³ 모찌다무덤떼 제28호무덤
 *⁴ 모찌다무덤떼 제49호무덤
 *⁵ 모찌다무덤떼 제56호무덤

이와 같은 사실들은 5세기 초엽경에 규슈동남부의 히무까일대에 가야세력이 적극 진출하였다는것을 보여준다. 그리고 거기에 진출한 가야의 한갈래가 동쪽으로 이동하여 기내 가와찌, 야마또지방에 쳐들어가 왕권을 세웠던것이다. 《고사기》, 《일본서기》가 히무까지방을 조선과 통하는 상서로운 땅이라 했고 기와찌와 야마또의 실권자들이 오래도록 히무까를 잊지 못해한 것은 바로 이와 같은 력사적사실을 배경으로 하고있었기때문이다.

히무까지방일대에서 조선식산성이 밝혀진것은 아직 없다. 그러나 우사《탁선집》에 의하면 야하따신이 히무까일대에 내렸다

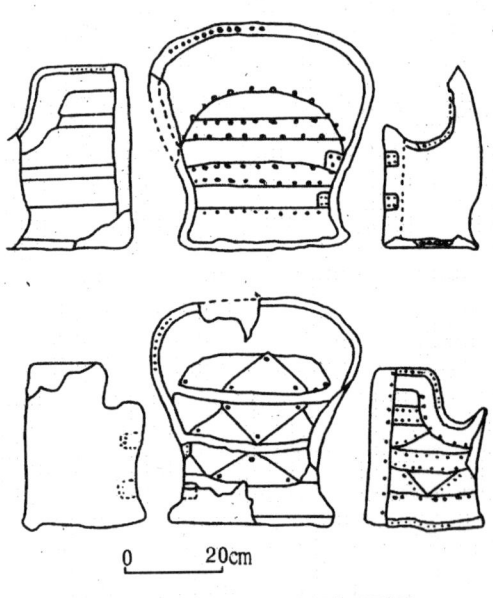

사이또바루 시모아가따기따
횡혈무덤에서 나온 가야단갑

고 하는 그 땅은 바로《우즈미네신사》가 있는 즉 앞에서 본 가라구니산아래에 있는 산이였다. 거기에 가라구니(辛國)성이 있다고 하며 서어의 이와끼(石城)인 히메노성이 바로 그것이라고 한다.* 거기에

는 히메기마을이 있어 지금도 천험의 요해지라고 한다.

* 우사 《탁선집》 및 《일한고사단》, 236페지

《속일본기》(권1 문무 3년 12월 갑신)에는 태재부로 하여금 미누, 이나즈미의 두 성을 수리하게끔 하였다고 기록되여있다. 미누는 三野라고 쓰고 미누라고 읽지만 어떤 일본사람은 휴가국 고유군에 있는 미누(三納)향을 그것에 해당시키고있다.* 고유군 미누향근방에는 사이또바루무덤떼가 있고 또 가라이에향도 거기서 멀지 않다. 앞으로 조선계통소국의 상징인 조선식산성을 히무까지방에서 찾게 되리라는것을 믿어 의심치 않는다.

* 《륙국사》 3권 《속일본기》 아사히신붕사, 1940년, 11페지

마지막으로 히무까일대의 주요무덤떼이며 그 지방의 중심이라고 말할수 있는 사이또바루라는 지명에 대하여 보기로 하자.

사이또바루는 248년경 신라의 대신 우로에 의하여 멸망한 사도벌(沙梁伐)국과 음이 근사하다. 《梁》은 《도》이며 《伐》은 《벌》이다. 《사도벌》국은 신라와 백제사이에 있던 소국이다. 사이또바루가 《사도벌》에서 유래한것이라면 《사도벌》에서 그곳 규슈서남부에 진출한 이주민들이 세운 소국으로 볼수도 있다. 히무까일대의 사이또바루무덤떼를 남긴 집단이 꼭 사도벌국사람들과 관계가 없었다 하더라도 사이또바루무덤떼의 양상은 그것이 가야일대에서 간 집단이 남긴것이라는것을 말해주고있다.

이상에서 서부일본 규슈지방의 조선계통소국에 대하여 지명, 옛 기록, 무덤, 산성 등으로 나누어보았다. 여기에서 인용리용한 자료들은 극히 일부에 지나지 않는다. 그러나 적게 인용한 그 자료를 가지고서도 규슈지방에 존재한 조선소국의 흔적은 얼마간 가려볼수 있었다. 그만큼 서부일본의 규슈땅에 남긴 조선계통이주민세력의 발자취는 컸던것이다.

초기조일관계사 1
(개정판)

집필	교수, 박사 **조희승**
심사	원사, 교수, 박사 **김석형**,
	후보원사, 교수, 박사 **손영종**,
	부교수 **김교식**
편집	리순희　장정 김기성
편성	리은정　교정 정 성
낸곳	사 회 과 학 출 판 사
인쇄소	평 양 종 합 인 쇄 공 장
인쇄	주체99(2010)년 7월 10일
발행	주체99(2010)년 7월 20일

ㄱ-05229

© Korea Social Science Publishing House 2010
D P R Korea
ISBN 978-9946-27-050-0